"十四五"职业教育国家规划教材

职业院校市场营销专业教学用书

市场营销口才训练

（第6版）

李红梅　罗生芳　主　编

电子工业出版社

Publishing House of Electronics Industry

北京·BEIJING

内 容 简 介

本书在深入分析成功营销人员应具备的职业特征的基础上，重点、扼要地阐述了与营销人员息息相关的社交口才、公关口才、商务谈判口才、推销口才、演讲口才、主持口才、领导口才等内容。

本书融知识性、实用性和趣味性于一体，在简化理论内容的同时增加案例、实训和游戏，让读者轻松掌握口才技巧，学会"说话的艺术"。

本书可作为职业院校财经商贸大类专业学生的教材，也可作为其他专业选修课用书，以及各层次成人教育、企业培训的教材。

本书还配有电子教学参考资料包，包括教学指南、电子教案、习题答案，请有需要的读者登录华信教育资源网下载。

未经许可，不得以任何方式复制或抄袭本书之部分或全部内容。
版权所有，侵权必究。

图书在版编目（CIP）数据

市场营销口才训练 / 李红梅，罗生芳主编 . -- 6 版 . -- 北京 : 电子工业出版社，2025. 3. -- ISBN 978-7-121-49606-6

Ⅰ．F713.50

中国国家版本馆 CIP 数据核字第 2025TT7951 号

责任编辑：陈　虹　　文字编辑：张　彬
印　　刷：河北鑫兆源印刷有限公司
装　　订：河北鑫兆源印刷有限公司
出版发行：电子工业出版社
　　　　　北京市海淀区万寿路 173 信箱　邮编 100036
开　　本：880×1230　1/16　印张：13.5　字数：311 千字
版　　次：2007 年 1 月第 1 版
　　　　　2025 年 3 月第 6 版
印　　次：2025 年 3 月第 1 次印刷
定　　价：49.00 元

凡所购买电子工业出版社图书有缺损问题，请向购买书店调换。若书店售缺，请与本社发行部联系，联系及邮购电话：（010）88254888，88258888。

质量投诉请发邮件至 zlts@phei.com.cn，盗版侵权举报请发邮件至 dbqq@phei.com.cn。
本书咨询联系方式：chitty@phei.com.cn。

前言

什么是口才？通俗地讲，口才就是一个人的语言表达才能，即善于用语言准确、贴切、生动地表达自己的思想感情的能力。与人沟通，语言是首选的工具，语言能征服世界上最复杂的东西之一——人的心灵。口才是人生财富的起源，是一辈子的财富。古人云："一人之辩，重于九鼎之宝；三寸之舌，强于百万之师。"在现代，好的口才能够让苦于无团队、无资金的创业者拿到天使投资，让没有资历、背景的职场新人争取到崭露头角的机会，让有才华的人顺利地在人群中脱颖而出。可见，口才在人类文明发展史上起着举足轻重的作用！

随着社会经济的迅速发展，口才在商务活动中的作用越来越突出，市场营销人员深知"一言兴商""一语千金"的道理。一位销售界的顶尖领袖人物一针见血地指出："发生在金牌销售员身上的奇迹，有80%是由口才创造的！一流的口才技巧是金牌销售员建功立业的宝剑。"

人才不一定有口才。口才是一个人德、识、才、学的试金石，不是与生俱来的，而是需要后天努力培养的。如果你想步入口才家的行列，想在商务活动中实现你的"金色"梦想，那么你必须不断拓展眼界、吸收知识，不断调整思路、活跃思想，不断用知识和经验来滋养自己。

党的二十大报告指出："教育是国之大计、党之大计。培养什么人、怎样培养人、为谁培养人是教育的根本问题。"本书是为今后从事商务活动的读者准备的口才工具书，内容包括商务人员在各种情景下需要的口才技巧。本书主要作为职业院校财经商贸大类专业学生使用的教材，也可作为其他专业选修课用书，以及各层次成人教育、企业培训的教材。

全书的总体构想、编写大纲和总审定由李红梅、罗生芳完成；杨毅玲、凌健珍、高洁、阙勇平等参与编写工作。

在编写的过程中，为了实现立体化教材的建设，本书得到了许多企业的大力支持，在此特别要向赛云九洲科技股份有限公司、广西布道天下信息产业有限公司表示感谢！

在编写的过程中，本书参考了大量资料，并从相关书籍、报刊和网站上选用了一些案例和资料。限于篇幅，未能一一加注，特此说明，在此向有关单位和个人致以衷心的感谢！

由于编者水平有限,书中疏漏与不妥之处在所难免,敬请专家和广大读者批评指正。

本书配有电子教学参考资料包,包括教学指南、电子教案、习题答案。请有需要的读者登录华信教育资源网免费注册后进行下载,有任何问题请在网站留言板留言或与电子工业出版社联系(E-mail:hxedu@phei.com.cn)。

编 者

目 录

专题 1　成功营销人的职业特征 ·· 1
   1.1　饱满热情 ·· 2
   1.2　自信善交 ·· 3
   1.3　亲切友善 ·· 4
   1.4　真诚守信 ·· 6
   1.5　目标远大 ·· 7
   1.6　积极进取 ·· 9
   1.7　敢于创新 ·· 10
   1.8　扎实勤勉 ·· 10
   1.9　具有良好的口才 ·· 11
   1.10　具有服务意识 ·· 11
   1.11　具有宽容胸怀 ·· 12
   1.12　具有团队精神 ·· 13
   1.13　善于终身学习 ·· 15
   1.14　善于管理时间 ·· 16
   口才训练营 ·· 17
   口才加油站 ·· 18

专题 2　口才起步 ··· 21
   2.1　口才的重要性 ·· 21
   2.2　口才运用的基本原则 ·· 23
   2.3　口才的基本功训练 ·· 28
   口才训练营 ·· 33
   口才加油站 ·· 35

专题 3　社交口才······38

　　3.1　社交口才的原则······39

　　3.2　社交口才的语言技巧······42

　　口才训练营······62

　　口才加油站······63

专题 4　公关口才······65

　　4.1　公关口才的基本原则······66

　　4.2　公关口才的语言技巧······68

　　4.3　不同对象的公关口才技巧······71

　　口才训练营······81

　　口才加油站······82

专题 5　商务谈判口才······85

　　5.1　商务谈判口才概述······86

　　5.2　商务谈判口才技巧······93

　　口才训练营······111

　　口才加油站······113

专题 6　推销口才······115

　　6.1　推销用语的基本原则······116

　　6.2　推销口才技巧······119

　　6.3　电话推销口才······130

　　口才训练营······135

　　口才加油站······136

专题 7　演讲口才······138

　　7.1　演讲的含义及类型······139

　　7.2　演讲前的准备······140

　　7.3　演讲开场白的设计······147

　　7.4　演讲内容的设置······151

　　7.5　演讲结尾的艺术······155

　　7.6　吸引听众的技巧······160

　　7.7　即兴演讲······164

　　7.8　商务演说······167

　　口才训练营······171

　　　　口才加油站 ··· 172

专题 8　主持口才 ··· 176

    8.1　主持人的角色定位 ·· 177
    8.2　主持人的语言特点 ·· 177
    8.3　主持人的专业素质 ·· 180
    8.4　主持人的技巧训练 ·· 182
    口才训练营 ··· 187
    口才加油站 ··· 188

专题 9　领导口才 ··· 191

    9.1　领导口才的基本训练原则 ··· 192
    9.2　领导口才提升技巧 ·· 194
    9.3　领导演讲的提示 ··· 200
    口才训练营 ··· 200
    口才加油站 ··· 202

专题 10　口才精英训练营 ·· 204

    10.1　实训 1　举办生日聚会 ··· 204
    10.2　实训 2　召开产品推介会 ·· 205
    10.3　实训 3　提交演练视频 ··· 206

专题 1
成功营销人的职业特征

知识要点

❖ 成功营销人的职业特征

能力要点

❖ 热情开朗性格的养成
❖ 亲切友善技能的训练
❖ 宽容待人品质的培养
❖ 时间管理技巧的训练

❖ 自信善交性格的培养
❖ 社交沟通能力的训练
❖ 团结合作精神的培养

导入案例

小刘为减轻家里负担选择就读职业院校,毕业后她用攒的 5 万元开了一家美甲店,但因不懂经营她的店一直亏损,还欠了十几万元外债。当她走投无路时,她入职了一个果业公司,并对电商直播产生了浓厚兴趣,但她知道要成长为一名"带货达人"并不容易。"我以前性格内向、自卑,说话声音特别小,跟陌生人不敢说话,刚开始拍视频时声音都是抖的。"小刘说。后来她把营销重心放到把控产品品质上。为了拍一手视频素材,她只身前往泰国榴莲工厂,因在山里迷路差点儿送命。为了保证口感,她每次都会到果园里采摘、品尝,给粉丝发的货一定保证数量和质量。最终小刘在平台的粉丝量达到 180 多万人,自己也变得开朗、自信。目前,她每天坚持直播不少于 6 小时,将来自东南亚和国内多个果园的火龙果、榴莲、山竹、龙眼等水果推荐给粉丝,日发货量为 1 万到 1.5 万单。

营销是直面竞争、极具挑战性和诱惑力的职业,是一个需要用健康的心态去调配情绪的职业,是一项需要有良好的性格去追求的事业。本章探讨的要点是成功营销人员应具有的职

市场营销口才训练（第6版）

> 在这个世界上取得成就的人，都努力去寻找他们想要的机会，如果找不到机会，他们便自己创造机会。
>
> ——萧伯纳

业特征。

我国台湾地区的一位营销专家认为："营销人员除具备一般人的品质外，还应该有哲学家的头脑、雄辩家的口才、外交家的风度、社会改革家的胸怀、学者的知识，以及运动员的体魄。"无数成功营销人士的经验告诉我们：要做一个市场营销高手，除具备一定的工作能力外，还要具备健康、优良的性格品质。

 1.1 饱满热情

爱迪生说过："有史以来，没有任何一项伟大的事业不是因为热情而成功的。"小米科技创始人曾说："因为小米的创办时间比较短，我可能要思考的问题是'什么样的热情让我一觉醒来就能斗志昂扬地上班'，我觉得最重要的还是你内心想要什么。"不管什么样的事业，要想获得成功，首先需要的就是工作热情，营销事业尤其如此。

实践指南 如何变得有热情

1. 多参加集体活动，多交朋友，多与人沟通，享受与朋友在一起的快乐，让快乐带给你热情。
2. 坚持锻炼身体，保持身体健康，保证充沛的精力，让充沛的精力保障你的热情。
3. 认识本职工作的社会价值，享受工作的乐趣，让乐趣激发你的热情。
4. 做好人生和职业规划，提高工作和生活满意感，让工作和生活带来的满足感维持你的热情。

热情待客是商家服务的一个准则，作为一名职业营销人，需要用饱满的热情对待生活和工作。但热情也要有度，不要给消费者造成压力，要让消费者在轻松愉悦的环境下进行消费。请听听一位消费者和一位超市管理人员对"热情应有度"的理解。

陈小姐说："到美容店做面膜、按摩，本来是想放松一下，却因为工作人员的'热情'推销，无法得到很好的休息，有时候甚至影响到心情。"她希望店家应让客人轻松消费，不能强人所难，更不能让顾客花钱买气受。

一位超市管理人员说："当顾客进店后，如果导购员太过热情地推荐产品，常常会适得其反。向顾客进行推销时应该考虑到顾客的感受。只有设身处地为客人着想，尊重客人，让客人惬意消费，才会有更多的回头客。"

1.2 自信善交

一份对 100 名杰出青年成长道路的调查报告显示，有 2/3 的人把自信看成取得成功的首要因素。一个人只有具备自信心，才能正视自己，才会产生自信力，进而激发出极大的勇气和毅力，最终创造出奇迹。正如法国哲学家卢梭所说："自信心对于事业简直是奇迹，有了它，你的才智可以取之不尽，用之不竭。"

心理学中有一个"幸运之轮"或"厄运之轮"的观点，说的是人们可能会不知不觉间陷入一个凡事都很顺利、好运一个接一个的幸运循环中，也可能落入一个处处遇阻失败的厄运循环中，而决定进入"幸运之轮"或"厄运之轮"的关键因素就是信心：相信自己能成功，做事成功的概率就会提高；反之，成功的概率就会下降，失败后更加没有自信，最终落入恶性循环。

被誉为"20 世纪最伟大的心灵导师"和"成功学大师"的戴尔·卡耐基曾说过："一个成功的管理者，专业知识所起的作用占 15%，而社交能力占 85%。社交能力并不是与生俱来的，后天的各种因素的影响非常大，要有信心把自己培养成社交能力强的人。"

实践指南 如何树立自信的营销形象

1. 要有坚定的营销信念，从内心深处真正认识到营销这个职业的价值。
2. 熟悉并热爱自己所销售的产品和就职的企业。熟悉产品及相关行业的知识，才能让你"手中有粮心不慌"，自信心就会自然而然地表现在脸上。
3. 保持衣着得体，注重礼仪规范。外表和言行的得体既能得到顾客的认可，又可增加营销人员的自信。
4. 时刻保持营销人员的风度。营销人员在工作过程中要"沉得住气，弯得下腰，抬得起头"，时刻保持自信的形象。

实践指南 如何养成自信的行为习惯

1. 挑前排位子坐，给自己争取更多受人关注的机会。
2. 走路时身姿挺拔，步履轻快。懒散的姿势和缓慢的步伐，易滋长消极思想，而改变走路姿势和速度可以改变心理状态。

3. 正视别人。眼睛是心灵的窗户，正视别人表明自己很诚实，而且是个自信的人。

4. 面带微笑。微笑是建立自信心的良药，养成微笑的习惯，可保持良好的心态。

5. 练习当众发言，而且尽量大声说。当众发言，谁都发怵，只是紧张程度不同而已。一有机会就发表言论，是克服自卑、增强自信的突破口。

实践指南　如何培养人际交往能力

1. 克服过分的自尊心理或自卑心理，学会与不同的人打交道，懂得与人分享。
2. 克服找茬心理，学会宽容别人，发现别人身上的闪光点并真诚地赞美对方。
3. 克服害羞、胆怯的心理，用知识和技巧包装自我，学会推销自己。
4. 克服单干习惯，要有合作、互惠的意识，避免与人发生冲突。

案例启发

上海某高校毕业的顾同学深有感触道："找工作，有好的成绩、高学历的证书当然重要，但对于本性内向的人，学会交际也很重要。通过大学三年有意识的锻炼，我摆脱了别人对我内向的评价，目前做前台文员，天天可以愉快地与客户和同事相处。想想三年前的我，每次面对陌生人甚至老师，还没说上几句话就面红耳赤，支支吾吾说不下去了，当时我非常羡慕那些性格活泼、善于交际的同学。进入大学后，锻炼交际能力成为我的重要目标，担任系宣传部部长后，我的人生开始改变。宣传部部长需要接触各种人，形势逼迫我必须开口，大胆交流，得体表达。不知不觉间，我改变了内向的性格，也收获了很多。"

技巧训练

你认为自己是一个自信的人吗？请在三分钟内给大家分享一个你自信或不自信的案例。

1.3　亲切友善

与别人和谐相处是成为成功市场营销人员的先决条件。如果一个人脾气暴躁、经常生气或情绪失控，就很难和其他人友好相处。营销人员要善于跟各种各样的人打交道，保持冷静、有礼、有耐心。如果你的表现很令人开心，双方就容易交流，顾客的对抗心理也会降至最低。

实践指南 如何变得亲切友善

1. 多一些赞美。慷慨地赞美他人，会拉近人与人之间的距离，给你带来更多的朋友，当然也会给你带来更多的营销机会。

2. 多一些微笑。微笑被认为是非语言符号中最具亲和力的符号，传递了友善和愉悦。微笑的力量其实可以扩展到所有提供服务的行业。微笑就是一个小细节，这个小细节会创造出意想不到的良好的客户感受，形成良好的客户美誉度和忠诚度。

3. 多一些主动沟通。在营销过程中，沟通无处不在。营销的核心就是沟通，没有沟通，营销就是一句空话。格兰仕一位管理者曾说："营销是什么？真正的营销是沟通、沟通、再沟通。"营销工作是一项与客户不断保持沟通的工作，谁与客户之间的沟通更有效，那么谁就是其中的佼佼者。

4. 多一些倾听。人生下来就有两只耳朵，一张嘴巴，所以我们用于听和说的比例是2∶1。尤其是从事市场一线的销售人员，更要善于倾听：要倾听客户的需求、渴望、抱怨、投诉，要善于听出客户的话外之话，听出客户没有表达出来的意思、没有说出来的需求。销售人员学会倾听不仅能够赢得客户的信赖和好感，而且从倾听中获得的信息对最后的成交也会有很大的帮助。

5. 别挑剔对方的毛病。没有人喜欢被别人挑剔，同样的道理，不要试图纠正和挑剔客户的毛病。

6. 不要与对方争辩。营销人员要切记，不管何时何地，尽量不要辩论、反诘或争吵。一旦开始争辩，就很难说服顾客购买产品，或者完全丢掉生意。在外国的一家保险公司，训练销售员的第一条准则就是"不要争辩"。

案例启发

【例1】外国有一位青年军官个性好强，总爱与人争辩，经常和同僚发生激烈争执。总统因此处分了这位军官，并说了一段深具哲理的话："凡是成功之人，必不偏执于个人成见，更无法承受其后果，这包括了个性的缺憾与自制力的缺乏。与其为争路而被狗咬，毋宁让路于狗。因为即使将狗杀死，也不能治好被狗咬的伤口。"

【例2】某推销员去一家服装公司推销计算机，这家服装公司的总经理工作非常忙，要见他很不容易，推销员耐心地等候着。总经理的公关秘书不耐烦地看着推销品，想赶他走。这时推销员注意到，女秘书穿的那件灰色的时装典雅大方、舒适得体，跟她所在公司的产品风格不相同。

推销员说："请问您身上这件衣服是您自己设计剪裁的吗？它不像你们公司的设计风格。"秘书说："你眼光不错，是我自己设计剪裁的。"

推销员说:"您这件衣服设计得典雅大方、古朴自然,像您这样有气质、有风度的漂亮女孩特别适合穿这种风格的衣服,衣服要展示个性。"

秘书点点头说:"是啊,因为我觉得公司的产品风格不适合我,只好自己做了。"

推销员微笑着点点头说:"是啊,衣服要是展示不了个人魅力,那还有什么意思呢?"

正在这时,总经理的门开了,女秘书突然站起来说:"我去给你通报一声。"

之后,推销员顺利见到了服装公司的总经理,并且谈判成功。

技巧训练

作为市场营销人员,你如何理解"社交的幸福感来自社交的质量而非数量,来自沟通的深度而非频率,待人友善是修养,独来独往是性格"。

1.4 真诚守信

《弟子规》中说:"首孝悌,次谨信。"意思是先要孝敬父母,顺从兄长,其次要说话诚实,讲究信用。在现代社会,诚信越来越受到重视。不管是在人际交往中还是在商业往来中,讲究诚信的人或企业,总会受到社会的尊重,社会也会给予他们相当丰厚的回报;而那些不讲诚信的人或企业,则越来越难以立足。

实践指南 真诚守信的培养

1. 市场营销人员一定要发自内心真诚地为顾客服务,只有这样,才能赢得顾客的心,进而向其推销产品。
2. 市场营销人员要经常站在顾客的立场上考虑问题,替顾客着想。
3. 守时才有信用,不管是邀约时间、交货时间还是完工时间,一定要守时。

案例启发

【例1】有一位推销员,每次登门推销总是随身带着闹钟,会谈一开始,就说:"打扰您10分钟。"然后将闹钟调到10分钟的时间,闹钟一响,他便起身告辞:"对不起,10分钟到了,我该告辞了。"如果双方商谈顺利,对方就会建议继续下去。

【例2】让我们一起来看看2009年的贺岁大片《非诚勿扰》里的一段对白。

女:我不太关心外表,我看重的是人心,善良、孝敬父母的人,就算我没看上你,你也一定能讨到一个好老婆。

秦奋：你外表时尚内心保守啊，难得！

女：你妈妈那么大年纪了，你要是孝顺的话，应该好好为她选择一块福地。老年人讲究入土为安，作为一个男人，要有责任心，要有孝心，就算赚钱不多，只要老人需要，也在所不惜，这样的男人才可靠。你是这样的人吗？

秦奋：好像是。

女：我觉得你不是，你爸爸在那样一个小格子里，要是你妈妈去世了，难道你让他们两个人挤在一个小格子里？清明节扫墓，你连一个烧纸上香的地方都没有，你说你这叫孝顺吗？

秦奋：我给他们买一块墓地不就行了吗，不是花不起钱，这点你放心，你要知道哪儿有给我选一处，只要是风景好的，我马上就办，咱俩要是走一块去，我连你的碑都先刻好了，保证不让你在架子上存着！

女：好啊，我朋友正好就是一家墓地管理公司的，明儿我就去订两块！一块五万，两块可以便宜点，我让他给你打折！

秦奋：啊？……（您不会是来给我推销墓地的吧？）

为了推销墓地，一位墓地推销员通过QQ来征婚，给秦奋设计了一个巧妙的圈套。刚开始她丝毫不提推销墓地的事，通过与秦奋聊天，谈到孝顺父母的问题，获得了秦奋的极大好感！于是，秦奋非常爽快地答应订两块上好的"风水宝地"。但大家应该可以想象的到这位推销员最终是很难获得成功的，因为现代顾客的消费行为越来越成熟，这种不诚信的推销，其结果只能是"竹篮打水一场空"。

回顾一下你曾经购买一件贵重物品时的心态，你是如何做决策的？最终是什么因素让你下定决心购买的？

1.5 目标远大

美国某推销专家曾经说过："设置目标是成功的第一次演习，制定目标很有效，它增加了你的动力，可能使你经常取得成功。一旦确定目标，你的时间价值也就明确了。"

哈佛大学曾对一群智力、学历、生活环境等客观条件都差不多的年轻人，做过一个长达25年的跟踪调查，调查内容为目标对人生的影响，结果发现，其中：3%有清晰且长远目标的人，25年来几乎都不曾更改过自己的人生目标，并向实现目标做着不懈的努力，25年后，他们几乎都成了社会各界顶尖的成功人士；10%有清晰的短期目标的人，大多生活在社会的中上层，他们的共同特征是，短期目标不断得以实现，生活水平稳步上升，成为各行各业不可或缺的专业人士，如医生、律师、工程师、高级主管等；60%目标模糊的人，几乎都生活在社会的中下层，能安稳地工作与生活，但都没有什么特别的成绩；27%没有目标的人，几乎都生活在社会的底层，生活状况很不如意，经常处于失业状态，并且时常抱怨他人和社会。调查者因此得出结论：目标对人生有巨大的导向性作用。这正是美国心理学家洛克"目标设置理论"研究的成果，该理论认为挑战性的目标是激励的来源，因此特定的目标会增进绩效，当困难的目标被接受时，会比容易的目标获得更佳的绩效。

> 失信就是失败。
> ——左拉

实践指南 制定目标的依据

根据推销大师的经验，以下三点可作为营销人员制定目标的依据。

1. 其他专业营销人员的目标。在制定自己的目标时，可参考其他专业营销人员的目标，从中可以得到一定的启发，也可以找到差异。

2. 自己的实际情况。在制定工作目标的时候要根据自己的时间及能力状况制定切实可行的目标，使自己的目标具有一定的挑战性，通过一定的努力可以达到，而不是可望不可及的空想。

3. 自己的具体需求。营销人员在确立目标前最好明确自己的需求，没有需求就不可能确定具体目标。

小提示

制定目标的原则：

1. 制定目标应符合实际。目标制定得太高没有可行性，太低又起不到激励的作用。

2. 目标的内容应与工作一致。目标的内容与工作不一致时对工作目标的实现帮助不大。

3. 设定好目标的期限。目标的期限通常分为长期、中期、短期，可按照自己的具体情况来设定。一般来说，长期目标要高远，短期目标要实际。

4. 将目标书面化。目标书面化便于对目标落实的检查、核对与跟踪记录。

5. 将目标视觉化。将制定好的目标写在纸上，贴在床头或墙上，以方便提醒自己、激励自己。

案例启发

某医药企业新上任的省区经理利用一年的时间，将湖北市场从公司销售排名第七提升到第一的位置，当被问及成功的经验时，省区经理只说了两点："高目标和高起点。"他解释道："我的目标就是要做到区域市场第一,所以我开发的医院和专家都是最好的,因此,市场销售业绩在短时间内得到快速的提升。"当时,销售较差的区域经理和他的收入相差十几倍。不能说这位省区经理比销售差的区域经理聪明十几倍,而是目标决定了成功的高度,决定了最终的成果。

> **技巧训练**
>
> 用5分钟的时间,谈谈你的人生目标及具体实施计划。

1.6 积极进取

一个刚制造出来的航海罗盘,在未磁化前指针的方向是混乱的;经磁化后,它就像被一种神秘的力量支配着,总是指向同一个方向。如果用在人的身上,那么这种神秘的力量就是进取心。它使我们不断地努力,不懈怠,不满足,每当我们走过一段路的时候,它就会在下一个目标向我们招手。

> 让自我的内心藏着一条巨龙,既是一种苦刑,也是一种乐趣。
> ——雨果

有人曾向一位薪水很高的职业经理人询问成功的秘诀,他说:"我还没有成功呢!没有人会真正成功,前面还有更高的目标。"的确,辉煌的成就属于那些不断进取的人,他们和时间赛跑、和自己赛跑,攀越一座座高峰,并继续去征服下一座高峰。

天下没有一个老板不喜欢有上进心的下属,他们在时刻观察着员工们的表现,所以,营销人员不要满足于现有的成绩,要不断地对自己提出更高的要求。

> **实践指南** 进取心的培养
>
> 1. 要有忧患意识。现代社会是一个竞争的社会,不进则退,所以要不断地往前发展,对自己提出更高的要求。
> 2. 保持乐观的工作态度。假如营销过程中遇到挫折,不要丧失信心,要相信通过一次次的努力肯定能够成功,因为良好的心态是成功营销的第一步。
> 3. 每天给自己制定一个具体的工作目标。如果目标达成,则给自己一个小小的奖励。

> **技巧训练**
>
> 到目前为止,你认为自己做得最失败的一件事是什么?事情发生后,你采取了什么补救措施?

1.7 敢于创新

被誉为"现代管理学之父"的彼得·德鲁克说过:"企业有且只有两项基本职能——营销和创新,只有营销和创新才能产生经济效益,其余一切都是成本。"苹果公司共同创办人史蒂夫·乔布斯认为:"创新是无极限的,有限的是想象力。"他认为,如果是一个成长的行业,创新就是要让产品更有效率,更容易使用,更容易用来工作;如果是一个萎缩的行业,创新就是要快速地从原有模式退出来,在产品及服务变得过时、不好用之前迅速改变自己。

实践指南 如何培养创新能力

营销是一个创新的工作,具有极大的挑战性、竞争性。如何吸引顾客的兴趣和注意力,需要营销人员不断地开拓创新。可以通过以下途径培养创新能力。

1. 培养对事物的好奇心,俗话说"小疑则小进,大疑则大进,无疑则不进"。
2. 要熟悉自己的业务工作,不断地学习新的知识,在学习中创新。
3. 要多洞察周围事物的变化,拓展自己的思维观念,树立信心,大胆尝试新的方法,在总结中创新。

技巧训练

如果今年的父亲节正好是你父亲的生日,你将会如何让父亲度过一个难忘的生日?

1.8 扎实勤勉

营销的成功需要扎实勤勉的工作作风,因为营销是一种实实在在且艰苦的工作。营销人员不仅要做到心勤、脑勤,更要做到眼勤、手勤、脚勤。任何营销大师的销售业绩都不是待在家里"想"出来的,而是"做"出来、"跑"出来的。

案例启发

一位世界闻名的推销大师正在介绍他的推销经验,吸引了500余名营销界的精英。人们让他介绍推销秘诀,他微笑着让四个大汉抬上一个铁架子,铁架子下面悬挂着一个大铁球。人们莫名其妙,聚精会神地看着。这位推销大师并不说话,只是用小锤子敲了一下大铁球,大铁球纹丝不动,过了五秒钟,推销大师又敲了一次,大铁球依然纹丝不动。就这样每隔五秒钟推销大师就敲一次,人们的耐心被消耗着,逐渐有人离开会场。推销大师却还是不停地用小锤子敲大铁球,会场中的人越来越少了。大铁球在不断敲击下终于慢慢地动了起来,摇晃的角度越来越大,后来想让它停下来都难了。最后这位推销大师向会场中为数不多的人说:"成功就是重复地做一件简单的事情,这种持续的努力每次都会使事情进步一点点,当成功来临的时候,你挡都挡不住。"这位推销大师用很形象、很简单的方式告诉推销员们:扎实勤勉的工作是成功的基础。

1.9　具有良好的口才

一位成功的销售人员说过:"交易的成功,往往是口才的产物。"营销的实质就是说服,能说服对方,使对方改变原来的意图,才是营销人员真正的本事。拥有良好的口才是通向营销成功的必由之路,资深的营销专家都认为"没法说服顾客购买产品的营销人员,就不能算是成功的营销人员"。

1.10　具有服务意识

服务意识是指企业全体员工在与一切和企业利益相关的人或企业的交往中所体现的为其提供热情、周到、主动服务的欲望和意识,即自觉、主动做好服务工作的观念和愿望,它发自服务人员的内心。业内人士常说,营销是一种服务,服务是一种营销,优质的服务能创造友好的气氛,容易获得顾客的信任和支持,从而使营销工作顺利开展。

实践指南　如何做好营销服务

营销人员能够给顾客提供的帮助是多方面的,并不仅仅局限于通常所说的售后服务,可以通过以下几个方面来提高服务质量。

1. 注重礼仪、仪容仪表,规范服务用语,树立专业形象。
2. 加强产品知识学习,特别是新产品推出之前,必须对产品性能、规格等进行深入学习,这样才能更好地向顾客传递商品信息。
3. 主动地与客户联系,给客户以"可信、可靠、可用、有利、有情"的感觉。
4. 提供个性化服务。

案例启发

在奥地利有个专门为50岁以上老人服务的购物场所，其标志为"50＋"超市。该超市创意很简单，但又很独到，超市货架之间的距离比普通超市大得多，老人可以慢慢地在货架间选货而不会显得拥挤或憋气。货架间设有靠背座椅。购物推车装有刹车装置，而且后半截还设置了一个座位，老人如果累了还可以随时坐在上面歇息。货物名称和价格标签比别的超市要大，而且更加醒目。货架上还放着放大镜，以方便老人看清物品上的产地、标准和有效期等。如果老人忘了带老花镜，则可以到入口处的服务台去临时借一副老花镜戴上。最重要的是，超市只雇用50岁以上的员工。对此，一家"50＋"超市经理布丽吉特·伊布尔说："这些措施受到顾客的欢迎，增加了他们的信任感。"从中获益的不仅仅是顾客，雇用的12名员工因为可以重新获得工作，也十分珍惜这份工作，积极性特别高。"50＋"超市由于替老人想得特别周到，深受老人欢迎，同时被其他年龄层（如带孩子的年轻母亲）所接受。"50＋"超市商品的价格与其他普通超市一样，营业额却比同等规模的普通超市多了20%。

1.11 具有宽容胸怀

宽容是一种修养，也是一种美德。德国哲学家叔本华说："如果有可能的话，不应该对任何人有怨恨的心理。"一个人心胸有多广，事业便有多大。成大事者的经验之谈是：学会宽容和尊重别人，才能更好地与人相处，与人共事。

> 世界上最宽阔的是海洋，比海洋更宽阔的是天空，比天空更宽阔的是人的胸怀。
>
> ——雨果

营销人员在营销工作中要与各类顾客打交道，参加各种社交活动。因此，作为优秀的营销人员，与人交往时要坦诚相待，宽容大度，逐步达到"无故加之而不怒"的境界，展现出宽容、豁达的人格魅力。如遭受顾客的拒绝、无礼、嘲笑等时，要能够包容、谅解，记住你的工作目标是要将你的产品销售出去，而不是要战胜顾客，以牙还牙，这样只会增加工作难度。

实践指南 如何学会与人合作

1. 对顾客的刁难、埋怨等行为泰然处之。
2. 多虚心听取、接纳顾客的意见或建议，少反驳和辩解。
3. 勇于承认错误，接受批评，做到虚怀若谷。

4. 允许别人犯错误，更要允许别人改正错误，不要吹毛求疵。

5. 不要随意指责别人。

6. 不要无故猜疑。

一群国会议员将一位刚上任的总统团团围住，逼着他说明委任新的税务部长的理由。为首的一位议员脾气暴躁，开口就把新任总统大骂一顿。新任总统却一声不吭，任凭对方声嘶力竭地骂着，直到这个议员精疲力竭而缄口时，他才用温和的语气问道："现在你觉得好些了吗？照理说你是没有权力这样责问我的，不过我还是愿意详细地给你解释。"接着他又和颜悦色地说："这倒也不能怪你，因为我想任何不明真相的人都会大怒的。"后来那位议员对同伴说："我已记不清总统的全部解释，但我肯定，总统的选择没有错。"那位议员被新任总统豁达的胸襟和宽容大度的品格所折服。

> 人之谤我也，与其能辩，不如能容。
> 人之侮我也，与其能防，不如能化。
> ——李叔同

技巧训练

如果顾客的三岁孩子不小心弄坏了你朋友从北京给你带回来的一个纪念品，你会如何处理这件事？

1.12 具有团队精神

什么是团队？仔细研究"团队"这两个字就觉得很有意思：有口才的人对着一群有耳朵的人说话！所谓团队精神，简单来说就是大局意识、协作精神和服务精神的集中体现。团队精神的基础是尊重个人的兴趣和成就。核心是协同合作，最高境界是全体成员的向心力、凝聚力，反映的是个体利益和整体利益的统一，进而保证组织的高效率运转。俗话说得好："一根筷子轻轻被折断，十双筷子牢牢抱成团。"这是对团队精神的简单诠释。

 实践指南 如何学会与人合作

1. 守信。守信，会使人对你产生敬意，愿意与你公平地合作。

2. 学会共处。学会共处就是要学会用和平、协商、非暴力的方法处理矛盾，解决冲突；参与目标一致的社会活动，学会在各种"磨合"之中找到新的认同，达成共识，从而友好合作。

3. 勇于合作。不仅要与我们喜欢的人合作，而且要勇于与我们不喜欢的人合作。

实践指南　如何与自己不喜欢的人打交道

1. "忍让"。宁可自己受些委屈或吃点亏，小小的让步可以赢得他人的敬重。

2. 主动接近对方。可以先伸出友好之手，主动和对方打招呼，对方原来对你的敌意就可能化解，双方的关系就会有所改善。

3. 换位思考。站在对方的角度考虑问题，体会对方的想法，从而修正自己的一些不正确的做法。

4. 接受他人的独特个性。改变别人是困难的，强迫别人接受你的观念也不容易，你能做的就是改变自己对他人的态度。

5. 多想想对方的优点。盯着对方的缺点只会让你更加排斥对方，还不如多挖掘对方身上的闪光点。

案例启发

一次，联想队和梦想队开展攀岩比赛。梦想队强调的是齐心协力，注意安全，共同完成任务。联想队聚在一起，认真地商量着什么。比赛开始了，梦想队在比赛中几次碰到险情，尽管大家齐心协力，排除困难，完成了任务，但因时间过长最后输给了联想队。那么联想队在比赛前商量着什么呢？原来他们把队员个人的优势和劣势进行了精心的组合：动作机灵的小个子队员排第一个，高个子队员排第二个，女士和身体庞大的队员排在中间，排在最后的是最具有独立攀岩实力的队员。于是，他们迅速地完成了任务。

这个案例说明：团队成员一定要在才能上互补，共同完成目标任务的关键在于发挥每个人的特长，并注重流程，使之产生协同效应。人们在智力上的先天差距已经随着知识的提高而日益缩小。非智力因素在一个人的成功因素中所占比重越来越大，而成功率与其协作精神成正比。在相同的专业技术水平竞争中，谁更具备与不同的人合作的能力，谁就更容易成功。

技巧训练

如果销售团队的负责人是与你有过矛盾的同事，那么你会主动要求主管将你调换到另外一个团队吗？

1.13 善于终身学习

学习能力很重要,营销工作需要营销人员具有积极的学习态度,因为营销的大环境日新月异,营销手段不断演变,营销理论不断发展,落后就要挨打。而改变落后局面的唯一方法就是学习,营销人员在工作中一定要将学习变成一种习惯,随时随地向书本、经销商、消费者、同事学习。

当代著名武侠小说作家金庸曾坦言,他一生快乐的源泉来自于"终身学习"。他说:"有时间我会对学生讲,要对人文科学注重一点,就算你一生都专门研究理工科目,你也要对人文科学有所了解。知一点、懂一点,这样,人的生活才会更有趣味,眼光才会更远一些、大一些,才能够高瞻远瞩,不是只会钻牛角尖,走不出来。"

实践指南 如何学习

1. 具有开放的心态,广泛学习。开放的心态表现为善于接受新鲜事物,善于学习别人的长处,不断地解放思想、更新观念,在工作中积极探索,勇于进取,开拓创新。

2. 具有虚心的态度,向同行学习。营销界有很多成功人士,可以通过见面直接请教或观看他们的演讲、阅读他们的自传等方式学习他们的成功经验。

3. 具有研究的精神,钻研行业知识。当你向顾客介绍产品时,如能掌握更多行业的专业知识,将能增强你的说服力,顾客也会对你更信任。

案例启发

一家闻名全球的会计师事务所在北京大学招聘员工,他们的招聘条件并不是会计专业出身或有会计实务经验的,而是要求具有出色的英语能力和计算机能力。招聘人员解释说:"英语和计算机能力出众意味着应聘者已经具备了学习的能力,我们就可以培训他的会计专业技能,这两项技能是衡量学习能力的标准。"

技巧训练

你认为自己是一个善于学习的人吗?你是否尝试过给自己布置"读书任务"?

1.14 善于管理时间

有人说:"一天的时间就像一只大旅行箱,如果你懂得装箱的技巧,那么一只箱子足以装下两箱的东西。"也就是说,时间是有限的,但如何安排和支配它却大有文章可做。营销这个职业在时间上相对自由,多数时候不用坐班,因此,学会管理自己的时间就显得非常重要。

> **实践指南** 如何有效管理时间
>
> 时间管理就是自我管理,时间管理的能力决定了竞争力。面对时间管理,营销人员要采用正确而积极的态度。
>
> 1. 制订时间管理计划,养成快速的工作节奏感,当天可以办完的事,不拖到第二天。
> 2. 善于利用琐碎的时间,如利用出差途中、等候客户的时间与客户沟通。
> 3. 妥善地规划行程,减少路线重复,早出晚归避开交通高峰,随时查看交通线路。
> 4. 养成随时写备忘录的习惯。
> 5. 充分利用电话与客户或你的主管沟通,电话交谈简单扼要。
> 6. 直接与决策人或对买方有重大影响力的人进行沟通,可以提高工作效率。
> 7. 建立业务文档系统,及时整理客户资料,并定期整理文档,删除无用文件。

> **技巧训练**
>
> 回忆上周自己是如何度过的,然后评价自己的时间安排是否合理。

专题小结

性格决定着一个人的事业前程与生活质量,优秀的营销人员无不具有令人钦佩的性格特征和良好的品质,所以营销人员要努力从性格、品质、形象等方面培养、锻炼自己,积极进取,努力奋斗,为成功营销练就良好的综合素质。

● 热情是一种积极的人生状态,能激励和鼓舞一个人的行动,具有很强的感染力。运用热情的态度与顾客真诚沟通,能使自己的工作变得顺心。

● 与其他职业相比,营销人员更需要有足够的自信。认识自己的优点和长处,是培养自信的良好方法。

● 在与顾客的交往中,营销人员不挑对方的毛病,不与对方争辩,多些赞美和微笑,能给顾客留下亲切友善的印象。

● 诚信即真诚守信，是商业活动的核心准则。只有树立"以人为本""服务社会"的营销信条，才能做到诚实、守信，才不会因眼前的蝇头小利而做出欺骗消费者的行为，损坏自身的商业信誉。

● 成功者总会给自己树立一个远大的目标，而且脚踏实地、一步一个脚印地去实现一个又一个目标。制定目标要符合实际，最好能书面化、可视化、阶段化。

● 营销工作是一项充满挑战的工作，需要有较大的创新。营销人员要敏于观察、善于应变、敢于实践，培养创新思维。

● 与顾客打交道时，学会宽容，将为你赢得朋友和树立友善的形象。

● 扎实勤奋、善于合作、不断进取、树立较强的时间观念、拥有良好的口才等，都是优秀营销人员需要具备的素质。

 口才训练营

实训 1

自由训练：善于用眼

实训目的：掌握不同情景下的眼神运用，发挥"眼神"的魅力。

地　　点：在寝室或你认为方便的地方，对着镜子练习或旁边有人指点。

训练内容：（1）在倾听顾客讲述时的眼神。

（2）向顾客介绍商品时的眼神。

（3）当顾客讲到一件有趣的事情时的眼神。

（4）下列动作的眼神：微笑地注视着、好奇地看着、投去欣赏的目光。

课堂训练：学会友好热情地欢迎顾客

实训目的：让学生掌握欢迎顾客时正确的动作和恰当的表情，看谁做得自然、亲切和热情大方。

地　　点：教室。

训练课时：1课时。

训练内容：让部分学生扮演商场的服务员，部分学生扮演顾客，从顾客进入商场那一刻开始到选购商品再到顾客离开时的每个环节，要求"服务员"表现出热情、友好、自然、大方。建议分组进行训练。

游戏 1

形　式：七人一组。

时　间：15分钟。

道　具：每人一张便签纸。

场地：教室。

目的：

（1）通过本游戏，让学生更好地了解成功营销人员的优良性格和品质，明白哪些是不利于营销工作的言行、品质。

（2）进一步挖掘成功人士各方面的素质，补充课本上没有的一些品质。

（3）活跃课堂气氛，激发学生思考。

（4）锻炼学生的合作精神。

程序：

（1）每一个小组都围成一圈，每一组指定一人负责抽签和记录，负责人不参与抽签、发言。

（2）第一轮抽签：六个顺序号，抽到"1"则第一个发言，抽到"6"则第六个发言。

（3）第二轮抽签：共有两种签，分别写着"优秀品质"和"不良品质"。每一个人都要抽，抽到什么签，就至少列举五个这方面的品质特征。负责人做好记录，下一个发言者列举的内容不能与前面发言者类同，有重复时，负责人要给予提醒。

（4）每一组都记录好时间，15分钟结束游戏。

（5）游戏结束，教师收集各小组的记录，看哪一组的记录最多，并给予表扬。

分享：由各组负责人上台发言，将本组同学所列举的"优秀品质"和"不良品质"分享给大家，看看哪些品质是平常容易被忽视的。

总结：

（1）通过本游戏，学生会认识到成功人士的很多优秀品质，而不良品质则不利于营销事业发展，从而让学生懂得从何处去培养、锻炼自己。

（2）学生在列举品质特征时，最好能举出实例。

 口才加油站

阅读材料1

个性与职业

心理学研究表明，不同个性的人，其适合从事的工作是有区别的，大致有如下一些个性类型。

（1）现实型个性：此种类型的人喜爱实用型的职业或环境，避免社会型的职业或环境。善于用实际的能力解决工作及其他方面的问题，较缺乏处理人际关系方面的能力，重视具体的事物，如金钱、权力、地位等。这类个性的人适合从事商业操作、技术性的工作和一些服务型的职业。典型职业：一般工人、农民、土木工程师。

（2）研究型个性：此种类型的人喜爱研究型的职业或环境，避免企业型的职业或环境。善于用分析的能力解决工作及其他方面的问题，自觉、好学、自信、重视科学，但缺乏领导方面的才能。这类个性的人适合从事科学研究和一些技术类的工作。典型职业：数学、生物方面的工程师、科研人员。

（3）艺术型个性：此种类型的人喜爱艺术型的职业或环境，避免常规型的职业或环境。富有表达能力，还具有独立、有创意、不顺从、无次序等特征，具有艺术方面的才能（包括表演、写作、语言）并重视审美。这类个性的人适合从事艺术和文化类的职业。典型职业：诗人、艺术家。

（4）社会型个性：此种类型的人喜爱社会型的职业或环境，避免现实型的职业或环境。善于以社会交往方面的能力解决工作及其他方面的问题，但缺乏机械与科学能力，喜欢帮助别人、了解别人，有教导别人的能力，且重视社会活动与伦理问题。这类个性的人适合从事社会和服务类的职业。典型职业：教师、牧师、辅导人员。

（5）企业型个性：此种类型的人喜欢企业型的职业或环境，避免研究型的职业或环境。善于以企业方面的能力解决工作及其他方面的问题，有领导与语言表达能力，缺乏科学能力，但重视政治与经济上的成就。这类个性的人适合从事管理和销售类的职业。典型职业：营销人员、政治家、企业经理。

（6）常规型个性：此种类型的人喜欢传统型的职业或环境，避免艺术型的职业或环境。善于以传统的能力解决工作及其他方面的问题，较为顺从、遵守规则，有文书与数学能力，并重视商业与经济上的成就。这类个性的人适合从事办公室类和数据类的职业。典型职业：出纳、会计、秘书。

阅读材料 2

伟大的推销员

世界著名推销大师乔·吉拉德，在15年中共销售了13001辆（每次只卖一辆）汽车，这项纪录被《吉尼斯世界纪录大全》收入，并且他被誉为"世界上最伟大的推销员"。乔·吉拉德49岁时便退休了，那时，他连续12年稳坐"吉尼斯世界纪录大全世界销售第一"的宝座。他所保持的汽车销售世界纪录：连续12年平均每天销售6辆车，至今无人突破。

35岁以前，乔·吉拉德是个全盘的失败者，他患有相当严重的口吃，换过40份工作仍一事无成，甚至当过小偷，开过赌场。然而，谁能想象到，这样一个谁都不看好，而且背了一身债务几乎走投无路的人，竟然能够在短短3年内做到世界销售第一，并被吉尼斯世界纪录认可为"世界上最伟大的推销员"。他是怎样做到的呢？虚心学习，努力执着，注重服务与真诚分享，是乔·吉拉德成功的关键。

"有人问我，怎么能卖出这么多辆汽车？有人会说是秘密，我最讨厌的就是有人装模作样地说什么秘密，这世上没有秘密，我用我的方式成功。"乔·吉拉德说。

乔·吉拉德一再强调"没有秘密"，他把他卖车的诀窍分享了出来：他建立了所有客户的档案系统，他每月要发出1.6万张爱心卡片，并且无论他们是否买他的车，只要有过接触，他都会让人们知道乔·吉拉德记得他们。他认为这些卡片与垃圾邮件不同，它们充满爱，而他自己每天都在发出爱的信息。他创造的这套客户服务系统，被世界500强中的许多公司采用。

"如果你给别人名片时想，这是很愚蠢、很尴尬的事，那怎么能给出去呢？"他说，"恰恰那些举动显得很愚蠢的人，正是那些成功和有钱的人。"他到处发名片，到处留下他的味道、他的痕迹。每次付账时，他都不会忘记在账单里放上两张名片。去餐厅吃饭，他给的小费每次都比别人多，同时放上两张名片，出于好奇，大家都要看看这个人是做什么的。人们在谈论他、想认识他，根据名片来买他的东西。经年累月，生意便源源不断。他甚至不放过看体育比赛的机会来推广自己：购买最好的座位票，携带1万张名片，趁人们欢呼的时候将名片撒出去！于是，大家注意到了乔·吉拉德。

刚做汽车销售时，他只是公司的42名销售员之一，那里的销售员他有一半不认识。有一次，他不到20分钟就向一个人卖出了一辆车，最后，对方告诉他："其实我就在这里工作。"他说来买车是为了向乔·吉拉德学习。"

他特别强调，一次只做一件事，以种树为例，从种下去、精心呵护到它慢慢长大，就会给你回报。你在那里待得越久，树就会越大，回报也就相应越多。

专题 2

口才起步

知识要点

❖ 口才的重要性　　❖ 口才运用的基本原则

能力要点

❖ 语言表达训练　　❖ 知识积累训练
❖ 记忆能力训练　　❖ 心理素质训练

 导入案例

> 2013年中国经济年度人物颁奖现场，小米创始人雷军与格力董事长董明珠的精彩表现让人津津乐道。事后雷军表示，和董明珠比口才就"真败了"，颁奖时完全"插不上话"。他"吐槽"说："从辩论技巧看，董明珠非常出色。我是工程师出身，无论如何都比不过这位营销出身的'大牛'，论口才和控场能力，我简直是太弱了。"所以，雷军表示："知耻而后勇吧，我下定了决心，从明年开始，做产品之余，苦练口才！"

 2.1　口才的重要性

口才具有怎样的重要性？卡耐基在《语言的突破》一书中进行了精彩的比喻：许多人在战场上如同一头猛狮，在搏击场上是一位强手，但到了交际场合，温顺得像一只猫，一言不发。原因在于他们笨拙的口才，如果他们有挥洒自如的口才，就会成为交际场上的高手，轻松自如地与人交往。口才是一个人智慧的反映，是影响一个人事业成功、生活幸福、精神愉快的重要因素之一。

> 1. 增强你的个人魅力
> 2. 增强你的人脉。
> 3. 增加你的收入。
> 4. 增加你成功的机遇。

2.1.1 增强你的个人魅力

一个口才极好的人，能让自己充满自信，由内而外的自信使人散发着独特的个人魅力，这种魅力像磁场一样吸引着众人，因为口才代表着一个人的学识和修养。

2.1.2 增强你的人脉

口才是一门语言艺术，是用口语表达思想感情的一种巧妙的形式。懂得语言艺术的人，懂得相处之道的人，不会勉强他人与自己有相同的观点，而是巧妙地引导他人到自己的思路上来。那些善于用语言准确、贴切、生动地表达自己思想感情的人，办事往往圆满；反之，不懂得语言艺术的人，最后自己也会陷入困境。有位哲人曾说过："世间有一种成就可以使人很快完成伟业，并获得世人的认可，那就是讲话令人喜悦的能力。"

拥有良好的口头表达能力的人，能正确表达自己的观点和见解，将话说到对方的心坎里，引起对方的共鸣，从而拉近感情上的距离，创造一种和谐的气氛，有利于处理好人际关系。

2.1.3 增加你的收入

口才可以代表一个人的力量，也可以显示一个人的价值。商场的商品有物价，明星出场有身价，著名的政治家、科学家、企业家、文学家还有"口价"，把这些形象地比喻为"出口成金""口到财来"并非夸张。

2.1.4 增加你成功的机遇

有才干而没有口才，也许能获得成功，但既有才干又有口才的人成功的概率一定会高出许多，因为许多机遇都需要通过口才来赢得。

【例1】华为技术有限公司主要创始人任正非深谙国情，善做哲学总结，他的商业辞典中几乎都是战争术语。任正非对内的训话中，常常可以找到这样的词句："不要把客户关系当成买卖关系,要做诚实的商人;要把优惠和好处让给客户,要关心客户最关心的问题;真正赢得人心——得人心者得天下!"字里行间充斥着激情、鼓舞和号召力。

【例2】中央电视台一位著名主持人的成功,是从小"说"出来的。他从小就特别喜欢演讲,曾荣获武汉市小学生演讲比赛一等奖和中学生演讲大赛一等奖。中学毕业时,被学校保送北京大学读书。在北大期间,又因为他的口才,被老师推荐主持北大百年校庆的文艺晚会,后来又推荐到中央电视台《今日说法》栏目担任主持人,不久又获得了全国主持人大赛特等奖。

2.2　口才运用的基本原则

> 1. 消除自卑,树立自信。
> 2. 通俗易懂,朴素自然。
> 3. 准确通顺,言简意赅。
> 4. 朗朗上口,声情并茂。
> 5. 语随境变,恰到好处。
> 6. 扣人心弦,耐人寻味。

2.2.1　消除自卑,树立自信

自卑,是低估自己的能力,觉得自己各方面不如人,可以说是一种性格上的缺陷,主要表现为对自己的能力、品质评价过低,同时伴有害羞、不安、内疚等情绪。自信是一种反映个体对自己是否有能力成功地完成某项活动的信任程度的心理特性,是一种积极、有效地表达自我价值、自我尊重、自我理解的意识特征和心理状态。

自信在口才运用中表现得十分明显,充满自信通常表现为面对他人镇定自若;缺乏自信则表现为畏畏缩缩,显得自卑胆怯、顾虑重重,甚至惊慌失措、语无伦次,不敢在人前讲话。要想在口才方面有所建树,就要消除自卑,树立自信。

技巧训练
请面对老师、同学(或同事),大声说出自己三个以上的优点。

2.2.2　通俗易懂,朴素自然

说话的第一原则是使听众听懂,如果听众无法明白你在说什么,那么你说得再动听也没用。真正会说话的人，即使碰到再深奥的话语，也能说得浅显易懂，将意思毫无遗漏地传递给对方。可惜有不少人无视这个基本原则，说话时总是喜欢使用深奥的字眼，并以此为荣，更有甚者认为不使用深奥、难懂的字眼，就会被人认为"没文化"。

自从创立了"相对论"学说以后，经常有记者和一些非专业人士向爱因斯坦请教一些有关相对论的问题，但这个问题比较高深，不是一两句就可以解释清楚的。有一次，一位记者采访爱因斯坦，问道："依你看，时间和永恒有什么区别呢？"爱因斯坦答道："亲爱的女士，如果我有时间给您解释它们之间的区别的话，那么，当您明白的时候，永恒就消失了！"这个答案虽然不是一个科学、严谨的定义，但从普通人的专业知识基础出发，这却是他们非常容易接受的一个形象、生动、诙谐的解释。

2.2.3 准确通顺，言简意赅

说话应该言简意赅，准确通顺地表达说话者的意思，尽量避免啰唆。说话冗长有时是因为说话者想表达很多意思，而又没有条理；有时是因为开场白太长，渐渐脱离了本意；有时是因为潜意识里总想把自己的经验强加给对方，无形中使说话变得冗长不堪。要使说话精炼，关键在于对语言进行提炼与优化。

艾森豪威尔在哥伦比亚大学担任校长时，经常应邀出席各种宴会。在一次宴会上，几位名人做了长篇发言，可主持人最后还是请他致辞，此时听众已有厌烦感。只见艾森豪威尔站起来说道："每一篇致辞不管它是书面的还是其他形式，都应有标点符号。今晚，我就是标点符号中的句号。"他用最简短的演说赢得了满堂彩。

2.2.4 朗朗上口，声情并茂

1. 有声的语言

所有使用有声的语言的场合，都离不开语气。若想成为一个说话富有感染力的人，就一定要熟练掌握驾驭语气的能力，要善于运用合适的语气和节奏来表达复杂的内容和不同的思想感情。人们在说话、朗读和演讲中，语速的快与慢、情绪的张与弛、语调的轻与重、音量的小与大等变化，就形成了节奏。节奏在口语中起着重要作用，节奏主要表现人的心理变化，不同的口语节奏具有不同的形象内涵和不同的感情色彩。适当的节奏，有助于表情达意，使口语富于韵律的美感，加强刺激的强度。语言的节奏类型一般分为六种（见表2-1）。

表 2-1　语言的节奏类型

类　型	特　点	适用范围
高亢型	声音偏高，语气昂扬，语势上行，给人以雄壮、威武的感觉	用于鼓动性强的演说和使人激动的场合
低沉型	声音偏低偏慢，语气压抑，语势多下行，给人以庄重、沉闷的感觉	用于悼念及具有悲剧色彩的事件的叙述
紧张型	语速较快，句中停顿较短，但声音不一定高	用于须加以澄清的事实申辩和紧急情况的汇报等
舒缓型	说话从容舒畅，起伏不大，声音适中，是一种稳重、自然的表达方式	用于学术探讨和阐释性、说明性的叙述
轻快型	明快清晰，多扬少抑，听来不费力，让人感到活泼、流畅	日常对话中经常运用此类型，一般性辩论也常采用此类型
凝重型	既不高亢，也不低沉，清晰沉稳，不缓不促，节奏庄重、严肃，听起来一字千钧，发人深省	用于某些语重心长的说服教育和发表议论、抒发情感等

2. 无声的语言

人们在口语交际中，常常辅之以各种动作、表情，来帮助表达自己的思想感情。这种表达思想感情的身姿、手势、表情等称为态势语。态势语是口语交际活动中传递信息的重要手段，是"无声的语言"，具有不可忽视的作用。传播学有这么一个说法：用语言能表达出来的含义，只占你表达的 38%，剩下的 62% 称为副语言系统，就是表情、神态、手势等所带的信息场。当你看一个人说话时，如果觉得他的感染力很强，那么并不一定全是因为他的语言，而可能是他用态势语调动了整个"场效应"。所以，在口语交际时要善于利用好无声的语言。

技巧训练

第一步：假如你是一个乐团指挥，由于你十分严肃和呆板，手臂正慢慢地一前一后地晃动，同时，你的脸上露出十分疲倦的样子。请同学或朋友观看，并记下他们心里的感受。

第二步：请你用力鼓掌，然后脸上充满开心的笑容，大喊一声"我是最棒的"，再请同学或朋友说说他们心里的感受，并比较前后的区别。

2.2.5　语随境变，恰到好处

俗话说，"看菜吃饭，量体裁衣""见人说人话，见鬼说鬼话"，这并非要虚情假意地"曲意逢迎""逢场作戏"。"说话一定要看场合和对象"是为了遵循交际规律，在真诚待人、平等互利的基础上看准对象再说话，以科学的态度掌握人际交流的艺术。在现实生活中，有些人说起话来头头是道，游刃有余，为什么呢？其实，根本的原因就在于他们懂得灵活变通。所谓变则通，在这个世界上，变是永恒的法则，所以只有掌握了语随境变的说话技巧，才能把话说得恰到好处。

实践指南 看对方的基本情况

1. 年龄。说话时要看对方的年龄，对小孩，说话要活泼、亲切；对同龄人，说话要坦诚、平和；对老年人或自己的师长，说话则要尊重，让人感觉到晚辈懂礼貌、有教养。

2. 性别。交谈时还应注意对方的性别，对不同性别的人讲话，应当选择不同的方式。

3. 文化程度。说话看对象，文化程度是很重要的一项。

4. 身份、职务。身份、职务不同并不妨碍人际交流，但下级对上级、晚辈对长辈、学生对教师等，在言谈举止上不要过于随便，必要时应当表现得更加尊重一些。

一般来说，在不太严肃、隆重的场合，身份较高的人对身份较低的人说话越随和、越风趣，越好，反之则不宜太过随便。尤其在公众场合，说话要恰如其分，把握好自己与听者的身份差别。除此之外，还必须考虑对方的语言习惯。我国幅员辽阔、民族众多、方言习俗各异，这就要注意各地的语言习惯，否则就容易碰钉子，或破坏气氛。

【例1】一位幼儿园教师跟学生讲什么是品牌，讲了一大堆，问学生懂不懂，学生仍是摇头。后来教师举了一些例子，如麦当劳、肯德基、耐克等，学生一下子就明白了。几岁的孩子对于品牌的理解是非常具体的，要举他们熟悉的例子。

【例2】一位教师在课堂上解释产业问题，是这样说的："何谓第一产业？喂牛，养羊。何谓第二产业？杀牛，宰羊。何谓第三产业？吃牛肉，喝羊汤。"这个比喻看似调侃，但不得不佩服这个教师的语言功力。

【例3】有一个秀才去买柴，他对卖柴的人说："荷薪者过来！"卖柴的人听不懂"荷薪者"（担柴的人）三个字，但是听得懂"过来"两个字，于是把柴担到秀才前面。秀才问他："其价如何？"卖柴的人听不太懂这句话，但是听得懂"价"这个字，于是就告诉秀才价钱。秀才接着说："外实而内虚，烟多而焰少，请损之。"（你的木柴外表是干的，里头却是湿的，燃烧起来，会浓烟多而火焰小，请减些价钱吧）卖柴的人因为听不懂秀才的话，于是担着柴就走了。

【例4】朱元璋当上了皇帝。一天，朱元璋曾经的一位朋友来见他，说："我主万岁！当年微臣随驾扫荡芦州府，打破罐州城，汤元帅在逃，拿住豆将军，红孩儿当关，多亏菜将军。"这位朋友说的话很好听，朱元璋心里很高兴，回想起来，也隐约记得他说的话里像是包含了一些从前的事情，所以，立刻就封他为官。另外一个朋友得知了这个消息，心想："同是那时一块儿玩的人，他去了既然有官做，我去当然也不会太差吧？"于是他也去了。一见朱元璋的面，他就直通通地说："我主万岁！还记得吗？从前，我们两个都替人家看牛，有一天，我们在芦花荡里，把偷来的豆子放在瓦罐里煮着，还没等煮熟，大家就抢着吃，罐子都被打

专题 2　口才起步

破了，撒下一地的豆子，汤都泼在泥地里，你只顾从地下满把地抓豆子吃，不小心把红草叶子也一口吃进嘴里了，叶子哽在喉咙口，苦得你哭笑不得，还是我出的主意，叫你用青菜叶子放在手上一并吞下去，这样红草的叶子才一起下肚了……"他还没说完，朱元璋就连声大叫："推出去斩了！推出去斩了！"

实践指南　看对方的性格和心理状态

性格外向的人易于和人交谈，性格内向的人多半沉默寡言，不善于主动与人交谈。同性格开朗的人谈话，你可以侃侃而谈，同性格内向的人谈话，你就应注意分寸，循循善诱。不同的人在不同的情况下有不同的心态，有时候甚至不会从外表上明显地表露出来，这时，作为表达者就应当洞察对方的心理，以便进行有效的交流。人际沟通中还经常会有"言者无意，听者有心"的情况，说话不注意洞察对方的心理状态，往往会产生意外的问题。

案例启发

某单位工人小张的父亲长期患病，母亲不慎摔伤起不了床，现在他工作上又出了些问题，前几天骑摩托车还撞了人，赔了 2000 多元，真是祸不单行！如此内外交困，愁得他抬不起头来，一家人都愁眉不展，唉声叹气，气氛异

> 说话是人与生俱来的能力，但良好的谈吐需要依靠后天的练习。
>
> ——罗曼·杰克布森

常低沉。这时同事小高兴冲冲地跑来，叫小张去看摇滚歌舞，说特别刺激！小张说没有心思去，小高轻狂地说："瞧你蔫头耷脑的样儿，这么一点事就给压趴了？走走，管他呢，天王老子死了，也挡不住咱哥们儿乐呵！"人家在油锅上，他在凉水盆儿里，说这话人家能不烦吗？再加上小张是个孝子，哪能任他这样诅咒自己的亲人，于是他火冒三丈，吼道："你给我出去！"就这样他把小高轰出了门。

技巧训练

如果你是小高，应该如何正确地激励小张，以达到不仅不会被轰出门，反而成为"知心朋友"的效果？

实践指南　看当时的环境和各方的关系

交流的环境往往是开放的，不仅要注意交流双方的关系亲疏，还要考虑双方与第三者、第四者的关系。说话时一定要经过考虑，以免招惹不必要的麻烦。

27

【例1】几位参加会议的同行几天内就成为无话不说的好姐妹。这天,她们又在一起聊天,其中一位女士说道:"那些大龄未婚的老女人基本上都是性格古怪的人。"她的话刚讲完,就有人离席而去,还有人很不满:"我就没结婚,可我很正常啊!"这位女士尴尬得无地自容。

【例2】有个人请客吃饭,眼看时间过了,还有一大半的客人没来。他心里很焦急,便说:"怎么回事,该来的客人还不来?"一些敏感的客人听到了,心想:"该来的没来,那我们是不该来的喽?"于是悄悄地走了。主人一看又走掉好几位客人,就更加着急了,便说:"怎么这些不该走的客人,反倒走了呢?"剩下的客人一听,又想:"走了的是不该走的,那我们这些没走的倒是该走的了!"于是又都走了。最后只剩下一个跟主人较亲近的朋友,见了这种尴尬的场面,就劝他说:"你说话前应该先斟酌一下,否则说错了,就不容易收回来了。"主人大喊冤枉,急忙解释说:"我并不是叫他们走哇!"朋友听了大为恼火,说:"不是叫他们走,那就是叫我走了。"说完,头也不回地离开了。

2.2.6 扣人心弦,耐人寻味

人人都有好奇心,当听众的好奇心被调动起来的时候,就从平铺直叙进入"剧情"跌宕起伏的阶段。戏剧、电影等十分重视悬念,来达到扣人心弦、调动观众情绪的目的。

在一次演讲比赛中,一位演讲者以《广播的奇妙》为题参赛,一开头便以悬念抓住了听众:"各位可知道,一只苍蝇在纽约的一块玻璃上行走的微小声音,可以用无线电传播到中非,而且还能使它扩大成像尼亚加拉大瀑布般惊人的声响。"

"广播"是人们司空见惯的事,但其威力之大并不是人人知晓,这一引人入胜的开头,将千万个听众的注意力都"提"了起来。

2.3 口才的基本功训练

好口才是练出来的。口才训练是一种综合能力的训练,包括表达能力训练、知识积累训练、记忆能力训练和心理素质训练。古今中外,历史上所有口若悬河、能言善辩的演讲家、雄辩家,无一不是靠刻苦训练而获得成功的。这些名人与伟人为训练口才树立了榜样,我们要想练就过硬的口才,也必须一丝不苟,刻苦训练。正如华罗庚先生在总结"练口才"的体会时说:"勤能补拙是良训,一分辛苦一分才。"

案例启发

我国早期无产阶级革命家、演讲家萧楚女,靠平时的艰苦训练,练就了非凡的口才。萧楚女在女子师范学校教书时,除了认真备课,每天天刚亮就跑到学校后面的山上,找一处僻静的地方,把一面镜子挂在树枝上,对着镜子开始练演讲,从镜子中观察自己的表情和动作。经过这样的训练后,他掌握了高超的演讲艺术,教学水平也很快提高了。

我国著名的数学家华罗庚,也是一位不可多得的"辩才"。他从小就注意培养自己的口才,学习普通话,背了唐诗四五百首,以此来锻炼自己的"口舌"。

2.3.1 表达能力训练

何为表达能力?简单说就是"善于说话",好的语言表达能力可以达到"让人想听下去(言之有形)、让人想学东西(言之有物)、让人愿意接受(言之有理)、让人产生尊敬(言之有情)"的效果。

1. 朗诵

提高语言表达能力的训练最好从朗诵开始,朗诵要以普通话为标准音。朗诵是富于表现力的艺术语言,要求字正腔圆、语句熟练、表情达意。朗诵是由生活语言过渡到艺术语言的桥梁,经常朗诵的人,吐字发音会更加准确有力,声音会更加响亮优美,语调会更加富有感情,口语能力会明显提高。有的人说话声音不好、口齿不清、语调平淡,只要经过朗诵训练,这些毛病就能逐渐得到改正。

案例启发

林肯的口才举世公认,他把拜伦的诗集一本放在家里,一本放在办公室,一有空就拿出来诵读,用低低的声音读得津津有味,甚至到了痴迷的地步。夜里醒来睡不着,他常随手把诗集翻开读,遇到佳句,他会兴奋地跳下床,穿着睡衣朗读起来。参加妹妹婚礼的时候,他拿出自己写的诗读给大家听,作为最好的祝贺。长期的诵读,训练了他的语音,丰富了他的词汇,形成了他良好的语感,对他声情并茂的演说风格产生了很大的影响。

2. 绕口令

绕口令最大的特点是拗口,它是学习语言艺术(如相声、快板等)的必修课,可以锻炼舌、唇、齿之间相互配合的技巧,被形象地称为"口腔体操"。

案例启发

一位央视的主持人究竟是怎样炼成"名嘴"的呢？1993年从《中国广播报》报社被借调到中央电视台的时候，他还是一个普通话说得很不标准的人。当时，台里规定主持人念错一个字罚50元，他每个月不多的工资都要被扣去一笔，这让他承受着巨大的压力。为了练就一口流利的普通话，他每天都像小学生一样翻看字典，一页一页，从字典里把一些生僻的字和多音字挑出来，注上拼音，贴在墙上，然后反复拼读。不仅如此，他还找来《绕口令集锦》，并模仿古代一位演说家的做法，在嘴里含一颗石头，练习绕口令。经过一段时间的苦练，他终于过了"嘴巴"这一关，练就了标准的普通话。

2.3.2 知识积累训练

"厚积薄发，一鸣惊人"，这是对很多雄辩大师的评价。其实，口才不仅能反映人的口才技巧，更能反映一个人的道德修养、学识水平、思辨能力。好的口才，在于平时的积累和锻炼，因为言语是以生活为内容的，有生活、有实践经验，才有谈话的内容。有丰富的生活、有丰富的实践经验，谈话的内容才能丰富起来。因此，对于家事、国事都要经常关注，吸取对我们有用的内容，对于所见所闻，要加以思考，尽量去了解其发生的过程、意义，从中悟出一些道理。这些都是学习和积累知识的机会。

1. 多阅读

华罗庚说过："人做了书的奴隶，便把活人带死了；把书作为人的工具，则书本上的知识便活了，有了生命力。"

人的大脑就像一台超级计算机，控制着一个人的所有感觉和思想。只有不断学习最新知识，掌握最新资讯，才能很好地促进这台"机器"运转。保持大脑活力，才能思维清晰，条理分明，提高语言表达能力。

案例启发

一位著名的央视主持人，坚持每天保证2～3个小时的阅读时间。他说："阅读是敏锐思维和雄辩口才的来源。"他把阅读分为两种：一种是专题性阅读，就是为了准备节目而进行的阅读，每天要看上百万字的资料；另一种是积累性阅读，就是每天阅读大量的报刊资讯，只要是报摊上有的，他都要阅览。正是如此广泛地读书看报，拼命地"练脑"，使得他在一次次直播中施展出思维缜密、出口成章的高超技艺。

2. 积累格言

从广义上说，名人名言、民间谚语、成语警句、诗词对联等都可以构成格言。把这些格言积累、记录下来，久而久之，你谈话的题材、资料就会越来越多，口才就会越来越好，最终达到出口成章的境界。

3. 背诵

背诵要求准确无误地记忆文章，准确地表达作品的思想感情，常用的背诵方法是：

第一步，选一篇自己喜欢的演讲辞、散文、诗歌等。

第二步，对选定的材料进行分析、理解，体会作者的思想感情。

第三步，对所选的演讲辞、散文、诗歌等进行一些艺术处理，如找出重音、划分停顿等，这些都有利于准确表达内容。

第四步，在以上几步的基础上进行背诵，在背诵的过程中，也可分步进行。首先，进行"背"的训练，也就是先将文章背下来，在这个阶段不要求声情并茂，要达到熟练记忆，并在背的过程中，进一步领会作品的格调、节奏，为准确把握作品打下坚实的基础；其次，将你背熟的演讲辞、散文、诗歌等大声地背诵出来，并随时注意发声的正确与否，而且要带有一定的感情色彩；最后，用饱满的情感、准确的语言和语调进行背诵。

2.3.3 记忆能力训练

记忆是学习的重要环节，是巩固知识的重要手段。科学记忆，有利于提高学习效率，有利于加速知识积累。

实践指南 记忆的方法

（1）重复记忆法。重复是学习之母，尤其像字词、术语、外文单词、历史年代、事件等，更需要循环往复地记忆。

（2）早晚记忆法。根据心理学原理，早晚的记忆分别只受"前摄抑制"和"倒摄抑制"的单项干扰，因而记忆效果较好。前摄抑制是指先学习的材料对识记和回忆后学习的材料的干扰作用，倒摄抑制是指后学习的材料对保持和回忆先学习的材料的干扰作用。

（3）读写记忆法。边说边记，多种器官的协同合作也是提高记忆成效的重要方法，这种方法特别适用于记字词、诗词、外文单词等。

（4）间隔记忆法。读一本书，学一篇文章，最好分段交替进行记忆，记忆时间不宜过分集中。

（5）概要记忆法。在一般不可能把所有的内容和细节都记下来的场合，如听报告、故事，看电影、小说，可把其中心、梗概、主题记住，或先记一个粗略的框架，然后再设法回忆补充。

（6）选择记忆法。古人云："少则得，多则惑。"读书学习都要抓住其中的重点、难点和关键，记忆的内容有所选择，不要"眉毛胡子一把抓"，更不要"捡了芝麻，丢了西瓜"。

（7）联想记忆法。这是通过事物之间的相互关系，由此事物联想到彼事物的记忆方法。

当然，记忆力的培养，根本的方法是勤奋学习。学习的知识越多，人的记忆力也就越强。孔子早就说过"多见而多识之""多学而多识之"，识就是记忆。

案例启发

诺贝尔经济学奖获得者美国的西蒙教授曾提出这样一个见解："对于一个有一定基础的人来说，他只要肯下功夫，在6个月内就可以掌握任何一门学问。"西蒙所依据的心理实验研究成果表明：一个人1～1.5分钟可以记忆一条信息，心理学将这样一条信息称为"块"，每一门学问所包含的信息量大约是5万块。如果1分钟能记忆一"块"，那么5万块大约需要830小时，以每星期学习40小时计算，要掌握一门学问大约需要6个月。学习的诀窍在于坚持，就像烧一壶开水，如果断断续续地烧，那么1万斤柴也烧不开。如果连续烧，那么10斤柴可能就够用了。

2.3.4 心理素质训练

心理素质在口才养成中非常重要，优良的心理素质是口才的保证。有些人心里有想法，但是当站起来发言的时候却说不出，这就是心理素质阻碍了他的发挥。如果没有良好的心理素质，就不会有好的口才。

良好的心理素质主要包括：

- 自信——相信自己的话肯定有道理，有意义。
- 相信听众——相信听众会听懂你的想法，会认可你的想法。
- 喜欢自己的声音——努力让别人听见自己的声音。
- 坚信自己的思路，不被别人的消极态度干扰。
- 使用自己认为有感染力的表达手段，包括表情、手势、姿态等。

1. 挫折训练

心理学家研究指出：当人们遇到挫折时，九成以上的人会选择5种反应：攻击、退化、压抑、固执与退却，而正面思考者的比例低于10%。大多数人在遇到挫折时，很容易陷入负面情绪，总是将失败的想法归咎到负面的事物上，习惯对自己一味地责备和否定，不懂得如何去调整负面情绪。著名心理学家马斯洛说："挫折未必总是坏事，关键在于对待挫折的态度。"一个能笑看一切的人的抗打击能力必定会比一般人的强。因此，挫折训练很重要。

2. 韧性的培养

韧性是指个体面对生活逆境、创伤，以及其他生活压力时的良好适应。对于一个口才家来说，其韧性表现为不怕失败，不怕打击和挫折，敢于和善于从口语交际失败中一次次地崛起，从挫折中一次次地挺直腰杆走上讲台，有意识地在顺境、逆境、胜利、失败等各种情境中经受锻炼和考验，以此来培养自己坚强的韧性。

3. 自控力的培养

自控力的获得，既不是父母遗传的，也不是短期速成的，而需要长期的磨炼和培养。

（1）保持头脑冷静。在遇到听众不愿听或提出责备的情况下，要对自己的恐慌情绪加以抑制，通过冷静的分析，找到真正的原因。脑子不冷静，就发现不了问题，导致场面失控。所以，口语交际中不论出现什么情况，首先需要的是沉稳、冷静，只有冷静，才会有适当的自控。

（2）坚定意志。在口语活动中常常会由于主客观因素的影响而产生情绪波动，这时就应该立即调整自己，集中自己的注意力，坚定自己的意志，排除不良情绪的干扰，以保持良好的心境。

（3）把握规律。培养和训练自控力的关键是要掌握口才与演讲的规律，丰富演讲实践，深谙演讲技巧，提高演讲水平。卡耐基说过："演讲绝不是上帝给予少数人的特殊才能。"只要坚持不懈地实践，掌握口才与演讲的规律，就一定能提高自己的自控力，从而在各种错综复杂的口语交际场合应对自如，达到"游刃有余"的境界。

专题小结

口才是指在人际交往中，运用准确、得体、恰当、有力、生动、巧妙、有效的口语表达策略，达到特定的交际目的，取得圆满交际效果的艺术和技巧。今天，有很多人之所以感到压抑，事业遇到障碍，很可能是因为他们的表达不够流畅，不能将自己内在的美和真实的知识完全地展现出来，所以口语表达在每个人的人生道路上，都起到很重要的作用。

- 良好的口头表达能力会增强你的个人魅力和人脉，增加你的收入和成功的机遇。
- 现实生活中，口头表达必须遵循基本原则：消除自卑，树立自信；通俗易懂，朴素自然；准确通顺，言简意赅；朗朗上口，声情并茂；语随境变，恰到好处；扣人心弦，耐人寻味。
- 通过表达能力训练、知识积累训练、记忆能力训练和心理素质训练提高口头表达能力。

口才训练营

实训 2

课堂训练：串词成句

实训目的：训练学生的语言表达能力。

地　　点：教室。

训练内容：教师将 100 个词分别做成 100 张小卡片，装进一个大信封或小盒子里打乱，让学生从中抽出 3 张卡片。要求学生拿到卡片后，在 10 秒钟内用一句或几句话串起这 3 个词。当学生们都顺利完成后，可增加训练的难度，将卡片的抽取数量从 3 张增加到 5 张，或者由两名学生同时抽取卡片，要求他们各自造的句子能够形成合乎逻辑的对话。

课堂训练：成语接龙

实训目的：训练学生的语言表达能力，丰富学生的语汇。

地　　点：教室。

训练内容：教师将学生分为两个对抗的小组进行比赛，请第一组第一位学生先说一个成语，如"大庭广众"，第二位接"众望所归"，第三位接"归心似箭"，第四位接"箭无虚发"……依此类推，要求头一个成语的"尾"和下一个成语的"头"相接，输的小组表演节目。

课堂训练：朗诵

实训目的：锻炼学生口齿伶俐、发音准确、吐字清晰的能力。

地　　点：教室。

训练内容：由教师选择文章，要求学生朗诵的时候第一次速度较慢，逐次加快，一次比一次读得快，最后达到自己所能达到的最快速度。朗诵的过程中不要有停顿，发音要准确，吐字要清晰，要尽量将每个字音都完整地发出来。可以把学生的朗诵过程录下来，然后让学生从中找出不足，进行改进。

课堂训练：绕口令

实训目的：训练学生的语言表达能力。

地　　点：教室。

训练内容：

（1）大花碗里扣个大花活蛤蟆。

（2）四是四，十是十，十四是十四，四十是四十，谁能分得清，请来试一试。

（3）黑化肥发灰，灰化肥发黑，黑化肥发黑不发灰，灰化肥发灰不发黑。

（4）扁担长，板凳宽，板凳没有扁担长，扁担没有板凳宽，扁担要绑在板凳上，板凳偏不让扁担绑在板凳上。

（5）营房里出来两个排，直奔正北菜园来，一排浇菠菜，二排砍白菜，剩下八百八十八棵大白菜没有掰。一排浇完了菠菜，又把八百八十八棵大白菜掰下来。二排砍完白菜，把一排掰下来的八百八十八棵大白菜背回来。

（6）天上七颗星，地上七块冰，树上七只鹰，梁上七根钉，台上七盏灯，呼噜呼噜扇灭七盏灯，哎呦哎呦拔掉七根钉，呀嘘呀嘘赶走七只鹰，抬起一脚踢碎七块冰，飞来乌云盖没七颗星，一连念七遍就聪明。

课堂训练：记忆训练

实训目的：锻炼学生的记忆能力。

地　　点：教室。

训练内容：

（1）记忆数字。由教师展示写满数字的挂图，10秒钟后收起挂图，让学生回忆数字。

（2）记忆故事。一位学生或教师讲一件事，请其他学生再复述给大家听。

（3）记忆事件。请几位学生一个接一个地说出自己的出生年月、出生地点和个人爱好，然后请受训者复述。

（4）快速传话。第一个人用耳语对第二个人讲一件趣事，然后一个接一个地用耳语传下去，最后一个人宣布所听到的内容，请第一个人评议。

课堂训练：挫折训练

实训目的：锻炼学生的抗挫折能力。

地　　点：教室。

训练内容：让受训者抽签，对于抽中"接受批判者"的受训者，其他教师、同学将毫不留情地指出其缺点，观察"接受批判者"的表现。

游戏 2

场地：教室。

目的：考验学生的观察记忆能力。

程序：

（1）10人排好坐在椅子上，另选出两名观察者，用一分钟时间记下排列顺序。

（2）观察者走出室外，室内的10人趁机交换位置。

（3）观察者进来后要说出谁和谁换过位置，先猜中的观察者获胜。

（4）由输者表演节目。

口才加油站

阅读材料3

巴赫在北京冬奥会开幕式上的致辞（节选）

欢迎参加北京2022年冬奥会！祝中国朋友们新年快乐、新春快乐、虎年大吉！今年是虎年，也是奥运年，虎年和奥运年都代表着雄心、勇气和力量。

如今，正是凭借着这份雄心，中国已成为一个冬季运动之国。在中国，有超过3亿人在约2000座滑雪场和溜冰场上参与冬季体育运动。中国在冬季运动方面取得的非凡成就，开启了全球冬季运动的新时代，将使全球冬季运动参与度登上新台阶，让中国人民和全球各地的冬季运动爱好者从中受益。

今天，我们之所以能够书写体育运动史的这一全新篇章，要归功于我们热情的东道主，也就是全体中国人民。我衷心地感谢中国人民的热情款待。谢谢你们，中国朋友！我们要特别感谢全体志愿者。从我们抵达的第一刻起，你们就给了我们宾至如归的感受。你们眼中的微笑温暖着我们的心。谢谢你们，志愿者！

因此，我们要感谢北京冬奥组委、中国政府部门和全体中国人民，感谢你们让本届冬奥会能够举办，感谢你们让所有的人都能够安全地参与本届冬奥会。

我们之所以能够在这里相聚，得益于中国及世界其他各地无数的医护人员、科研人员以及所有人员的主动奉献。谢谢你们的辛勤付出与团结协作。基于同样的精神，我们也心系所有因疫情而无法实现奥运梦想的运动员们。

奥林匹克运动员们，奥运舞台已经为你们搭好，你们克服了重重困难，经历了诸多不确定因素，最终来到了这里。现在，你们即将迎来自己的时刻，这一直是你们长久期待的时刻，也是我们都长久期待的时刻。现在，你们将在中国数亿新冬季运动爱好者的支持下，在恢弘的运动场馆内，实现你们的奥运梦想。

作为奥林匹克运动员，你们将向世人展示：如果我们遵守同一规则，并且彼此尊重，世界将会是怎样的一番景象。在未来的两周时间里，你们将为最高荣誉展开激烈角逐，与此同时，也将在奥运村的同一个屋檐下和谐共处。在奥运村里，不会有任何理由的歧视存在。我们所在的这个世界是脆弱的，分裂、冲突和猜疑正在日益升级。我们要向世界证明，竞争激烈的对手也能够和平共处、彼此尊重。这就是奥林匹克运动会的使命，让人们在和平竞争当中团结一心。

奥运会总是搭建沟通的桥梁，绝不会筑起一道道高墙。奥运会让我们保留多样性的同时，把我们团结在一起。这一崇高使命，得到了联合国大会的强力支持。联合国大会以173个会员国全体协商一致通过了《奥林匹克休战决议》。决议当中明确提到了奥林匹克运动员，感谢你们借助奥林匹克理想，促进世界和平与人类的相互理解，本着奥林匹克和平精神，我呼吁全球各国政府，遵守你们对奥林匹克休战的承诺，给和平一个机会。

亲爱的运动员们，我们与你们站在一起，我们都在支持着你们，我们都在为你们加油喝彩！愿这样的支持能够鼓励你们团结一致，共同实现更快、更高、更强，如此一来，你们将在这个奥运年，以虎年的雄心、勇气和力量来鼓舞全世界的人们。

阅读材料 4

孟晚舟回母校演讲

2022年9月2日，华为副董事长、轮值董事长、CFO孟晚舟在贵州都匀市发表演讲。她鼓励母校都匀一中和都匀三小的师生："人生处处是课堂，人人皆可为吾师，人生处处是考场。"以下是部分演讲内容。

今天，我分享的主题是：读书万卷，咖啡千杯。

2019年，一位博士生毕业后加入华为，他的研究方向是"类脑智能"，这是一门新兴的交叉学科。2020年起，他经常在茶思屋和高校老师、学生喝咖啡、聊技术，也和不同部门的专家探讨学术、联合攻关，甚至还把市场人员、潜在客户也拉进来，进行前沿技术的推广和联创。

一年多的时间里，他在茶思屋喝了1000多杯咖啡，他的团队与产品线联合完成了20多项技术创新和成果转化，发表了10多篇论文。面对累累硕果时，他感叹道："茶思屋的咖啡，都是汗水和火花调制出来的！"

读书万卷，能帮助我们充实理论知识；咖啡千杯，能帮助我们吸收思想能量、激发创新火花。二者的共同之处，都是要求我们拥有开放的心态，保持对未知的好奇，付出奋斗的汗水。

……

科学是无尽的前沿，从基础理论到商业应用是一个漫长而艰辛的过程，中间需要数十年甚至是上百年的转换与推动。颠覆性创新，失败是必然的，成功是偶然的。唯有打开思维边界、打开组织边界、打开人才边界，汇聚无数的大脑相互交流、碰撞、启发，才有可能站在巨人的肩膀上，取得理论或应用的突破，才有可能像灯塔一样照亮整个人类社会的发展。

我们认为，无论是过去、现在，还是未来，生存和发展的基础是"一切皆人才，开放是根本"。今天的华为，作为行业发展的出题者，我们要用世界级难题来吸引和成就世界级的人才。

专题 3

社交口才

知识要点

❖ 社交口才的原则

❖ 社交口才的语言技巧

能力要点

❖ 社交中灵活运用幽默艺术

❖ 社交中灵活运用赞美艺术

❖ 社交中灵活运用批评艺术

❖ 社交中灵活运用拒绝艺术

❖ 社交中灵活运用道歉艺术

导入案例

华西村原党委书记曾被称为"天下第一村"的领头人。

谈到华西村成功的经验,他说道:"我们华西村搞的是'一村两制',即村民可以搞集体,也可以搞个体。但干部不能搞'一家两制',更不允许'一人两制',否则,丈夫在企业当厂长,妻子开饭馆,丈夫把与厂里有经济交往的客户都引到其妻子开的饭馆吃饭,吃一百,付一千,甚至不吃也付钱,集体的'肥水'就不声不响地流进个人的'田'里;父亲在厂里搞供销,儿子却搞个体加工,如果父亲联系到好的业务,很可能给儿子做,结果是'富了和尚穷了庙'。华西村既不是纯粹的'公',也不是纯粹的'私',公也有,私也有。我认为,不怕公有、私有,就怕公也没有,私也没有。"

> 把你最难以表达的话,采用最巧妙的艺术形式展现出来,你就会觉得再没有什么困难可以阻碍你的成功了。

社交口才是培养社交能力的重要一环,是神奇的公关密码,拥有它,你可以使自己说话更具有风度,更能提升自己说话的魅力,使自己具有更大的吸引力。口才的作用已渗透到当代生活的各个领域，练就好的口才，必将使你在社会交往中如虎添翼，大显身手。营销人员身在职场，将会身临各种社交场合，可能随时遇到各种难题，而社交口才有助于应对各种语境。

3.1 社交口才的原则

社交中受人欢迎、具有魅力的营销人员，一定掌握了社交口才技巧。一个掌握了社交口才技巧的营销人员，一定能在社交场合如鱼得水、游刃有余。一般来说，营销人员的社交口才应遵循适人、适位、适时、适量、适度、有礼、有识七个原则。

3.1.1 适人

所谓适人，就是根据不同的谈话对象，采用不同的谈话方式，根据对方的性别、年龄、性格、民族、阅历、职业、地位而选择适当的话题。如果完全不考虑这些因素，那么交谈就难以引起对方的共鸣，甚至出现对立的情况。在交谈中遇到有不同的兴趣爱好、有不同的关注话题等情况时，营销人员应本着求同存异的原则，选择大家都感兴趣的话题作为谈话内容，使各方在交谈过程中均能热情参与。

> 打动人心最高明的办法，是跟他谈论他最珍贵的事物。
> ——戴尔·卡耐基

某著名学者曾说过："一个人不会说话，那是因为他不知道对方需要听什么样的话。假如你能像一名侦察兵一样看透对方的心理活动，你就知道说话的力量有多么巨大了！"对性格直爽者，不妨开门见山；对脾气倔强者，要迂回曲折；对平辈或晚辈，要真诚坦率；对文化较低者，要谈得通俗；对心有烦恼者，要体贴谅解，问得亲切。总之，要想掌握好适人的原则，就要像侦察兵一样，具有敏锐的洞察力。

3.1.2 适位

适位是指说话者要根据自己的身份，确定自己应站在哪个角度，说些什么，怎么说。有一些营销人员总将自己放在主要的位置上，自始至终一个人唱主角，喋喋不休地推销自己。曾有人说过，漫无边际地喋喋不休无疑是在打自己付费的长途电话，这样不但不能表现自己的口才，反而令人反感。因此，在社交活动中，营销人员一定要摆正自己的位置。

例如，当你与上级领导外出洽谈或参加社交活动时，一定要低调行事，将话语权交给上级领导，而且要注意聆听领导的讲话，必要时做一定的补充和附和。如果今天的主角不是你，切不可喧宾夺主。

3.1.3 适时

说在该说时，止在该止处，这才叫适时。有的营销人员在社交场上该说时不说，见面时不及时问候，分手时不及时告别，失礼时不及时道歉，对请教不及时解答，对求助不及时答复，在热闹喜庆的气氛中唠唠叨叨诉说自己的不幸，在别人悲伤忧愁时嘻嘻哈哈开玩笑，在主人心绪不安时滔滔不绝发表宏论，在长辈家里乐不可支地详谈"马路新闻"。可以设想一下，你在社交中遇见了上面所列举的人，你会对他们产生什么样的印象呢？

3.1.4 适量

适量既指说话的适当，也包括说话的适宜。适量并不是指少说为佳，更不是指语调无变化，像"老和尚念经"。适量应以是否达到说话目的为衡量标准。

捷克讽刺作家的名著《好兵帅克》里有一个克劳斯上校，此人以说话啰嗦闻名。他有一段对军官的"精彩"讲话："诸位，我刚才提到那里有一个窗户，你们知道窗户是个什么东西，对吗？一条夹在两道沟之间的路叫公路。对了，诸位，那么你们知道什么叫沟吗？沟就是一批工人所挖的一种凹而长的坑，对，那就叫沟，沟就是用铁锹挖成的。你知道铁锹是什么吗？铁做的工具，诸位，不错吧，你们都知道吗？"克劳斯上校的这番话，虽然是作家加工过的，但生活中、社交场上说话啰嗦的也不乏其人，因此说话适量也是社交口才的基本原则之一。

3.1.5 适度

适度主要是指根据不同对象把握言谈的深浅度，根据不同场合把握言谈的得体度，根据自己的身份把握言谈的分寸度。体态语也要恰到好处，否则将有可能失去许多客户。在一些综艺节目中，可能发生"毒舌"点评或"离席门"等现象，这在一定程度上其实告诉我们，在社交活动中一定要注意适度而言，否则就会惹来意想不到的麻烦。

3.1.6 有礼

在社交场合，营销人员要恰当地使用表示尊重的敬语，如"您好""请教""请问""请指点"等；要恰当地使用表示谦恭的谦语，如"多谢您提醒""您的话使我茅塞顿开""给您添麻烦了"等；在对方答话离题太远时，还要用委婉语控制话题，如"请允许我打断一下……""这些事你说得很有意思，今后我还想请教，不过我仍希望再谈谈开头提的问题……"等，自然地将话题引过来。交谈时不要板起面孔，笑容是你的财产，微笑着交谈，会使人乐于与你交流，使你看上去是一位素质较高的营销人员。

3.1.7 有识

营销人员所选择的交谈内容，往往被视为个人品位、志趣、教养和阅历的集中体现，应当自觉地选择高尚、文明、优雅的谈话内容，而不宜谈论庸俗、低级的内容。交谈的话题应当是自己或者对方所熟知的，甚至擅长的。应当注意的是，无论选择自己擅长的话题，还是选择对方擅长的话题，都不应当涉及另一方一无所知的内容，否则会使另一方感到尴尬、难堪。

营销人员同样希望客户能将自己当成值得信赖、为他们解决实际问题的专家顾问，而不仅仅是推销者。要达到这个目的，营销人员就要努力充实自己的知识，提升内在的魅力。知识可以分为专业知识和业外知识两个范畴。专业知识是指营销人员所从事行业的专业知识、所销售产品的专业知识。专业知识是每个营销人员都需要掌握的基本知识。业外知识是指营销人员在熟练掌握专业知识后，所掌握的其他锦上添花的知识。

案例启发

【例1】有一家美容院生意兴隆，顾客盈门。有人问店主人发达的理由，他介绍经验说："这完全是因为我的美容师在工作时善于和顾客攀谈。"怎样使工作人员善于说话呢？店主人说："我每月将各种报纸杂志都买回来，规定每个职员在每天早上开始工作前一定要阅读，并当成日常功课，他们自然会获得最新鲜的聊天资料，从而博得顾客的欢心。"

【例2】小黄是一家平面设计公司的负责人，她拥有丰富的市场营销知识和平面设计知识。几乎每一个客户都将她视为专家顾问，不仅在平面设计上十分重视她的建议，而且还就企业的发展、市场的开拓等各方面的问题请教她。她说，每次接到客户咨询后，她首先会看客户的网站，详细地了解客户的产品、规模、在行业中的位置，然后会到行业网站上查询一下客户所属行业的现状及竞争对手。根据这些情况，她从企业的生命周期、市场定位、消费者特性等方面逐条分析。当她与客户交谈时，客户会佩服她思考问题的周密，并会很快认可她的才识，进而认可其设计公司的实力。

【例3】《伊索寓言》里有则故事，讲的是伊索做奴仆的时候，一天，主人要宴请当时的一些哲学家，吩咐伊索做最好的菜招待贵宾。伊索收集来各种动物的舌头，准备了一席舌头宴。开席时，主人和宾客都大惑不解。伊索说："舌头能言善辩，对尊贵的哲学家来说，这难道不是最好的菜肴吗？"客人们都笑着点头称是。主人又吩咐他："我明天要再办一次宴会，菜要最坏的。"到了第二天，宴席上的菜仍是舌头。主人大发雷霆，伊索却幽默地说："难道不是祸从口出吗？舌头是最好的东西，也是最坏的东西啊！"

3.2 社交口才的语言技巧

3.2.1 幽默的语言技巧

著名的爱尔兰剧作家萧伯纳在评价幽默的作用时，曾高度赞扬道："没有幽默感的语言是篇公文，没有幽默感的人是尊雕像，没有幽默感的家庭是间旅店，而没有幽默感的社会是不可想象的。"美国几百家大公司的行政主管人员曾参加过一项幽默意见调查，结果表明：97%的企业主管相信，幽默感在企业界具有相当的价值；60%的企业主管相信，幽默感决定着人的事业成功的程度。调查证实，参加过幽默训练的中层主管，在9个月内生产量提高了15%，且病假次数减少了一半。

钱钟书先生曾说过："一个真正幽默的人必定别有会心，既能欣然独笑，又能傲然微笑，替沉闷的人生透了一口气。"由此可见，幽默对人很重要，它可以营造氛围、摆脱困境、激发潜能。

● 营造氛围。

幽默的语言可以营造融洽的气氛，使人内心的紧张和重压得以缓解，化为轻松的一笑。幽默让人发笑，给人以舒适轻松之感，但是在笑声中常包含一个人的机智和高超的语言技巧。

案例启发

各高校毕业典礼上，校长们的致辞总是别样精彩。国内某大学的校长就风趣地解读了毕业生的大数据分析："同学们过得'都挺好'，因为你们的体重平均增长了0.9千克，你们是历届毕业生中最有'分量'的一届。""辛苦的你们惊奇地发现，头发在键盘上、在书本上、在衣服上，就是不在自己的头上。""学习再苦再累，你们仍然坚持每天挤出0.75小时谈恋爱，其实这个时间并不短，因为约有2/3的同学被平均了，看来脱发容易脱单难。"

● 摆脱困境。

一个人或一个组织要面临各种社交场合，与各类人员打交道。幽默的语言，能使严肃、紧张的气氛顿时变得轻松活泼，能使表达者的思想观点易于被对方接受，还能使人从容地摆脱困境和尴尬。

案例启发

【例1】中国现代文学大师钱钟书是个自甘寂寞的人，闭门谢客，最怕被人宣传，尤其不愿在报刊、电视中扬名露脸。他的《围城》再版以后，又拍成了电视剧，在国内外引起轰动，不少新闻机构的记者想约访他，均被他谢绝了。一天，一位英国女士好不容易打通了钱钟书家的电话，但他妙语惊人地对那位英国女士说："假如你看了《围城》，像吃了一个鸡蛋，觉得不错，何必要认识那个下蛋的母鸡呢？"

【例2】萧伯纳的幽默向来都是以尖刻著称的。有一次，萧伯纳派人给好友丘吉尔送去两张戏票，并附上短笺说："亲爱的爵士，奉上两张戏票，希望阁下能带一位朋友来观看拙作《卖花女》的首场演出——假如阁下还能有一位朋友的话。"但同样地，丘吉尔不甘示弱，马上写了一封短笺予以还击："亲爱的萧伯纳先生，蒙赐戏票两张，谢谢！我和我的朋友因有约在先，不便分身前来观赏《卖花女》的首场演出，但是我们一定会前去观赏第二场演出——假如你的戏还会演第二场的话。"

【例3】某明星在酒店门口被记者包围，记者问："证实一下，请问你是怀孕了吗？"明星微笑着说："请问你们记者扛的是B超机吗？"

● 激发潜能。

心智开放、为人豁达、心情愉快，是具有幽默感的人所具有的共同特征，在这种心理状态下，能激发出创造力。成功的学者在发言或者讲课时，常常夹杂一些幽默的俏皮话。幽默感反映了一个人的内在自由，没有这种自由，不可能进行创造，潜能也就得不到充分激发。所以，有幽默感的人，是能够充分发挥自己潜能的人。

案例启发

【例1】明代文士陈全，误入禁宫，被宦官拿住。陈全恳求："公公饶恕！"这位宦官平素就听说过陈全的大名，便说："听说你能写会说，很有才学，如果你能说出一个字来把我逗笑，我就放你。"于是陈全脱口而出："屁！"宦官板着脸道："这算什么？"陈全说："放也由公公，不放也由公公。"宦官听了笑得前仰后合，于是释放了陈全。陈全在危急时刻用幽默挽救了自己。

【例2】首次登上月球的是阿姆斯特朗和奥尔德林两个人，但却是阿姆斯特朗最先踏出第一步，说出"一个人的一小步，整个人类的一大步"的。当他们返回地球后，在媒体见面会上，有记者问奥尔德林："由阿姆斯特朗第一个踏上月球，你会不会觉得很遗憾？"奥尔德林轻松一笑，答道："你们要知道，当我们回到地球时，第一个爬出太空舱的可是我啊！我是由别的星球过来，踏上地球的第一个人啊！"全场的记者都笑了，并对其报以雷鸣般的掌声。

实践指南　幽默的语言技巧

我们可以通过以下方法掌握幽默的基本技巧。

1. 自嘲法。
2. 将错就错法。
3. 张冠李戴法。
4. 比喻法。
5. 夸张法。
6. 谐音法。
7. 偷换论题法。
8. 大智若愚法。
9. 巧妙转移法。
10. 改变词性法。

1. 自嘲法

幽默一直被称为只有聪明人才能驾驭的语言艺术，而自嘲被称为幽默的最高境界，能自嘲者是智者中的智者、高手中的高手。因为是要拿自身的失误、不足甚至生理缺陷来"开涮"，不予遮掩、躲避，反而将它放大、夸张、剖析，然后巧妙地引申发挥、自圆其说、博得一笑，没有豁达、乐观、调侃心态和胸怀的人是无法做到的。可想而知，自以为是、斤斤计较、尖酸刻薄的人只能望其项背。自嘲不伤害他人，比较安全。你可用它来活跃谈话气氛，消除紧张；在尴尬中自找台阶，保住面子；在公共场合获得人情味；在特别情形下含沙射影，刺激无理取闹的人。当然，自嘲不是自我辱骂。自嘲要把握分寸，力求个性化、形象化。适时适度的自嘲是一种良好的修养，也是充满魅力的交际表现。

案例启发

【例1】一位著名作家应邀到某所大学做演讲，会场上座无虚席，连过道上都挤满了人，大家都想一睹他的"风采"。而当身材矮小又略带秃顶的作家一出现，全场一片哗然。有一个女生不无失望地说："怎么长这样啊！"作家毫不介意，仍然微笑着走上了讲台。讲台是多媒体台式讲桌，他坐下后，顿时便"无影无踪"了。正在大家惊诧之际，他站了起来，不无自嘲地说道："这桌子有点高喔！"全场观众不禁哈哈大笑起来。作家接着说："为了让大家近距离看清我'英俊帅气'的容貌，我就站到讲台下，接受同学们雪亮目光的'洗礼'吧！"说罢，作家真的走下讲台，来到了同学跟前。全场观众都被他幽默的话语与举动逗乐了。他直言不讳地说："刚才我听到一女生说'怎么长这样啊，'对了，我就是这副模样，如假包换。我要告诉你们，如果一个人从17岁就开始从事文学创作，到现在已经写了将近40多年的话，那他长得便是这副模样。"全场又爆发出一阵笑声。

【例2】某位著名电视节目主持人之所以成为人们喜爱的"丑星"，原因竟然在于他经常登台亮相时，都要显露出自己的光头。他曾幽默地取笑自己的长相，说它"浓缩了中华民族五千年的沧桑"。他还说："我常发现，男人们在我面前都显得格外自信，我很高兴自己能衬托出他们的魅力……尽管如此，我还是讨人喜欢。我去草原时，发现那里的人们很喜欢我，因为我们有着共同的单眼皮特征。不光在草原上，有一次我去西藏，发现藏族人也很喜欢我。当时，我感到奇怪，后来我才发现很多藏族人都剃着光头。"他摘下帽子，露出光头，开玩笑说："看看，如果我再披上一件袈裟，是不是就像个喇嘛了……"他幽默、诙谐的语言收获了现场观众的哄堂大笑和阵阵掌声。

2. 将错就错法

一般来说，在社交场合说错了话或做错了事，应当老实承认并认真改正。但是，在某些特定的场合，照此办理会使自己陷入极为难堪的境地或者造成无法弥补的重大损失，此时不妨考虑将错就错、出奇制胜，从而摆脱窘境。

案例启发

有一次，张作霖出席名流雅宴，席间，有几个日本人突然声称，久闻张大帅文武双全，请即席赏幅字画。张作霖明知这是故意刁难，但却满口应允，吩咐笔墨伺候。只见他潇洒地踱到桌前，在铺好的宣纸上大笔一挥写了个"虎"字，然后得意地落款"张作霖手黑"，盖上朱印后踌躇满志地掷笔而起。那几个日本人怎么也看不明白，面面相觑。机敏的随侍秘书一眼发现了纰漏：亲手书写的文字叫"手墨"，怎么成了"手黑"？他连忙贴近张作霖耳边低语："您写的'墨'下面少了个'土'，'手墨'变成了'手黑'。"张作霖一瞧，不由得一愣，怎么把"墨"写成"黑"啦？如果当众更正，岂不大煞风景！他眉梢一动，计上心来，故意训斥秘书道："我还不晓得这'墨'字下边有个'土'，因为这是日本人要的东西，这叫寸土不让。"话音刚落，满座喝彩，那几个日本人这才醒悟过来，越想越没趣，只好悻悻退场了。

3. 张冠李戴法

不直接表述某种事物，或不直说某事某人的名称，而用其他相关的词语、名称来取代的幽默方法，即为"张冠李戴法"。使用张冠李戴的幽默技巧，关键的问题是要因时因地地选择恰当的"冠"，让这顶"冠"戴在"姓李的"头上后既能说明一定的道理，又不会显得不适合、不协调。选择恰当的"冠"，主要有两个渠道。一是从现成的专业术语、行业术语、政治术语中去选择。相对来讲，这样的选择比较容易。二是在交际过程中选择适当的词语来完成换名，这种选择和应用相对难一些，但只要替代得好，将更有现场效果和幽默感。借用交际语必须有一个前提，就是双方都是当事人，都明白那个借体（用来代替的事物）是怎么回事。如果你将一个场合的交际语拿到另一个场合去张冠李戴，由于对方不明真相，你的幽默力量便不会传递给对方，那么你的幽默就失败了。

案例启发

一个学校进行考试,教师在监考时对学生说:"今天的考试,要求同学们'包产到户',不要走'共同富裕'的道路。"

这位教师的话引起了同学们的会心一笑,知道教师说的是不允许相互帮助,要自己答自己的卷子。但教师的话妙就妙在没有直言考场纪律,而是用农村改革中的专业词语"包产到户"代替"自己答自己的卷子",用"共同富裕"代替"相互帮助"。由于"包产到户"和"共同富裕"的巧妙借喻与考场上紧张严肃的气氛格格不入,形成强烈的反差,所以产生了幽默感。

4. 比喻法

比喻是幽默艺术中常用的修辞手法之一。幽默所采用的比喻手法和一般修辞意义上的比喻,在审美要求方面是截然不同的。一般的比喻以贴切、神似、协调为原则,但幽默则反其道而行,刻意追求由反差过大或因对比荒谬所造成的不协调。

案例启发

【例1】语言学家林语堂很风趣,他说:"女士们、先生们,我觉得,绅士们的演讲,应该像女人的裙子,越短越好……"(笑声)

【例2】一位演讲家在一次演讲中打了一个比喻,说:"男人,像大拇指;女人,像小拇指。"话音刚落,全场哗然,女听众们强烈反对演讲家的这一比喻,认为这贬低了女性。演讲家立即补充道:"女士们,人们的大拇指粗壮有力,而小拇指却纤细、灵巧且可爱,不知诸位女士,哪一位愿意颠倒过来?"这句话就如灵丹妙药一般,立即平息了女听众们的愤怒,让她们相视而笑。

【例3】有一次,一位银行行长到一所大学做经济学讲座。结束后,一个女生问了他一个有趣的问题:"在你们经济学家眼中,什么东西都是商品、消费品,那爱情是一种什么样的消费品?"行长笑答:"在经济学家眼中,爱情是一种具有互补效用的非耐用消费品,是实现人们幸福感的众多消费品之一。所谓互补效用,是说某一产品单独存在,价值不会太高,当另一产品出现时,彼此的价值会同时提升。以笔为例,如果只有笔而没有纸,没有人会用笔。有了纸后,笔和纸的价值都提升了,这就是爱情的魅力和价值,我们不要轻易放弃它!"行长的话音刚落,教室里立即爆发出了一阵热烈的掌声和快乐的笑声。

5. 夸张法

有人说,要想幽默,常用的手法是夸张法。夸大其词的语言修饰手法常被人称为华丽语言的"添加剂",常使人忍俊不禁。

案例启发

在某年央视春晚中，小品《说事儿》，其中有这么一段：

白云："你说就他吧，还给人唱歌，你说就这嗓子能唱吗？那天呢，就上俺们那儿敬老院给人唱歌，总共底下坐着7个老头，他：'啊，一嗓子喊出来，昏过去6个。'"

小崔："那不还有一个吗？"

白云："还有一个是院长，拉着我的手就不松开，那家伙可劲儿地摇啊：'大姐啊，大哥这一嗓子太突然了，受不了哇，快让大哥回家吧，人家唱歌要钱，他唱歌要命啊！'"

6. 谐音法

中国的文字，特别是同音不同字的互换，往往会产生很强的幽默效果。其实，在我们生活当中，随时随地都可以听到这样的谐音：有人把整天关在家里坐着上网的人称为"作家"；有人想逃避喝酒，不到两杯就大喊"我已婚（昏），不要逼我"……只要你留心，收集，就会发现谐音的幽默随时可遇。

幽默地利用方言与普通话发音上存在的矛盾，造成不协调或构成歧义理解也可以达到幽默效果。

案例启发

【例1】余光中是诗人，但他却没时间读诗，什么原因呢？他说："到目前忙着写诗、译诗、编诗、教诗、论诗，五马分尸之余，几乎毫无时间读诗，甚至无时间读书了。""尸"和"诗"谐音，表明诗人的时间全被诗"瓜分"了。看似漫不经心的戏言，实则独具匠心，诗人的幽默得益于其深厚的语言功底。

【例2】一批大学新生正在进行军训。某天，指导员操着方言说："今天，一班杀鸡，二班偷蛋，我来给你们做稀饭！"同学们听了面面相觑，搞不清这算什么训练内容。后来一个同学看了指导员的动作才明白过来："他说的是，一班射击，二班投弹，我来给你们做示范！"

7. 偷换论题法

偷换论题法是把原来不相干的概念，引入到原先叙述的事物中来，从而得出新的认识、体验和结论，实现幽默。

案例启发

【例1】谌容是当代著名的女作家，在一次访美演讲时，台下的一位美国朋友问道："听说您至今还不是中国共产党党员，请问您对中国共产党的私人感情如何？"谌容从容地说："你的情报很准确，我确实不是中国共产党党员。但是，我的丈夫是个老共产党员，而我们共同生活了几十年,尚未有离婚迹象,由此可知我同中国共产党的感情有多么深!"谌容用偷换论题的方式巧妙地回答了"对中国共产党的私人感情"问题,不仅机智得体,而且圆满缜密,使对方无可挑剔,由此可见偷梁换柱式幽默口才的奥妙之处。

【例2】甲:"你说拿踢足球和打冰球来比较,哪个门难守?"乙:"我说什么也没有后门难守。"这就把球门这个具体的有形的门,一下子转移到了无形的、本质完全不同的抽象的门上去了。

8. 大智若愚法

大智若愚的幽默方式,看上去天真憨傻,实则蕴含了大智慧。通常只有才思敏捷、能言善辩、对生活具有深刻的体验和对事物有较强的观察力,还要有一定的文化素质和语言表达能力的人,才能达到"假憨真聪明"的幽默境界。

案例启发

一名记者问一位企业家:"现在,你们公司资金这么少,如果竞争对手起来了,怎么才能保证你们公司活下去?你对'一山难容二虎'怎么看?"企业家说:"主要看性别。"记者茫然。他接着说:"我从来不认为'一山难容二虎'正确,如果一座山上有一只公老虎和一只母老虎,那样,就是和谐的。"

9. 巧妙转移法

巧妙转移是幽默的常用形式,如果你遇到了难以回答的问题或者想带给别人一种"言有尽而意无穷"的愉快感受,那么试着让巧妙转移式幽默来帮忙吧。

案例启发

有一天,著名诗人海涅正在创作新诗,听到有人敲门,海涅不得不停下笔去开门。原来是邮递员送来一个邮包,寄件人是海涅的朋友梅厄先生。本来,因紧张写作而感到疲倦的海涅,被人打断写作思路时很不高兴。但当他不耐烦地打开邮包之后,疲倦感却马上消失了。邮包里面包着层层纸张,海涅撕了一层又一层,终于拿出一张小小的纸条。小纸条上就写了短短的几句话:"亲爱的海涅,我健康而又快活!衷心地致以问候,你的梅厄。"海涅没有感到不耐烦,反而还被这个玩笑逗得十分快乐。调整一下情绪后,他决定也和朋友开一个玩笑。

几天后,梅厄先生也收到了海涅的一个非常重的邮包。梅厄先生一个人无法把那个邮包拿回家去,他只得雇了一个脚夫帮他扛回家去。回到家里以后,梅厄打开了那个奇怪的邮包,结果他惊奇地发现,邮包里面什么也没有,只有一块大石头。石头上有一张便条,上面写着:"亲爱的梅厄,看了你的信,知道你既健康又快活,我心头的这块石头落地了。我把它寄给你,以永远纪念我对你的爱。"

海涅的回复,既表达了问候,又报复了梅厄先生的恶作剧,可谓是幽默的经典。在使用巧妙转移法时应该注意双重意思的含蓄表达，切记不要单纯地追求含蓄或风趣，一定要注意所在场合和对方的情况。

10. 改变词性法

改变词性法是指改变词语的词性造成歧义而构成的幽默。举例如下：

问：你说咱们头为啥叫总裁？

答：因为咱们公司总是裁人！

问：那为啥有的人叫他老板呢？

答：因为他老板着一张脸！

这里本来问话人所说的"总裁"和"老板"是名词，答话人却故意把它们做动词解释，造成歧义，有一种调侃的味道，并产生淡淡的幽默情趣。

> **小提示**
>
> 社交当中运用幽默开玩笑的注意事项：
>
> （1）内容要健康。开玩笑，既要有趣、能引人发笑，又能使人在笑声中得到启迪、受到教育、增长见识，促进朋友之间的关系。
>
> （2）要想后果。有的人开玩笑不计后果，一旦闹出事故来，教训将非常惨痛。
>
> （3）要看对象。幽默应看对象，态度应谨慎、和善，不伤害对方。
>
> （4）要看场合。如果不该幽默时你幽默了，那么不但会影响别人，还会引起别人的反感。

> **技巧训练**
>
> 请为老师和同学们讲1～2个幽默段子。

3.2.2 赞美的语言技巧

美国心理学家威廉·詹姆斯说过："人类本质中最深远的驱动力是——希望具有重要性。人类本质中最殷切的需求是——渴望得到他人的肯定。"正是这种需求使人区别于其他动物，也正是这种需求产生了丰富的人类文化。赞美正是抓住了人性深处的这一"渴望重要"的软肋。美国著名作家马克·吐温曾说："我可以靠别人对我说的一句好话快活上两个月。"

赞美是增加人际亲和力的极好方法，通过赞美使顾客感到自己很重要，是对顾客的存在及其价值的肯定。赞美是把双刃剑，营销人员不仅要懂得珍惜它，更要恰到好处地运用它。能揣测对方心理，把赞美的话说到别人的心坎里去，是成功交往的关键因素。在这方面，《红楼梦》中的王熙凤可称典范。

案例启发

王熙凤初见黛玉，笑道："天下真有这样标致的人物，我今儿才算见了！况且这通身的气派，竟不像老祖宗的外孙女儿，竟是个嫡亲的孙女，怨不得老祖宗天天口头心头一时不忘，只可怜我这妹妹这样命苦，怎么姑妈偏就去世了！"

王熙凤的权势多半来源于贾母的宠信，所以王熙凤行事说话时时刻刻都依据贾母的爱憎好恶，揣测其心理。为什么她对黛玉如此夸奖呢？因为贾母一再授意要把自己唯一的女儿的孩子黛玉接进贾府，承受失女之痛的贾母自然会把对女儿的感情转移到外孙女的身上，所以听到有人这么夸奖外孙女，贾母定是欢喜。尽管这话恭维得有些过分，但又有谁能拒绝呢！对于寄人篱下的黛玉来说，置身于人地两疏的贾府听到别人的夸奖，除了高兴，说不定还有感激呢！不仅如此，王熙凤始终没有忘记，或者说更清楚黛玉进贾府的原因是姑妈去世。失去女儿给贾母以精神上的打击，而失去母亲的黛玉感情上更是不必说，所以王熙凤又向二人表达了自己的悲伤与心痛。可见，王熙凤真的是一个八面玲珑的人物！

实践指南 赞美的语言技巧

在运用赞美的语言技巧时注意以下几点。

> 1. 诚心。
> 2. 有针对性。
> 3. 具体。
> 4. 找亮点。
> 5. 及时赞美。
> 6. 背面赞美。

1. 诚心

言辞会反映一个人的心理，因而有口无心或轻率的说话态度，很容易让对方识破而产生不悦的感觉。非洲有句格言：宁愿听痛苦的实话，不听甜蜜的谎言！英国专门研究社会关系的卡斯利博士曾说过，大多数人选择朋友都是以对方是否出于真诚而决定的，赞美他人也是如此。如果你的赞美不是出于真心，对方就不会接受这种赞美，甚至怀疑你的意图。虽然每个人都喜欢听赞美的话，但并非任何赞美都能使对方高兴。

案例启发

王小是一位保健品推销员，有一次去见一位40岁左右的女顾客。一心想说好话的他，一见面就夸这位女顾客非常漂亮。爱美之心人皆有之，顾客非常欢喜，王小更是眉飞色舞："凭您的眼光老公一定不是大款就是当官的，您可真有福气呀！"这时女顾客突然一愣，但没有说什么，只是淡淡一笑。王小接着说："看您这身材，简直太美了，就像没生过孩子一样！"女顾客却说了一句："对不起，我还没有男朋友呢！"弄得王小无地自容。

2. 有针对性

人的素质有高低之分，年龄有长幼之别，因人而异，突出个性，有针对性的赞美比一般化的赞美能收到更好的效果。同老年人交谈时，可多称赞他引以为豪的过去；对于年轻人，不妨语气稍微夸张地赞扬他的创造才能和开拓精神，并举出几点实例证明他的确能够前程似锦；对于经商的人，可称赞他头脑灵活、生财有道；对于干部，可称赞他为国为民、清正廉洁；对于知识分子，可称赞他知识渊博、淡泊宁静……

当然这一切要依据事实，切不可虚夸。

案例启发

美国著名教育家巴士卡里雅曾宣称："把最差的学生给我，只要不是白痴，我都能把他们培养成优等生。"他到底有何妙方呢？他的妙方就是运用赞美激励法。他首先会了解学生的情况，针对学生的学习程度出考试题，让学生通过思考都能获得好成绩。当学生有了进步后，他再加大考试题难度，使每个学生只要努力都能做出来。这样每一次的好成绩就是对每一个学生的最好的激励，使他们的学习兴趣越来越高，干劲越来越大。可想而知，学生的学习成绩自然越来越好。

3. 具体

具体化的赞美能满足对方的期许。要知道，当你夸一个人"真棒""真漂亮"时，他的内心深处立刻会有一种心理期待，想听听下文，以求证实。所以，具体化的赞美能够深入人心，与对方内心深处的期望相吻合，能够促进你们之间的良好交流。有时泛泛的赞美引来的可能不是感激而可能是别人的不满。你的赞美会因具体化而触动对方，甚至产生神奇的效果。

案例启发

罗总和他的夫人带着一位翻译同一位外商洽谈生意。

外商见到罗总的夫人后，便夸赞道："你的夫人真是太漂亮了！"罗总客气地说道："哪里，哪里。"

翻译心想："怎么翻译'哪里哪里'呢？"最后，他翻译成："Where，Where？"

外商一听，心想："说你夫人漂亮就是漂亮呗，还非要问具体漂亮在哪里？"于是，笑着回答："你的夫人眼睛漂亮，身材好，气质好……"

说完，大家哈哈大笑起来，商业洽谈在愉快的氛围中开始了。

这虽然是一则笑谈,但是却给我们以启发:当你赞美别人时,一定要在心里问自己一个"Where"(漂亮在哪里,好在哪里,我佩服他哪里……),然后回答这个"Where"。

4. 找亮点

营销人员和顾客接触时,要善于在最短的时间内发现对方身上或身边一切可以赞美的事物,这样可打破见面的尴尬局面,缩短与顾客的距离。赞美也要善于挖掘别人一些不为人知的优点。法国小说家巴尔扎克说,第一个形容女人为花者是聪明人,第二个再这样形容的就一般了,第三个纯粹就是笨蛋。爱因斯坦就这样说过,别人赞美他思维能力强,有创新精神,他一点儿都不激动,作为科学家,他也听腻了这样的话,但如果赞美他的小提琴拉得不错,他一定会兴高采烈。

案例启发

- "嗨,你换手机了?好漂亮,这款手机我也超爱!"
- "刘总,您的办公室是我见过的最富有文化气息的,这么多的字画,都是您的杰作吗?太有才了!"
- "王小姐,您的包很特别,在哪儿买的?好像我在本地没有见过!"
- "张先生,你的车太炫了,不知迷倒了多少人!"

5. 及时赞美

赞美之所以对人的行为能产生深刻影响,是因为它满足了人的自尊心的需要。及时的赞美更能发挥这种作用,同时表现出你是一个心胸开阔的人。让你身边的人体会到你的善意和涵养,慢慢地你的"好人缘"就会发生作用,不久你就会尝到朋友遍天下的成就感。

案例启发

从某知名化妆品公司新跳槽过来的业务员屡遭失败后,对自己丧失了信心。老板及时找到他说道:"听你前任老板说,你是一个很有闯劲的小伙子,他那次电话里还说不想放你走呢!"事后奇迹出现了,小伙子冷静分析市场,拿出了解决方案,终于大获成功。

6. 背面赞美

背面赞美就是所谓的"辗转相传"赞美,从第三者转述而来的赞美,最令人感动。转述的赞美虽是间接式的,却是双倍的赞美,比当面直接的赞美效果更好。因为当面的赞美很可能是客套话,而背面的赞美常是真心话。真正懂得赞美的人,深知转述赞美的威力。

案例启发

【例1】一位大学生收到了外婆微信发来的红包,他的回复是:"谢谢外婆!在这特殊的日子里请允许我向您表示感谢,感谢您在我 21 年生命过程中一直的关心与照顾,更感谢您的良好教育赐予了我如此伟大温柔的母亲。我定将努力学习,早日以更全面的方式孝敬你们。"当外婆把微信转发给他母亲时,母亲潸然泪下。

【例2】张天和黄想在同一家公司工作,两人平时关系较好,后来因为一件小事产生了误会,很长时间都互不说话,彼此感觉非常尴尬。但因自尊心作祟,谁也不愿意先开口讲和。一天,张天看到一篇关于在背后说人好话的文章,于是灵机一动,她在与办公室其他同事闲聊的时候,趁黄想不在,就对别的同事说:"其实黄想这人挺不错的,为人正直、热情,有好几次她都对我伸出援手,如果没有她,我现在的工作也不会这么顺心,我在内心还是很感激她的。"这些话很快就传到黄想的耳朵里,黄想心里不由得生出一丝愧疚,于是找了个合适的机会,主动和张天握手言和了。

> **技巧训练**
> 请与你的同桌或邻桌互相赞美对方。

3.2.3 批评的语言技巧

心理学家说,凡人都爱听褒奖的话,这就决定了批评的话不容易为人接受。有人根据个体受到批评时不同的反应将人分为敏感型、迟钝型、理智型与强个性型。反应敏感的人,受到批评后可能会闷闷不乐,甚至会一蹶不振;反应迟钝的人即使受到批评也不太在乎;理智的人在接受批评时心理会产生较大触动,会从中吸取教

> 语言切勿刺入骨髓,
> 戏谑切勿中人心病。
> ——[清]陆陇其

训;具有较强个性的人,自我保护意识较强,明知有错也死要面子,受不了别人当面批评。所以,要想运用好批评这个武器,必须在口才上改进,练就过硬的功夫,学会高明的技巧。真正高明的批评,更多的是交流、引导和印证。

> **实践指南** 批评的语言技巧
> 批评的要领是要抓住问题的实质,但必须注意根据批评对象的不同特点,采用不同的批评方式。因为不同的人由于年龄、阅历、文化程度、性格特征等方面的不同,接受批评的态度和方式也迥然不同。对于性格内向、善于思考的人,可采用提问诱导的批评方式,让被批评者通过回答问题来反思、认识自身的缺点、错误;对于脾气暴躁、否定性心理表现明显的人,可采取商量、探讨的批评方式,使被批评者置身于一种平等的氛围中,在心平气和的条件下虚心地接受批评意见,避免一下子谈崩;对于心理承受能力特别强的人,可采取单刀直入的批评方式,一针见血地促其警醒。

从语言技巧上，批评可以采用以下几种方法。

> 1. 先褒后贬法。
> 2. 假设句法。
> 3. 先己后人法。
> 4. 委婉相告法。
> 5. 私下谈心法。

1. 先褒后贬法

先赞美别人的某些优点，然后话锋一转，再告诉别人某些方面做得不够好或存在哪些不足，这种先赞扬后批评的效果往往比直接批评的效果更好。

案例启发

一位销售经理对他的秘书说："你着装很得体，总能把自己打扮得恰到好处。"那位女秘书脸上顿时涌现出一层鲜艳的红晕。经理接着说："如果你能把办公室收拾得像你一样干净利索，我想你会得到更多人的欣赏。"这位经理真是位赞美高手。对这样的批评，谁会不接受呢？

2. 假设句法

假设句是具有假设和结果关系的句子，一般来说，假设句前面一部分表示假定情况，后面一部分表示在这一假定情况出现时所会产生的一些结果。巧妙使用假设句进行批评，常常会使批评具有可进可退、可左可右的弹性空间，能够取得委婉含蓄的批评效果。

案例启发

青年画家对老画家诉苦说："真奇怪，为什么我画一幅画只用一天，而要把这幅画卖出去，却要用一年甚至几年的时间呢？"

老画家笑着回答道："小伙子，你倒过来试试看吧！如果你愿意花一年的时间去画一幅画，那么你就一定能够用一天的工夫把这幅画卖掉！"

老画家用假设句，把对青年画家画画粗制滥造的批评，巧妙地隐藏在建设性的假定话语之中。利用青年画家画画与卖画的时间差距，不带刺地批评了对方，含蓄道出：只有肯花时间、肯下苦功认认真真画画，才能获得成功。

3. 先己后人法

金无足赤，人无完人。人生在世，孰能无过？如果我们在批评别人时先谦虚地承认自己也不是十全十美的、无可指责的，然后再指出他人的错误，就比较容易让人接受了。要改变一个人的想法又不激起他的反感的方法是：在批评对方之前，不妨先谈谈自己的错误。

案例启发

一位王先生对金庸的第一篇小说进行猛烈攻击，但金庸对此既没有拍案而起，也没有竭力争辩，他只是心平气和地说："王先生的批评，或许要求得太多了些，是我能力所做不到的，限于才力，那是无可奈何的了……'四大俗'之称，闻之深感惭愧。中国香港歌星四大天王、成龙先生及中国台湾的琼瑶女士，我都认识，不意居然与之并列。不被称为'四大寇'或'四大毒'，王先生已是笔下留情了。我与王先生从未见过面，将来如到北京待一段时间，希望能通过朋友介绍和他相识。"

金庸不指责对方的言过其实，反承认自己才力有限；不责怪对方用语刻薄，反称赞对方"笔下留情"，且向对方伸出热情之手，希望与对方交朋友。在这里，金庸不仅做到了以诚待人，也做到了以礼待人，更做到了以心暖人。王先生闻听此言大受感动，坦言："比起金庸来，确让我惭愧。"

4. 委婉相告法

批评的出发点在于帮助和解决问题，如果批评给对方留下了心理阴影或与之结下仇怨，显然与批评的初衷背道而驰。为避免上述情况的出现，就需要批评者多用些委婉的话语，采取些曲折的方式，才能够消除潜在的碰撞与矛盾，完成批评的真正使命。

案例启发

上课时，一位教师发现有两个学生趴在桌上打瞌睡，她先将这两个学生叫醒，转而为大家讲了一则小故事：

听说有一只小企鹅，在跟它的师傅学垒巢时，总是爱把头和脖子贴到地面上待一会儿。师傅问："你这是什么意思？"小企鹅回答："我这是对师傅的礼貌。"由此我深受启发，有的同学上课不注意听讲，总是喜欢把头贴在桌子上，可能这也是对老师的礼貌吧？教师说完，全班同学哄堂大笑，两位瞌睡的同学满脸羞愧，从此上课再也不打瞌睡了。

5. 私下谈心法

俗话说得好："有理不在声高。"在情在理的评论，声不必高，只要点到要害，虽只言片语，却如丽日和风，令人心悦诚服。被批评可不是什么光彩的事，没有人希望在自己受到批评的时候召开一个"新闻发布会"。所以，为了被批评者的"面子"，在批评的时候，要尽可能地避免第三者在场，不要把门大开着，不要高声地叫嚷，似乎要让全世界的人都知道似的。在这种时候，你的语气越"温柔"，越容易让人接受。

案例启发

【例1】小王代表公司进行一桩谈判，在谈判桌上双方剑拔弩张，互不让步。小王于紧张之中不慎说漏了嘴，把公司关于产品价格的底价说了出来，使公司谈判处于被动地位。事后，小王后悔不已，痛苦不堪，最后他打算以辞职谢罪。公司领导把他叫到办公室说："我理解你此时的心情，你确实使公司损失了一大笔钱，但没关系，我们毕竟还是赚钱的，你以前为公司所做的一切大家都是明白的。"听完领导这番话以后，小王感动不已，在以后的工作中，更加勤勤恳恳、兢兢业业，为公司屡创业绩。

【例2】某化妆品公司董事长在批评人时，绝不坐在老板台后面与对方谈话。她认为办公桌是一个有形的障碍，办公桌代表权威，给人以居高临下之感，不利于交流和沟通。她总是邀对方坐在沙发上，在比较轻松的环境中进行讨论。她要批评一个人时，总是单独与被批评者面谈，而绝不在第三者面前指责。她认为，在第三者面前责备某个人，不仅打击士气，而且显示出批评者的冷酷。她说："一个管理人员在第三者面前责备某个员工的行为，是绝对不可原谅的。"

技巧训练

你的一位朋友业务很出色，出门时打扮得非常得体，但屋里总是垃圾成堆。你该如何批评他的这种行为？

3.2.4 拒绝的语言技巧

拒绝，就是不接受。在语言方面，拒绝既可能是不接受他人的建议、意见或批评，也可能是不接受他人的恩惠或赠予的礼品等。从本质上讲，拒绝是对他人意愿或行为间接性的否定。在社会交往中，经常会遇到许多社会组织、群体或个人有求于你的时候，这些请求多数情况下又不能全部满足。遇到这种情况，你该怎么办呢？一概承诺？不可能，也办不到。支支吾吾，不置可否？对方会以为你不负责任，缺乏能力。

实践指南 拒绝的语言技巧

营销人员在社交活动中，需要拒绝时，应遵循以下原则。

- 态度和蔼。不要在他人开口要求时断然拒绝。对他人的请求迅速采取反驳的态度，或流露出不快的神色，或藐视对方，坚持完全不妥协的态度等，都不利于继续谈话。
- 不要伤害对方的自尊心。特别是对你有恩的人，登门拜访求你做事，的确是非常难以拒绝的。不过，只要你能表示尊重对方的意愿，率直地讲出自己的难处，相信对方会谅解。

从语言技巧上，拒绝可以采用以下几种方法。

1. 直接法。
2. 迂回法。
3. 沉默法。
4. 回避法。
5. 补偿法。
6. 故意拖延法。
7. 巧用名句法。

1. 直接法

直接法就是将拒绝之意当场讲明。采取此法时，应当避免态度生硬、说话难听。在一般情况下，直接拒绝别人时，需要将拒绝的原因讲明白。

案例启发

【例1】一位科长要给其下属介绍对象，下属直截了当地拒绝了他："谢谢您总想着我，实在抱歉，这件事让您失望了。我现在还不具备结婚的条件，等我事业稳固以后，有了一定的经济基础再谈婚事。我想随着年龄的增长，择偶的标准也会随之改变，您说是不是？"

【例2】某旅行团正按预定的日程和线路观光游览，有位游客因为去过其中的某个景点，途中要求导游改变旅行线路。按照规定，旅行线路事先已经定好，中途是不能随意改变的。面对这位游客的要求，导游小张采用的就是直接拒绝法。他说："您去过这个景点，想换个新景点游览的心情我非常理解，可旅游线路是事先规定好的，我也无权更改。您的这个愿望我这次无法帮您实现，真的很抱歉！"这位导游在直接拒绝游客时，没有使用一个"不"字，但拒绝的意思表达得十分清楚，道理也在拒绝中讲明了。加上导游在拒绝时始终微笑，且语调柔和亲切，游客也就不再提改变线路的事了。

2. 迂回法

迂回法就是用温和、曲折的语言，表达拒绝之意。与直接拒绝相比，委婉拒绝更容易被人接受，因为在更大程度上，顾全了被拒绝者的尊严。

案例启发

【例1】一位先生想追求一位姑娘，于是他买了一件内衣送给那位姑娘，姑娘婉言相拒，她说："它很漂亮，是送给你女朋友的吧？这种式样的我男朋友也给我买过一件，相信你的女朋友一定会喜欢的。"她这么说，既暗示了自己已经"名花有主"，又提醒对方应注意分寸。

【例2】意大利著名科学家伽利略，青年时便对哲学产生了浓厚的兴趣，并立志学习哲学，可是他的父亲却不同意。一次，伽利略又为这事去找父亲。"爸爸，有件事我一直不明白，那就是你为什么要和妈妈结婚？"伽利略问。"因为我喜欢她。"父亲答道。"那你没娶过别的女人？"伽利略又问。父亲赶紧加以纠正："孩子，绝对没有这种事，我敢对天发誓，我只喜欢你母亲一人，我痴痴地追求着她，要知道你母亲从前是一位非常美丽的姑娘……"听完父亲的话，伽利略趁机说："我相信你说的这些话，要知道，现在我也面临同样的处境。哲学是我唯一的需要，除了哲学，我不可能选择别的职业。我对它的爱犹如你对母亲的爱一样。"父亲终于同意了他的请求。

3. 沉默法

沉默法就是在面对难以回答的问题时，暂时中止"发言"，即一言不发，运用摆手、摇头、耸肩、皱眉、转身等身体语言和否定的表情来表示自己拒绝的态度；或者对于一些难以说清的或不需要过多解释的问题以笑代答。当他人的问题很棘手甚至具有挑衅、侮辱的意味时，不妨以静制动，一言不发，静观其变。这种不说"不"字的拒绝，所表达的无可奉告之意，常常会产生极强的心理上的威慑力，令对方不得不在这一问题上放弃纠缠。

4. 回避法

回避法就是避实就虚，不说"是"，也不说"否"。如果别人在征求你的意见，你又不方便表态，那么可以效仿以下的回避方式。

- "我没看清楚。"
- "我没注意。"
- "这个问题我还没有考虑清楚。"
- "对他这个人我不太了解。"

案例启发

张飞在辅佐刘备前，曾卖过肉。有一次，他的一位好朋友向他打听他从东北进猪肉的价格。张飞神秘地向四周看了看，压低声音问道："你能保密吗？""当然能。""那么，"张飞微笑地看着他，"我也能。"

张飞采用的就是委婉含蓄的回避拒绝法，其语言具有轻松幽默的情趣，表现了他高超的语言艺术。在朋友面前既坚持了不能泄露的原则，又没有使朋友陷入难堪的境地，取得了极好的语言交际效果。相反，如果张飞表情严肃、义正词严地加以拒绝，那么其结果是两个人之间的友情出现裂痕甚至危机。

5. 补偿法

在拒绝别人时很容易产生一些心理障碍，这是传统观念的影响。为了减轻自责心理，也为了不让对方难堪，我们可以采用先拒绝再补偿的方式，例如：

- "真对不起，这件事我实在爱莫能助，不过，我可以帮你解决资料收集的问题！"
- "这件事对于我来讲真是心有余而力不足，不过，我知道有一个人能帮助你解决这个问题。"

- "这方面不是我的强项,如果以后在广告策划方面需要帮助,尽管找我。"

6. 故意拖延法

不马上给对方答复,而是找理由推托一下,其结果就是随着谈话的结束,此问题也就不了了之了。这种答复一般来说时间概念比较模糊,例如:

- "今晚有事,以后再说吧!"
- "此事要和××商量,现在恐怕难以决定。"
- "此事还须进一步调查,等最后结果出来后我们再讨论怎样处理,如何?"
- "你提的建议很有建设性,我们将加以研究,如果今后条件成熟,一定会采纳。"

7. 巧用名句法

在拒绝别人的时候,引用名人名言、俗语或谚语等来作答,以表明自己的意思,或佐证自己的观点。这种方式的好处是很明显的,既增加了说话的权威性与可信度,又省去了许多解释和说明,还能增添口语的生动性与感染力。

案例启发

汉光武帝刘秀的姐姐——湖阳公主的丈夫去世后,看中了朝中品貌兼优的宋弘。一次,刘秀招来宋弘,以言相探:"俗话说,人地位高了,就改换自己结交的朋友;人富贵了,就更换自己的妻子,这是人之常情吗?"宋弘回答说:"我听说'患难之交不可忘,糟糠之妻不下堂'。"

宋弘自然深知刘秀问话之意,但他进退两难。如果答应,有悖于自己的人品,也对不起贫贱相扶的妻子;如果含糊其词,则会招来麻烦;如果直言相告,既不得体,又有冒犯龙颜之患。所以他引用古语来"表态",委婉而又明确地表明了自己的态度。

技巧训练

(1)如果你的一位客户经常让你陪她去逛街,可你又非常讨厌逛街,你将如何拒绝她的请求?

(2)你的一位朋友打电话说他心情不好,想让你陪他去唱歌,可你累了一天想休息,你将如何拒绝对方?

3.2.5 道歉的语言技巧

在职场上,人与人之间的交往,常常会出现摩擦,所以学会道歉是很有必要的。道歉不是一件丢面子的事情,反而更能体现一个人良好的品德与修养。"负荆请罪"之所以能够流传千古,因为它不仅反映了蔺相如有博大的胸怀,而且表现了廉颇有过则改的勇气和真诚。

在社会交往中，需要掌握的道歉技巧有多种，其都有一个根本原则，那就是用心、真诚加上合适的方法和技巧，不管是对待自己的朋友、同事还是亲人，都是如此。

实践指南 道歉的语言技巧

从语言技巧上，道歉可以采用以下几种方式。

> 1. 文明道歉。
> 2. 及时道歉。
> 3. 诚心道歉。
> 4. 大方道歉。
> 5. 赞美道歉。
> 6. 新意道歉。
> 7. 幽默道歉。

1. 文明道歉

有愧对他人之处，应说"深感歉疚"或"非常惭愧"；渴望见谅，需说"多多包涵"或"请您原谅"；一般场合，则可以讲"对不起""很抱歉""失礼了"。

2. 及时道歉

知道自己错了，马上就要说"对不起"；否则，拖得越久越使人误解。道歉及时，还有助于当事人"退一步海阔天空"，避免因小失大。

通常情况下，道歉时的第一句话最难以说出口，可以试着用这样的句式："刚才的事情是我的态度不好，让您受委屈了，我真诚地向您道歉。"在道歉的言语中，要包含几个方面：第一，勇于承认自己的过失，不找借口；第二，认同对方的情绪，因为认同感会起到缓解"疼痛"的作用；第三，真诚地道歉后，试着给出补救办法。

3. 诚心道歉

在别人面前低头认错其实体现了一个人的大智慧。一个有智慧的人会勇敢地承认自己的错误，只有这样，才会让自己少犯错误，别人也会觉得你是一个可以交的朋友。承认错误，诚恳地向对方道歉，大部分情况下都会获得别人的谅解。诚恳的道歉不仅能消除彼此的误会，而且会提升自身的人格魅力。

4. 大方道歉

道歉绝非耻辱，故而应当大大方方，不要遮遮掩掩或过分贬低自己。那样可能会让人看不起，也有可能让人得寸进尺。

5. 赞美道歉

在道歉的同时，不要忘记夸奖对方的包容和大度。可以这样说："我做事真是太粗心了，如果不是您的及时提醒，我可能犯下了不可弥补的错误。您真是一个观察力极强、做事极细心的人，我得好好向您学习。"或"对不起，都是我的问题造成了今天这个局面，感谢大家的包容，你们都是有责任感的人。"

6. 新意道歉

有些道歉的话当面难以启齿，可以通过信件（传统）、网络邮件、手机短信、寄送礼物、第三者转达等方式，来达到道歉的目的。这种不见面的方式既可达到道歉的目的，又可免去一些难堪的场面。

7. 幽默道歉

俗语说："相逢一笑泯恩仇。"幽默是化解矛盾的有力武器。道歉时恰当的幽默，不仅能化干戈为玉帛，而且能使双方的关系更和谐、更融洽。在人际交往中，摩擦和矛盾是在所难免的，有时候一个小小的不慎都会把气氛弄得很紧张。这时候，如果能运用幽默的手法向对方道歉，那么往往能化解不必要的麻烦，和他人建立良好的关系。

案例启发

一位学者在一次宴会上与一位女士相遇并攀谈了起来。谈话过程中，心不在焉的学者不小心问了一个不恰当的问题："女士今年多大了？"对方马上有些不高兴，反问他："你为什么对这个问题感兴趣？"学者马上意识到自己的失礼，可是又不便道歉，于是微笑着说："噢，我只是想知道，女人最光彩夺目的时候是什么年龄。"这句话一出，那位女士转怒为喜。

技巧训练

你从图书馆借的一本书不见了，你在宿舍里大发雷霆，怀疑有人拿了你的书。可不久后你突然想起来是被一位好友借走了，这时，你该如何向舍友道歉？

专题小结

语言是思想的外化，是必不可少的交际工具。我们在这个世界上生活、工作和发展都离不开语言。营销人员更是如此，必须坚定不移地学好社交口才，为寻找客户和签下订单做好充分准备。

● 社交口才要遵循适人、适位、适时、适量、适度、有礼、有识七个原则。

● 幽默的语言技巧能助你的事业更上一层楼。你可采用自嘲法、将错就错法、张冠李戴法、比喻法、夸张法、谐音法、偷换论题法、大智若愚法、巧妙转移法、改变词性法等来达到幽默的效果。

● 要养成赞美别人的习惯。赞美别人时要注意诚心、有针对性、具体、找亮点、及时赞美、背面赞美等原则和方法。

● 批评别人时要注意技巧，如先褒后贬法、假设句法、先己后人法、委婉相告法、私下谈心法等。

● 拒绝别人时，可采用直接法、迂回法、沉默法、回避法、补偿法、故意拖延法、巧用名句法等。

● 在商务交往中，需要掌握的道歉技巧有文明道歉、及时道歉、诚心道歉、大方道歉、赞美道歉、新意道歉、幽默道歉等。

口才训练营

实训 3

自由训练：主动去说

实训目的：锻炼大胆地发言、大声地说话。

地　　点：教室、寝室或室外。

训练内容：

（1）自我暗示，每天清晨默念10遍"我一定要最大胆地发言，我一定要最大声地说话，我一定要最流畅地演讲，我一定行！今天一定是幸福快乐的一天！"

（2）每天至少与5个人有意识地交流思想。

（3）每天大声朗诵或大声演讲至少5分钟。

（4）每天给同学或朋友至少讲一个故事或完整叙述一件事情。

课堂训练：学会赞美

实训目的：让学生学会赞美技巧，养成赞美别人的习惯。

地　　点：教室。

训练内容：

（1）说出本班的优点。

（2）说出同桌的优点。

（3）说出班主任的优点。

（4）说出本学期各位任课教师的优点。

（5）说出父母值得赞赏的地方。

（6）给大家讲讲自己最敬重的人。

课堂训练：学会幽默、学会赞美、学习批评

实训目的：让学生掌握一定的幽默、赞美、批评技巧。

地　　点：教室。

训练课时：2课时。

训练内容：

（1）请一位同学给大家讲一个笑话。

（2）要求2～3位同学给该同学做评价。

专题 3　社交口才

课堂训练：学会道歉

实训目的：让学生学会道歉的语言技巧。

地　　点：教室。

训练内容：请班长（或宿舍长、小组长、团队负责人等）到讲台上，面对全班同学进行自我批评。

游戏 3

形式：六人一组。

时间：15 分钟。

道具：每个人一张印象卡。

场地：教室。

目的：

（1）通过本游戏，使学生更好地了解他人对自己的看法，从另一个角度认识自己。

（2）活跃现场气氛。

程序：

（1）每个小组围成一圈。

（2）教师发给每个人一张印象卡。

（3）每个学生将自己的姓名写在印象卡上，并画出代表自我印象的图画。

（4）将印象卡交给坐在自己右边的同学，这样，每个人拿着的都是别人的印象卡。

（5）拿到别人的印象卡后，写上自己对他的最深印象。

（6）将填写完的印象卡交给右边的另一个同学，依此类推。

（7）将本小组填写完的印象卡交回给教师。

（8）教师收齐所有的印象卡后，再发回给本人，并给大家两分钟时间看印象卡，然后展开讨论和分享：请每个学生说出别人对自己的最深印象及自己对自己的最深印象，看看有什么差别；当看到别人对自己的印象时，自己是否感到诧异？

总结：

（1）学生在填写印象卡时，不要与其他学生讨论，以免你对他人的最深印象失真。

（2）通过此游戏，学生会惊讶于从另一个角度认识自己，既能活跃气氛，又能让学生懂得从哪些方面去完善自己。

口才加油站

阅读材料 5

面谈恐惧症

季凤刚毕业，正忙着找工作。她是个很有实力的研究生，英语八级，日语一级，可是最近却接连错失了三次求职机会。

第一次是一家"世界500强"公司，她获得了面试机会，可是学校临时通知那天有事，于是她给负责招聘的李小姐发了迟到半小时的短信。面试当天，当她匆匆赶到时，考官们已经因为等得不耐烦而散了，结果可想而知。后来才知道，李小姐的手机刚好在那天丢了，根本没有收到她请假的短信。

第二次是一家日资企业，打电话来的王主任很客气地告知了她面试的时间和地点。可是由于紧张，她没有听清楚具体地址，又不敢打电话去细问，而是上网搜。面试那天当她赶到公司一看，才发现搞错了，她到的是总部，而面试地点在办事处，两个地方相距半个城区。

第三次是一家大型国企，面试的时候她非常紧张，问一句答一句。虽然还算应对无误，但是主考官却很不满意，认为她太傲了，不愿意搭理人，看不起国企。

由以上面试过程判断，季风可能患上了轻微的"面谈恐惧症"，这类人往往不善于也不乐于和人进行面对面的交谈，总是希望躲开一切可能的直接沟通。越是不想和人面谈，面谈的能力就越差，而面谈的能力越差，就越怕和人说话，由此形成恶性循环。技巧永远不是最大的问题，态度才是最重要的。其实，百试百灵的交际技巧是根本不存在的，所谓"熟能生巧"。只要你有真诚的交际态度，积极尝试，慢慢地就能掌握与众不同的沟通本领了，这时候成功就离你不远了。

专题 4 公关口才

知识要点

❖ 公关口才的基本原则

❖ 公关口才的语言技巧

能力要点

❖ 公关口才中灵活运用委婉公关艺术

❖ 公关口才中灵活运用模糊公关艺术

❖ 如何与领导沟通

❖ 如何与下属沟通

❖ 如何与同事沟通

❖ 如何与异性沟通

❖ 如何与陌生人沟通

❖ 如何与媒体沟通

导入案例

在"家门口"的冬奥会上,在全世界的瞩目下,18岁的苏翊鸣用一块创造历史的金牌,完成了自己的成人礼。苏翊鸣接受新华社记者专访时说:

"其实我这次感受最大的就是爱,我自己对单板滑雪的热爱,大家对我的爱,我都深深地感受到。如果离开这种爱,也不会成就今天的我。所以这块金牌不仅属于我自己,也是所有人共同努力的结果。"

"不管是什么成绩,对我来说最大的动力永远都是不忘初心。因为我热爱单板滑雪,一切都来源于热爱。"他说,"我是因为热爱才会去做我现在所有喜欢做的事情,所以不管拿到什么样的成绩,我的初心都不会变。"

苏翊鸣得体的回答展示了他的优秀口才,因此获得了更多人的喜爱。

4.1 公关口才的基本原则

公关活动，是指具有公共关系性质的活动，通过运用传播沟通的方法去协调组织和社会之间的关系，影响组织的公众舆论，建立良好的形象和声誉，优化组织的工作环境等一系列工作。它主要分为日常公共关系活动和专门的公共关系活动两类，两者都是当代各种社会团体、组织、企业及个人开拓事业、改善社会关系的重要手段。

> 微笑是公关成功的第一步。

公关口才是以语言学、公共关系学、心理学、沟通理论作为理论工具，能够体现公关精神、遵循公关原则、取得良好公关效果的口语表达才能。公关口才的基本原则，是指为了帮助公关主体圆满完成公关口才任务、实现特定的公关目标而制定的运用语言的根本准则。具体来说，要把握真诚、得体、适境、有情、有效五项基本原则。

1. 真诚

公关口才的真诚原则，是指公关主体在开展公关活动时真实、诚恳、真心，也就是所谓的以诚相待。诚心诚意地反映真实的内容，使公众对组织感到可亲、可信、可靠、可托，而绝不能欺、哄、瞒、骗。真实是公关口才的生命，任何一个人或组织的良好公众形象都是靠诚实和信誉树立起来的。作为社会组织和公众之间得以交流沟通的公关口才，必须遵循真诚的原则。

案例启发

某市一位副市长曾在该市旅游形象推广市场调研座谈会上讲话："大家上午好！很高兴今天能和大家一起探讨我市旅游业的发展，各位都是旅游界的专家，我们希望借助在座各位的智慧为我市的旅游营销提供理论参考和指导。"副市长短短的开场白明确表达了他对各位专家的欢迎和尊敬，真诚之感溢于言表。

2. 得体

公关口才的得体原则，是指在公关活动中公关主体的语言要符合自己的身份和地位，不能信口开河、得意忘形。

案例启发

一位营销人员到营销经理办公室汇报工作，看见领导满面幸福地通电话，偶尔会发出甜蜜的笑声。他等对方打完电话，笑着说道："和情人聊天啊，这么开心！"营销经理脸色顿时晴转阴,冷冷地说:"有事吗?我等会儿要外出办事。"这样的语言,无论从职务、年龄、上下级关系方面讲,都是不得体的。况且,这样的话还牵涉到个人隐私和道德品质。

3. 适境

公关口才的适境原则,是指在公关活动中,语言的运用要与当时所处的环境相适应,并根据特定的语言环境的变化而随机应变,灵活应对。公关口才要适应特定的社会、文化背景,适应公关活动的特定时间、地点和场合,适应公关对象的特点。

案例启发

《三国演义》第25回写到张辽追击关羽于绝地。关羽说:"我今天虽然身处绝地,但视死如归。"张辽说:"兄弟今天要是死了,有三桩罪过:当初刘使君与您结义之时,发誓同生共死,现在刘使君刚刚打了败仗,而您就将战死,倘使他复出,想求您相助可是您已经战死,岂不辜负了当年的盟誓吗?这是第一桩罪过;刘使君把家眷托付给您,您今天却战死了,二位夫人失去依靠,这是第二桩罪过;您武艺超群,满腹经纶,不去与刘使君一道匡扶汉室,却白白地逞匹夫之勇,怎么能叫大义?这是第三桩罪过。"张辽这番话让关羽陷入了沉思,最后终于决定听从张辽的建议,暂时归降,再从长计议。

4. 有情

营销人员在工作中要与来自不同阶层、不同职业、不同消费观念的人打交道,在公共关系中,情感因素具有很大的作用。人们希望生活在一个充满亲情、友情和温情的环境中,所以,在公关活动中,要晓之以理,动之以情,用真情去和谈话对象进行心灵的沟通和感情的交流。

案例启发

某鞋厂的林厂长,在接待来厂工作的一批失足青年时这样说:"我欢迎你们到厂里来工作。你们用不着把过去的情况对我讲。我也不会问你们过去的事。我也不准别人说你们过去的事。只要你们好好工作,好好学习,我一律平等对待!"林厂长针对失足青年最忌讳过去的心理,设身处地地提出了"三不",达到了与其有效沟通的目的。

5. 有效

公关口才的有效原则,是指为了实现公关目标而最大限度地增大有效沟通的信息总量,减少和消除在沟通过程中产生的多余信息。为了达到有效的沟通必须把握完整的沟通过程,准确、简明、扼要地向对方传递自己所要表达的信息。

案例启发

【例1】刘墉说了一句"君叫臣死,臣不得不死",乾隆无意中说那你就去死吧,和珅更想借机置刘墉于死地。君无戏言，那是圣旨，乾隆也不想让刘墉死，可无法收回自己的话，就看刘墉怎么办了。如果刘墉真的死了，太傻，也不值得，可如果刘墉认为自己无错不该死就成了抗旨不遵，还是死。刘墉去后堂洗了个澡，全身湿淋淋地回来告诉乾隆："我本来想投湖自尽的，可遇到了屈原，他说自己遇昏君才投江而死，你怎么也来了，我一想我不能死，我保的是明君啊！"乾隆听得心花怒放，找个台阶就下来了，刘墉不必死了。

【例2】莫言获诺贝尔文学奖后，其老家所在辖区某园区计划修缮莫言旧居，弘扬红高粱文化。该区管委会主任为劝说莫言的父亲同意此事，说道："您的儿子已经不是您的儿子了，屋子也不是您的屋子了，莫言成为了社会公共资源，您不同意不一定管用。"这个管委会主任的话真有力量啊！

4.2 公关口才的语言技巧

有人讲，口才是智慧、是知识、是才干、是力量、是财富。在公共关系交往中，每个人都应该具有较强的语言表达能力，那就让我们一起来探索公关口才的语言技巧吧！

4.2.1 委婉的语言技巧

委婉作为一种语言的表达方式，使人听了轻松自在、愉快舒畅，而直言不讳则容易伤害对方的自尊，造成许多矛盾。因此，在公共关系中，恰当地、委婉地表明立场、感情和态度，可使对方乐于接受。委婉作为一种"软化艺术"可采用以下三种方法。

1. 幽默风趣法

公关人员在日常活动中会遇上尴尬或不可控制的局面，这时便要学会审时度势、随机应变，以幽默或诙谐的语言化解一些不愉快的场面。

案例启发

清代大学士纪晓岚幽默风趣，以出奇制胜的机智见长。传说有一次他夏日乘凉，脱了个赤膊，不料乾隆皇帝突然到来，他来不及迎候便躲了起来。过了好久，他以为皇帝已经走了，便私下低声问书童："老头子走了没有？"事实上乾隆皇帝正在一旁，还没有走，听到纪晓岚的话后便要求他解释"老头子"是什么意思。纪晓岚思忖片刻，从容答道："万岁为'老'，人首为'头'，'子'乃圣贤之尊称。"乾隆皇帝听后笑了笑，便不再追究了。

本来用"老头子"来称呼皇帝是大为不敬的，但纪晓岚急中生智，以故意曲解的办法使自己得以脱身。

2. 迂回延时法

在公关活动过程中，经常会出现话不投机的尴尬局面，甚至引起双方情绪激动。在这种情况下，使用迂回延时法能够达到控制情绪、缓和气氛、使事态朝好的方向转化的效果。

案例启发

一日，一个老鞋匠正和几位老人闲聊。一个穿戴入时的妇女走过来，手里拿着一只皮鞋，她问老鞋匠："师傅，您看这鞋能修吗？"老鞋匠看了一眼，说道："您看我有活正忙着呢，您如果着急，里面还有几个修鞋的。"妇女不愿等，就朝里走去了。有人不解地问："为什么有活来了，你却给支走了呢？"老鞋匠笑着说："你看那只鞋，做工精细，皮质又好，少说得上千元，如果修不好咱可赔不起。不过不是我夸口，我不敢接的活，别人也绝对不敢接，她一准儿回来。"果然，那妇女不大一会儿工夫又回来了，说："师傅，他们说只有您能接这活，麻烦您了。"老鞋匠把鞋拿到手里，左瞧右看了好大一会儿，才说："您这鞋得认真仔细地修，很费时间的，如果您愿意，明天来取吧。"虽然妇女不太情愿，但也只好应允。

如果老鞋匠刚开始就接受了这位妇女的修鞋要求，那么他就会处于被动状态，在时间或价格上要与该妇女讨价还价一番才行。但是他采用迂回策略，就让自己完全处于了主动地位。

技巧训练

1. 教师津津有味地讲课，已超时 15 分钟，如果你想让老师结束授课，你将如何委婉地告诉他呢？

2. 一位同宿舍的同学拿着你的手机打电话聊天已快一个小时，如果你想让他将手机还给你，你将如何委婉地告诉他呢？

3. 排比反问法

在公关活动中，有时会遇到令人愤怒的事，采用排比反问法，能以排山倒海般的气势使语言具有说服力、震撼力和冲击力。

案例启发

你看那在风雪中傲然挺立、怒放着的梅花，难道你就丝毫没有感受到她的美吗？难道在漫无边际的白雪中，你突然看到前方有一株挺立着的梅花，你就不被她那种不畏寒霜、坚强不屈的精神所感染吗？难道你不曾想到，她与战士们坚强不屈的精神多少有些相似吗？难道你就没有想到，这傲雪临霜的梅花，真真切切地象征了我们的战士们，象征了他们那种顽强不屈、勇于拼搏、渴望着暴风雪来临的那种精神、那种意志和品质吗？

4.2.2 模糊的语言技巧

模糊的语言是指在能够把话说得更确切的情况下，故意采取模糊表达，以求达到确切语言所达不到的说话效果。巧妙地利用语言的模糊性，能使公关语言发挥神奇的效用，是现代每一个公关人员所要掌握的公关技巧之一。

1．"打哈哈"法

模糊性是语言的重要属性，在公关交际中的许多场合都可用模糊的语言来达到某些特定的效果。

案例启发

鲁迅先生曾经讲过这样一个故事：一家生了一个男孩，全家都很高兴，满月的时候抱出来给客人看。有的说："这孩子将来要发财的。"说的人得到了一番感谢。有的说："这孩子将来要做官的。"说的人得到了几句恭维。有的说："这孩子将来要死的。"说的人得到了一顿痛打。说要死的是必然，说富贵的实际是恭维，但恭维的得好报，说必然的遭打。那么既不愿说谎，也不愿遭打，就只能说："啊呀！这孩子呵，您瞧！多么……啊呀！哈哈！"

鲁迅先生讲的这个故事就是由于情势所迫，无法说真话，就只能"打哈哈"。"打哈哈"其实就是利用了语言的模糊性。

2．广义法

在各种公关交际场合中，巧用模糊的语言，不仅能使自己有一定的灵活性，而且能使自己由被动变主动。例如，对本来已经清楚的事实和想法，出于某种策略的考虑，故意使用含义广泛的模糊语言来表达。

案例启发

在一个广播电台的直播节目中，一位女士误将听众点给别人的歌认为是点给自己的歌，并在直播节目中向播音员询问是哪一位朋友点的。这时播音员明知不是点给这位女士的，但又不好明白地指出来。如果说出来，不仅扫了这位女士的兴，也使广大听众感到不愉快。播音员说："可能是点给你的吧？其实呀，人间是一个温暖的大家庭，人人都应以友相处，只要以诚相待，以友善之心待人，我们的朋友遍天下，又何必非要计较是哪一位朋友呢？"

播音员随机应变，从女士询问点播节目一事引申出一番处世哲学。播音员使用了模糊的语言，使节目的内容深化了。

3．"化险为夷"法

在公关实践中，经常会碰到难以应付的棘手的场合，如果巧用"化险为夷"法，运用模糊的语言，就可以应付一些尴尬甚至困难的局面，使一些难以回答、难以说清或者不便明确表达的问题变得容易应对。

案例启发

一家花店里，一位先生来买花，他挑好了一束花后忘了付钱转身就走。如果店员这时直接叫住他付钱，场面就会变得很尴尬，甚至可能给顾客留下店员认为对方故意不给钱的印象。聪明的店员叫住顾客："先生，我帮你再包扎一下花吧，这样您会更方便拿！"顾客很乐意地回来重新包装。包扎好后，店员将花束递给顾客，说："谢谢惠顾，一共××元！"花店的店员巧妙地使用模糊的语言，化解了尴尬局面。

4."宏观"法

模糊语言的一个重要特征，在于它能将难以表述的道理表达出来，大大增强表达效果。

案例启发

在一场关于对外贸易代理的洽谈中，一位中资机构代表谈到自己的企业时这样说："我们公司信誉卓越，并且很了解顾客的需求，如果能成为你们产品的指定代理商，我们必将能发展出一个更大的市场。"此案例中，有了"信誉卓越""很了解"等模糊词语的运用，句子也就蕴涵了更大的信息量，从宏观上有效地强调了自己公司注重信誉的事实和乐意为对方服务的愿望。

> 对一个进行直接访问的推销员而言，创造一个与准客户齐声大笑的场面，是破除隔阂的绝招之一。
>
> ——原一平（日）

技巧训练

一位好友买了一件新衣服，兴高采烈地拿来让你欣赏，并询问你的意见，你觉得颜色和款式都不太适合她。但看到朋友兴高采烈的样子，又不忍心扫她的兴，请用模糊的语言来回答她。

4.3 不同对象的公关口才技巧

4.3.1 如何与领导沟通

领导在许多人心目中的地位是非常重要的，同上级领导的关系，都是在日常与其交往中建立的。有些人在同事中、亲友中可以滔滔不绝地讲话，但一到领导面前便结结巴巴话不成句，许多想好的话也不知从何说起。那么，应如何掌握与领导谈话的技巧呢？

1. 了解上级领导

有些领导性格爽快、干脆；有些领导则沉默寡言，事事多加思考。你需要适应这一切，不要认为这是"迎合"，其实，这正是应用心理学所要求的，先了解领导的兴趣、爱好，对交谈有利无弊。

2. 主动汇报

作为下属要养成一个习惯，那就是要主动向领导进行工作进度的汇报，以便让领导知道工作情况。如此一来，即便有了偏差也可以及时纠正。

3. 不卑不亢

许多人对领导的态度是一味地奉承和附和。其实，这种方式在当今社会中不一定能得到领导的好感，因为这样的人降低了自己的人格，这种自卑的人是不会得到领导的重视和赏识的。对领导应表示尊重，但绝不要采取"叩头"政策，要做到有礼、谦逊、不卑不亢。

4. 选择时机

领导要处理的事务一般比较多，所以，你应当根据自己问题的重要性，选择适当的时机去跟领导沟通。假若你是为个人琐事，就不要在领导埋头处理大事时去打扰他。如果你不知道领导何时有空，那么可以通过手机或网络与领导约定。例如，你可以说："经理您好，不好意思打扰您了，有件重要的事，不得不当面向您汇报，请问您今天何时有空？"或者"经理您好，打扰您休息了，我遇到一件棘手的问题，我想只能向您求助了，请问您今天是否有时间？"

5. 语句恰当

一位著名的口才学家说过："和领导交谈能否获得成功，事实上最重要的因素，在于我们所使用的语句是否恰当。"上下级之间要互相尊重，但你找上级领导谈话，目的是希望他帮助你解决一定的问题。所以，你必须考虑你使用的语句，要有把握说服对方。例如，向领导提出请求时，要注意语气的运用，更多地运用征询的语句。

案例启发

谢聪从市场营销专业毕业后到一家公司做文秘工作，他觉得很难适应这种安逸的生活，于是在看见经理比较闲时敲门进去了。

谢聪微笑地看着经理说："李经理，我有个小小的要求，不知您能否答应？"李经理问："什么要求？说说看！"

谢聪说："我想换换岗位，想跑业务。"

李经理面露难色："可你对业务不熟，你跑什么呢？"

谢聪说："业务我可以慢慢熟悉，如果您能给我这个机会，我会好好珍惜，一定不会让您失望的。"

李经理的面色有所缓和："你具体想去哪个科呢？"

谢聪说:"您认为我去建材科合适吗?我有几个朋友在外面长期做钢材和水泥生意,我通过他们,或许能用比较低的价格购进质量更好的建筑材料。"

李经理想了想,说:"那你先试试,可不要让我失望!"

谢聪响亮地回答:"谢谢李经理给我这次机会,我一定好好干!"

谢聪如愿以偿地调到了建材科,不久就取得了好业绩。

> **技巧训练**
>
> 假设你对公司"六一"儿童节的促销方案有些建议,你将如何向领导提出自己的看法?

4.3.2 如何与下属沟通

作为团队的领导者和职业管理者,与团队保持良好的沟通是我们的重要职责和必须具备的职业能力。

1. 态度和善、用词礼貌

管理者要清楚,自己与员工在人格、人权方面是平等的,只是工作职责、职位不同,所以在沟通前要心态平和,谈话中要顾及员工的心理感受及变化,尊重员工的人格、权力,要站在员工的角度去想员工所想的问题,而不是摆出"架子"去命令,肆无忌惮地去批评。有的主管在与下属沟通的时候可能会比较直接,如"小文,马上到我办公室来一下""小贡,把文件送去复印2份",这样生硬的用语会让下级有一种被呼来唤去的感觉。因此,为了改善和下属的关系,使他们感觉自己更受尊重,不妨使用一些礼貌的用语,如"小文,请马上到我办公室来一下""小贡,麻烦你把文件送去复印2份"。一位受人尊敬的主管,首先是一位懂得尊重别人的主管。

2. 掌握分寸、留有余地

上级同下级说话时,不宜做否定的表态,如"你们这是怎么搞的!""有你们这样做工作的吗!"在必须发表评论时,应当善于掌握分寸。点个头,摇个头,都会被人看成上级的"指示"而贯彻下去,所以,轻易表态或过于绝对的评价都容易失误。如果上级认为下级的工作中有什么不妥,那么表达宜谨慎,尽可能采用劝告或建议性的措辞,如"这个问题能不能有别的解决办法,例如……""不过,这只是我个人的意见,你们可以参考。""建议你们看看最近的一份材料,是否有什么启发?"这些话可以起到一种启发作用,主动权仍在下级手中,对方更容易接受。

3. 有的放矢、自然得体

上级与下级沟通的时候,上级要注意所使用的语言,应符合自己的身份和谈话的内容。有些严肃的话题,特别是指出下级错误的时候,应该避免使用太过轻松的语气,否则会使谈话的作用大大降低。谈话的中心思想应该明确,不要让下级听了之后不知所云。

案例启发

一位创业老板找有辞职想法的几位员工谈话：

首先，我要感谢你们过去一年的辛勤工作和不懈努力。是你们的贡献让我们的企业在激烈的市场竞争中茁壮成长。我深知在初创企业工作充满挑战，因此我非常理解你们所面临的困难，并对我们团队的每一位成员表示最深的敬意。

我珍视并深深感激你们的付出。你们都拥有过硬的专业技术和出色的能力。我鼓励你们继续发挥这些特长，并在创新和工作中不断追求卓越。我也始终敞开大门，随时准备聆听你们的意见和建议，因为我们相信，通过开放的沟通和协作，我们可以共同推动企业向前发展。

我相信，在企业的支持下，你们的未来和职业发展将充满无限潜力和机会。企业将竭尽所能，为实现你们的梦想提供所需的支持和舞台。我们是一个团队，我们共同成长，共同面对挑战，也共同庆祝每一个成就。

请相信，企业将与你们并肩作战，为你们的职业旅程提供坚实的基础。让我们携手合作，共创一个更加辉煌的未来。再次感谢你们的辛勤工作和持续信任。

4. 亲切民主、善于激励

在上级面前，大多数下级都会小心谨慎，不敢直言。而有的领导为了维持自己的威严，喜欢端架子，打官腔。其实，亲切民主的领导是最受下级欢迎的。当询问部下有什么问题及意见时，可以问："小张，关于这个促销方案，你还有什么意见和建议吗？"当部下提出了自己的看法时，可以说："你的建议对我们的决策有一定的启发，非常感谢。"如果决定采纳部下的建议，那么千万不要忘记赞美他："你的方案很有创意，就照你的意见去做。"

案例启发

读过《杰克·韦尔奇自传》的读者，一定对韦尔奇的便条式管理印象深刻。在1998年的一张便条中，韦尔奇对杰夫写道："我非常赞赏你过去一年的工作表现……你的精确表达能力以及持续学习和奉献的精神非常出色。请随时告诉我需要我扮演什么角色——无论何时，只需给我打电话。"这本书的后半部分收录了韦尔奇从1998年至2000年写给杰夫的一系列便条。这些便条在塑造和完善韦尔奇的管理理念中发挥了极其重要的作用。这些便条不仅充满了人情味，而且对下属或同事的激励作用是如此感人。这种尊重他人付出和肯定成果的态度，让多少人感到自愧不如。

5. 布置任务要清晰明确

作为管理者，向下级分配任务时应清晰明确。特别是对于新人，管理者需要讲清楚下级将要完成的任务，并明确具体的要求。如果没有明确的要求，那么要向下级说明，让下级先根据自己的设想提出初步方案。

案例启发

在电视剧《杜拉拉升职记》中，杜拉拉的上级领导安排她完成两项工作：第一，撰写年度优秀员工评选文案；第二，为评选出的年度优秀员工准备礼品。杜拉拉听后回答："没问题！"她很快写出了文案，并计划将某系列文具作为获奖礼品，之后把文案报告和礼品方案拿给领导审查。出乎杜拉拉意料的是，上级领导对她的方案非常不满意，说道："这个评选文案很像感谢信，没有体现公司的企业文化。并且作为全球五百强企业，员工对于优秀员工评选具有很高的期望，这样的礼品和要求差距太远⋯⋯"杜拉拉听后，只能不停地说："对不起！我没有问清楚。"领导在给杜拉拉布置工作任务时，并没有对工作结果提出具体要求，也没有说明评选文案和礼品选择要符合公司的企业文化，所以在沟通中领导也有一定的责任。

技巧训练

如果你是销售部门的主管，发现一位新来的实习生最近几天心情不好，工作不主动，那么你将会如何与他沟通？

4.3.3 如何与同事沟通

有一项针对白领的调查显示，有近两成人坦然承认自己在职场没有真正的朋友，并且他们也不想跟同事成为朋友。他们认为，职场如战场，同事就是竞争对手，跟同事做朋友，只能是给自己埋下一颗定时炸弹，因为他了解你的缺点，甚至还握有你的"把柄"。同事之间往往是存在既合作又竞争的关系，很多时候还会出现利益冲突。

在中国的处世哲学中，中庸之道被奉为经典之道，中庸之道的精华之处就是以和为贵。拥有和谐的人际关系，不仅仅是一种生存的需要，更是工作上、生活上的需要。如果掌握了一定的沟通技巧，那么你与同事的关系将会更和谐。

1. 不要争辩，学会宽容待人

同事之间是平等的，得饶人处且饶人。俗话说得好：忍一时风平浪静，退一步海阔天空。不要为了一些小问题与同事进行争辩，要表现得豁达和大度，否则容易招来对方的记恨。

2. 不要炫耀，学会低调做人

不要在同事面前炫耀，包括对家境、婚姻、业绩等方面的炫耀，这样可能会带来嫉妒。一位哲学家说："如果你要得到仇人，就表现得比你的朋友优越；如果你要得到朋友，就要让你的朋友表现得比你优越。"

3. 不要"咬耳朵"，尽量保持中立

在平时，不要老是和固定几个人说悄悄话，尤其是别人的坏话，否则你们几个也许亲近了，但会让人以为你们在搞小团体。所以与同事相处时应尽量保持中立，不讲别人的坏话。

4. 不要探听家事，尊重同事

能说的别人自然会说，不能说的也别去深挖，每个人都有自己的秘密，有时同事不留意说漏了嘴，你也不要去探听，更不能去传播。有些人热衷于探听别人的家事，事事都要了解得明明白白。你喜欢探听，即使什么目的也没有，人家也会忌你三分。

5. 关注细节，关心同事

互相关心表现在平时的点点滴滴，例如，"早上好！""您孩子今年准备考大学了吧？你会比较辛苦，可要多注意身体，有需要帮忙的说一声。""您要去购物啊，那我可以顺路捎您一段。"

> **技巧训练**
>
> 你刚到公司正式上班不久，就发生了两位女同事吵架的事。当时正好只有你们三个人在办公室，你该如何劝架呢？

4.3.4 如何与异性沟通

人类社会是由男性和女性组成的，在日常学习和工作中，与异性沟通交流时需要遵循"自然"和"适度"两个原则。

1. 相互尊重，不要太豪放

异性交往言谈中要特别注意尊重对方，有时同性之间可以讲的话题，如果放到异性面前来讲，有可能显得不合适。若在女性面前随意开轻浮或粗鲁的玩笑，就是对女性的不尊重。

2. 自然大方，不要太拘谨

异性交往应从容、自然、大方，不要矫揉造作。如果有一方过于拘谨，双方的交谈就无法顺畅进行。在交谈过程中，最忌一问一答式，谈话应该是双方思想的交流。如果你是下面对话中的这位男士，你还能将对话进行下去吗？

男士：李小姐已到桂林几年了，对这里很熟悉了吧？

女士：是的，五年了。

男士：这个咖啡厅很有自己原创的特色，想来坐坐还得提前订位子。

女士：是的。

男士：李小姐平时喜欢喝咖啡吗？

女士：还行。

男士：李小姐平时喜欢外出旅游吗？

女士：偶尔。

……

3. 寻找话题，不要太卖弄

男性、女性一般各有自己感兴趣的话题，因此，在交谈时应注意双方兴趣的交融性。如果只顾谈自己感兴趣的事情，卖弄自己的所知所学，而这些事情有可能正是对方不感兴趣或者非常讨厌的，那么结果只会让对方感到不悦。

案例启发

某公司新来了一位哲学专业的女博士刘方，李然作为人力资源部的负责人接待了她，第一次见面大家都比较客气。李然非常真诚地说："你的到来，使我们公司增色不少，相信你能用你的哲学思想带领我们公司取得更好的业绩。"刘方听了这话自然很开心，把李然当成知音看待。之后几天，她只要有时间就喜欢与李然共同探讨哲学问题。几次下来，李然不得不找借口远离她。李然私下里无可奈何地对好友说："她口才太好了，一见面就大谈哲学问题，一开口就像失控的马达停不下来，真受不了。"

技巧训练

你的一位异性客户想单独邀请你看电影，可你对他并无好感，你将如何处理？

4.3.5 如何与陌生人沟通

与陌生人打交道是现代公共关系中不可或缺的。"一见如故"是与陌生人沟通的一把金钥匙，是成功交际的理想境界。怎样才能跟陌生人"一见如故"，变"生"为"故"呢？

1. 找共同点

世界上没有完全相同的两个人，也没有绝对相反的两个人。一般来说，对任何一个素不相识者，只要事前做一番认真的调查研究，都可以找到或多或少的相似之处。要找共同点并不难，可以从对方的职业、穿着、口音等方面入手。你在与对方见面时如果能利用这些共同点制造话题，相信一定能瞬间拉近关系，一下子缩短双方的心理距离，使对方产生亲切感。

案例启发

一位外国总统曾访问上海复旦大学。在一间大教室内，总统面对100多位初次见面的复旦学生，他的开场白就紧紧抓住彼此之间的关系："其实，我和你们学校有着密切的关系，你们的校长同我的夫人还是校友呢。照此看来，我和各位自然都是朋友了！"此话一出，全场掌声雷动。接下去的交谈自然十分热烈，气氛极为融洽。

2. 善于观察

在公共关系中，会见陌生者前应当采取多种方式了解一下对方的职业、兴趣、性格、过去的经历等。如果事先没有任何了解，则可以在见面时多多察言观色，一个人的心理状态往往可以从他的行为或语言中找到蛛丝马迹。

当拜访一个陌生人时，如果他的桌上摆放着全家福，说明他可能拥有一个美满幸福的家庭，那么话题可以从家庭成员开始；如果他摆放的是自己的艺术照，说明他的自我意识可能比较强，那么话题可以围绕他个人来展开；如果他的房间摆放着比较多的绿色植物，则说明他可能是一个比较崇尚自然的人，那么他对自然、旅游、种植花木的话题就应该比较感兴趣。

3. 表达友情

饱含友情的语言能拉近双方的距离。在公关交际当中，用三言两语恰到好处地表达你对对方的友好情谊，或肯定其成就，或赞扬其品质，或同情其处境，或安慰其不幸，就会顷刻间暖其心田，感其肺腑，使对方油然而生一见如故、欣逢知己之感。

案例启发

前几年，社会上曾经出现过一个极具人情味的服务项目——全天候电话聊天，每个月有近两百名孤单寂寞者使用这个电话服务。接电话的主持人说的第一句话深得人心："今天我也和你一样感到孤独、寂寞、凄凉。"这句话表达了对孤单寂寞者的充分理解，令其产生了强烈的共鸣，所以许多人听后都掏出知心话向主持人倾诉。

4. 除其防备

业务人员第一次拜访客户的时候，对方往往存有戒心，从根本上来讲这是一种自然的排斥心理。实际上，这种心理活动与突然见到一个陌生人是一样的，很少有人马上敞开心扉。从这个角度来讲，无论客户拒绝还是存有戒心都是正常的心理活动，大可不必因为客户的态度而退缩。

大家可以比较下面两个有关推销酸奶的案例，通过或利用一个中间人除其防备，这样与陌生人沟通时就会比较顺畅。

案例启发

【例1】

营销人员小金：您好，我是可美公司的业务员，我们公司最近推出一种纯酸奶，质量和口感都不错，给您这里放点货怎么样？

老板：哦，我这里酸奶已经有5个品种了，卖得都不错，暂时不需要。

营销人员小金：您还是进一点吧。我们这个产品是青藏高原的牛奶酿制的，纯度高、无污染，而且包装也不错，在其他地方卖得都很好。前面那个老板也进了我们的产品，您还是考虑一下吧。

老板：人家进了是人家的事，我这里暂时不需要。

营销人员小金：老板您看这样，您要是进了我们的产品，我以后给您多送点赠品……

老板：还是以后再说吧，我还忙，对不起了。

【例2】

营销人员小陈：请问您是刘老板吗？我是可美公司的业务员，经常路过您这里，每次都看到您忙忙碌碌的，生意一定不错吧？

老板：唉，马马虎虎吧。

营销人员小陈：其实每次都想跟您打招呼，因为前面的黄老板常常提到您。

老板：你跟黄老板认识？他说我什么？

营销人员小陈：是啊，我跟黄老板有业务来往，挺熟的。他说刘老板为人不错，生意也比他做得好，还让我有空跟您聊聊呢。这不，我刚才给黄老板补了些货，最近卖得挺快。

老板：这个老黄，尽瞎说。对了，你做什么产品，给老黄那里经常送？

营销人员小陈：我们公司是做酸奶的，最近推出了新品，挺不错的，这是样品，您可以尝尝。

老板：口感还可以，包装也不错，价格怎么样？合适的话给我先放一点。

> **技巧训练**
>
> 你在客户的办公室遇见了他的母亲，你将如何与她交谈？

4.3.6 如何与媒体沟通

新闻媒体不仅是传播消息的载体，也是左右公共议题以及公众态度的影响因素。在媒体面前如何准确地传递重要信息，如何与媒体进行有效的沟通，越来越成为新时代营销人员的必修课。

1. 要真诚，与媒体友好相处

真实是新闻的本质，新闻公布的内容可以是不全面的，但不应该是错误的、虚假的。可以不说全部的信息，但说出来的信息绝对不能是谎话。不要激怒媒体，也不要被记者激怒，要沉着冷静。任何时候都不要与记者敌对，不管你喜不喜欢，都要与他们友好相处。同时，不要与记者展开无谓的争论，因为越争论越会让自己的处境变得被动。

2. 要把握说话的分寸和尺度

当作为企业方代表面对媒体时，你代表的不是个人，而是整个企业；所面对的记者也不仅代表他自己，而是代表公众与社会。营销人员要明白，你之所以会引来大家的关注，是因为你发布的内容备受瞩目。记者的采访不是测试你回答问题的能力，而是赋予你代表企业表达观点的机会。所以，营销人员面对媒体时不能嬉笑怒骂、调侃讽刺、随性发挥，必须把握说话的分寸和尺度。

3. 要掌控话语权

话语权是影响和控制舆论的权力与能力，它决定着公众舆论的走向，媒体也好，公众也罢，心中一定是充满着某种期待的。如何去释惑，如何让人们正确地看待相关事件，都需要靠话语权来完成。

4. 要把握首声效应

新闻媒体对某一人物或事物的首次传播、报道，在受众头脑中会形成先入为主、根深蒂固的印象，这就是首声效应。首声效应在受众头脑中持续的时间最为持久，居于基础性地位和主导性地位。因此要特别重视第一时间、第一声音、第一报道、第一现场等，这些均属首声效应范畴。

案例启发

央视"3·15"晚会曝光的湖南某菜业有限公司从外地收购"土坑酸菜"且不对其卫生指标进行检测的情况，立即引发网友巨大反响。据该菜业公司官网介绍，公司与一大批知名企业建立了产品代加工和原料直供等方面的战略合作关系。看看被曝光的企业事后是如何回应的。

3月15日晚，A企业在官网发文致歉称：最近五年内，该菜业公司已不再是酸菜包原料的供应商。同时，公司已于第一时间对相关的酸菜包产品全部进行了封存，并在市场监管局的参与下一起进行质量检测。

3月16日凌晨，B企业发布声明致歉称：该菜业有限公司是其酸菜供应商之一，已立即中止其供应商资格，取消一切合作，封存其酸菜包产品，积极配合监管部门调查和检测。此次事件辜负了消费者信任，深表歉意并将引以为戒。

此前还有媒体报道，称C企业未将该菜业公司列为原材料供应重点企业，C企业在微博评论里否认："一句话：没合作，放心吃，身正不怕影子斜。"

D企业也在深夜回应称：在第一时间通过大数据系统追溯，自建厂以来，本企业从未与点名的4家企业有过任何采购合作。

技巧训练

某学校学生在学校食堂吃饭时，在青菜中吃出虫子，学生将此事直接向媒体曝光，你觉得校方应如何面对媒体采访？

专题小结

语言是人际交往，思想交流的工具，良好的口才在公关活动中可以起到至关重要的作用，因此有人这样评论道，口才是智慧、是知识、是才干、是力量、是财富。要想在公共关系中立于不败之地，必须有好口才。

- 公关口才要遵循真诚、得体、适境、有情、有效五项基本原则。
- 公关口才中要学会灵活运用委婉、模糊的语言技巧。
- 与领导沟通时注意掌握以下5种技巧：了解上级领导、主动汇报、不卑不亢、选择时机和语句恰当。

- 与下属沟通时注意掌握态度和善、用词礼貌，掌握分寸、留有余地，有的放矢、自然得体，亲切民主、善于激励，布置任务要清晰明确的技巧。
- 与同事沟通时注意掌握不要争辩、不要炫耀、不要"咬耳朵"、不要探听家事、关注细节的技巧。
- 与异性沟通时注意掌握相互尊重、自然大方、寻找话题的技巧。
- 与陌生人沟通时注意掌握找共同点、善于观察、表达友情、除其防备的技巧。
- 与媒体沟通时要真诚、与媒体友好相处，要把握说话的分寸和尺度，要掌控话语权，要把握首声效应。

口才训练营

实训 4

自由训练：我是领导

实训目的：掌握与下属沟通的技巧。

地　　点：教室、寝室。

训练内容：假定你是公司新上任的部门经理，邀请几个同学扮演你的下属。作为领导，你上任后和大家进行第一次见面交谈。

交谈完后请同学们写下他们的心理感受，对照自己交谈时想要达到的目的，找出自己语言上不符合身份的地方。

自由训练：与陌生人交谈

实训目的：掌握与陌生人交谈的技巧。

地　　点：旅途中或公众集会。

训练内容：尝试用 5 分钟交个朋友。例如，在某次公众集会场合或乘车旅行时，选择一位交际对象与之交谈。要有勇气、信心，善于观察，并灵活运用沟通技巧。

课堂训练：与领导沟通

实训目的：掌握与领导沟通的技巧。

地　　点：教室。

训练内容：设想你是一名科研所的研究人员，因专业不对口，欲调离原单位，但又担心所领导不同意。况且所领导一直关心你的成长，多次派你到外地参加业务培训。你该怎样开口向所领导提出自己的要求？

游戏 4

形　式：个人表演。

时　间：45 分钟。

道　具：职业列表。

场地：教室。

目的：让学生了解不同职业的语言习惯特点，掌握它们的差别。

程序：

（1）请你从以下八个不同角色中选择一个写在纸上，并作为你的职业或基本情况进行自我介绍（介绍前请将纸交给教师）。

（2）你有一分钟的时间进行介绍，介绍内容禁止出现你所选择的职业信息。介绍完后，由同学们判断你的职业（以此评价你的自我介绍是否符合你所选择的职业）。

（3）八个角色：

节目主持人

网络主播

新闻播音员

新上任的校长

足球解说员

商场柜台销售人员

电影明星

房地产销售商

总结：学生不要事先泄露自己选择的职业，完全由同学们根据他的介绍内容来猜测。可以设置一些奖励或处罚措施，鼓励学生寻找不同职业的语言特色。

口才加油站

阅读材料 6

专访张艺谋冬奥会主创团队

2022 年北京冬奥会以一场简约但充满感动的闭幕式，为这届注定载入史册的冬奥会圆满收官。

闭幕式总导演张艺谋及主创团队成员接受了记者专访，详解温暖与感动背后的故事。

"闭幕式与开幕式总体上一脉相承，有不少'熟悉的陌生人'，"张艺谋举例说，"在开幕式用希腊语演唱《奥林匹克运动会会歌》的 40 多名河北阜平山区的孩子，在闭幕式现场再次登场表演。开幕式中，他们身着喜庆的红色衣服，闭幕式上，则改穿青花瓷样式的衣服，像一个个冰雪小精灵……曾经生活在贫困山区的他们如今成功脱贫，这既体现脱贫攻坚的成果和共同富裕的决心，更表达出了冰雪冬奥'更团结'的主题……'冬梦'从纯色冰晶幻化为斑斓的彩色，舞台和观众席上 2 万只灯笼随之被点亮，闭幕式在一片绚烂灯火中拉开帷幕……"闭幕式导演沙晓岚说："点亮会徽，既点亮了冬奥会的宗旨，也点亮了舞台、温暖了冬夜……"闭幕式舞蹈总监、分场导演张文海说："我们特意设计志愿者引导员手持灯笼，既烘托温暖欢庆氛围，也指引运动员在整齐行进中逐渐构成'中国结'的画面……'中国结'代表美好的祝福，也寓意连接和联通，各代表团运动员在中国经历16天的比赛、生活，形成了新友谊、构建起新桥梁，彼此间拉近了距离，让奥林匹克大家庭更团结……"沙晓岚说。

"这是用光和爱铸就的生命丰碑，庄严而伟大，所有人仰望光束，仿佛在与逝去的生命对话，"张艺谋介绍，"当光束由白转绿，素白的冰雪地面瞬时被晕染成清嫩的绿色，昔我往矣，杨柳依依，人们在绿意中徜徉，对生命的告别缅怀和爱意久久不绝，生生不息……冬奥会闭幕，圣火其实没有熄灭，因为更多火种已化作雪花，伴风入夜，飘散到每个人的心里——一曲笙歌毕，千门灯火莹，今宵挥别后，一起向未来！"张艺谋道出他对闭幕式的理解。

阅读材料 7

张瑞敏在海尔集团重大专题会议上的讲话（节选）

（以下为2022年3月31日，张瑞敏在海尔集团重大专题会议上的讲话节选）

我们今天召开这个会议的目的是，研究"外部高度不确定性形势下的确定性战略"。

这种高度不确定性的环境，就像"无常"，所有的一切，只有"无常"没有"恒常"。所有的一切，都不是"我"能主宰的，在这种情况下，我们应该怎么做呢？我认为，还是要按"三易"（"变易""不易""简易"）原则来应对。具体来说，"变易"指外部环境的变化并不是我们能决定的，但我们可以在变化中形成自己的定力，这个定力就是"不易"，也就是采取外部高度不确定性形势下的确定性战略，然后用"简易"的方式去迅速落地。

"不易"或者说确定性的战略，到底是什么呢？它应该是公认的、不变的规律，比如，人的生命一定会终结，只不过谁也不知道哪一天终结，所以，人不可以去和必死的规律抗争。就像鲁迅先生在1919年所说的，"做了人类想成仙，生在地上要上天"，妄图长生不老是没有意义的，在有限的生命里，我们改变不了生命的长度，但可以改变生命的高度和宽度。

企业也是一样，不可能长生不老，树不能一直长到天上去。但是，我们可以使企业不断地适应时代变化而进行转型，每一次转型都相当于对原来的企业的一次扬弃，属于过去时代的那个企业死掉了，适应VUCA（Variability 易变性、Uncertainty 不确定性、Complexity 复杂性、Ambiguity 模棱两可）时代的企业将获得新生。我们现在向生态转型，就是在物联网时代的一次扬弃与新生。

我们还要明白一件事，"人的价值最大化"没有终点，永远在路上。我们要做的，就是建立一种机制，一种能够实现价值循环、不断地向更高的价值升级与循环的新机制。

关于价值循环，最好的表述可能要追溯到中国明代的心学大师王阳明那里。王阳明的核心思想一般被称为"阳明三纲"：心即理、知行合一和致良知。

心即理，每个人心里都有对天道的认同，每个人的自性中都有潜在的天道，问题是怎样将其发现和彰显出来。对我们海尔来说，每个人都是一个宝藏，要把它发掘出来，当然，发掘宝藏要靠好的机制，做得好的链群，一定是每个人的潜在价值都发挥出来了；做得不理想的链群，一定是没有把人的价值发挥出来。

知行合一，"心即理"体现出每个人都可以"知"，但要给他一个场地让他的"知"在行动上表现出来，就是知行合一。对海尔来说，一定要给小微企业创造创业的好环境，让他们充分发挥自己的才能。"圣贤须在事上磨"，过去说圣人、贤人，往往就是指有文化、有知识的人，但王阳明说"事功即学问"，如果在实际当中没做出贡献，你的学问就是空的、就是假的。"心即理""知行合一"连起来，每个人都有潜在的价值，需要一个场景让他表现出来，表现出来的就是创造用户价值。

致良知，每个人都是价值的主体，都可以"成圣""成贤"。王阳明说，"心中有良知，满街皆圣人"，谁都可以成为"圣人"，因为你是价值主体、是自主人。这也是彼得·德鲁克所说的，每个人都是自己的CEO（首席执行官）。

以上的这个价值循环，可以概括为：价值归宿、价值体现、价值主体，但要让其无穷循环则需要使链群合约的机制成为必要条件。

第一，心即理，就是价值归宿，潜在价值的归宿不在别人那里，而在每个人自己的心里，就看能否挖掘出来。

第二，知行合一，就是价值体现，要给每个有潜在价值的人一个场景，让他能够做出一个实际的成果来体现独特价值。

第三，致良知，就是价值主体，每个人都是自己的主人，每个人都可实现价值最大化，都可体现自己的尊严。

"阳明三纲"看似和企业管理没什么关系，但它却道出了企业管理的根本。

专题 5

商务谈判口才

【微课—交易谈判】

知识要点

❖ 商务谈判口才概述　　　　　　❖ 商务谈判口才技巧

能力要点

❖ 叙述的语言技巧　　　　　　　❖ 倾听的语言技巧

❖ 提问的语言技巧　　　　　　　❖ 应答的语言技巧

❖ 论辩的语言技巧

导入案例

场景一：

小孟：闭总，您好，我是红旗公司的业务员小孟。这是我们产品的资料，请问您是否感兴趣？

闭总：先放这儿吧。如果感兴趣，我会给您打电话。

小孟：您看看，我们的设备很先进，而且价格优惠……

闭总：抱歉，我马上要开视频会议，稍后我会仔细看资料再与您联系。

小孟：……

(小孟离开后，闭总顺手将小孟的资料扔进了垃圾桶。)

场景二：

老林：闭总，您好，我是红旗公司的产品推广员老林。这是我们产品的资料，请您过目，不知是否符合您的兴趣？

闭总：资料就放桌上吧。如果感兴趣，我会联系您。

老林：如果我们的产品投入使用，相比您现在使用的 Z 设备，效率可以提升大约 40%，同时节能 20%……

闭总：效率提升 40%？请详细说说。

老林：……

闭总：听起来很有吸引力，我会先组织团队研究这些参数，如果需要，我们计划在本周内邀请您与我们的技术人员深入讨论。

同样的产品，不同的销售人员，推广结果大相径庭。小孟显然准备不足，他没有深入了解客户的需求，也未能有效吸引客户的兴趣。相比之下，老林做了充分的准备，他提供的信息正是闭总急需解决的问题的潜在方案。

> 生存，就是与社会、自然进行的一场长期谈判，获取你自己的利益，得到你应有的最大利益，这就看你怎么把它说出来，看你怎样说服对方了。
>
> ——约克·肯（哈佛大学教授、英国语言学家）

5.1 商务谈判口才概述

5.1.1 商务谈判的含义

何谓谈判？谈判有广义与狭义之分。广义的谈判不仅包括正式场合下的谈判，还包括一切协商、交涉、商量、磋商等活动，都可以看做谈判。狭义的谈判仅仅是指正式场合下的谈判。一位谈判专家曾经说过，只要人们为了取得一致而磋商协议，他们就在进行谈判。这样看来，生活中无处不存在着谈判，世界就像一张巨大的谈判桌。可想而知，作为一名营销人员，掌握谈判技巧是何其重要。

商务谈判是买卖双方为实现某种商品或劳务的交易就多种交易条件进行协商的活动。商务谈判是现代社会经济交往的起点，已经在经济业务活动中显示了强大的魔力，在未来的经济交往和对外经济业务活动中，对于促进商务贸易的成功将起到决定性的作用。

5.1.2 商务谈判的原则

谈判是"谈"出来的，主要是指运用口语来表达自己的观点、意见和意向，所以，谈判的成败在很大程度上取决于谈判者的谈判口才。要掌握好商务谈判口才，必须遵循以下谈判原则。

1. 知己知彼。
2. 互惠互利。
3. 平等协商。
4. 适当让步。
5. 就事论事。
6. 突出优势。
7. 集中主题。
8. 团队作战。

> 说话是节奏，对话是运动。
> ——奥斯汀·罗夫特
> （哈佛大学谈判专家）

1. 知己知彼

《孙子兵法》里的"知己知彼，百战不殆"的道理众所皆知，在商务谈判中这一点尤为重要。对对方的了解越多，越能把握谈判的主动权。了解对方时不仅要了解其谈判目的、心理底线等，还要了解对方公司的文化、经营情况、行业情况，以及谈判人员的性格、习惯与禁忌等。这样可以避免因文化、生活习惯等方面的矛盾而给谈判造成额外的障碍。

2. 互惠互利

使自己的利益最大化是每一个谈判者的最终目标，但每个谈判者都应该牢记：每次谈判都有潜在的共同利益，只有围绕着共同利益，才可以使谈判顺利进行下去。因为谈判一直被视为一种合作或为合作而进行的准备，因此，谈判的结果应满足谈判各方的合法利益，既要能够公平地解决谈判各方的利益冲突，又要考虑和符合公众利益。以发展的眼光看，商务上的合作关系会带来更多的商业机会。

3. 平等协商

平等是商务谈判得以顺利进行和取得成功的重要前提。在谈判过程中，谈判各方在地位上应平等一致、相互尊重，不允许仗势压人，应通过协商求得双赢，而不是通过强制或欺骗来达成一致。

4. 适当让步

任何一次商务谈判，都没有绝对的胜利者和绝对的失败者。有关各方在某种程度上通过彼此妥协、互相让步来达成双方都可以接受的结果。在商务谈判中，为了达成协议，让步是必要的，但是让步不是轻率的行动，必须慎重处理。成功的让步策略可以起到以牺牲局部小利益来换取整体利益的作用，甚至在有些时候可以达到"四两拨千斤"的效果。

5. 就事论事

商务谈判过程中的一个重要原则是"就事论事"。无论双方为了维护各自的利益争论得多么激烈，也不管讨价还价多么苛刻，但双方均应始终以礼相待，绝对不能话不投机就恶言相向，甚至进行人身攻击。"买卖不成仁义在"，要从长远的角度考虑问题。

6. 突出优势

对对方立场、观点都有了初步的认知后，再将自己在此次谈判事项中所占有的优势、劣势和对方的优势、劣势进行严密周详的列举。尤其要将己方优势，不管大小新旧均全盘列出，以作为谈判人员的谈判筹码，而己方劣势也要特别注意，以免仓促迎敌，被对方攻得体无完肤。

7. 集中主题

谈判会令人情绪反复起伏波动，谈判经常会因为没能取得丝毫进展而沮丧，这时候，关键就在于保持头脑冷静，注意对方的言语及神态，并且耐心等到他们平静时，再总结谈判所取得的进展。例如，把话题重新引到你所期望的主题上来："我们已经在这些问题上花费三个小时了，现在，我建议重新回到付款条款上来，看看是否能达成一项公平合理的解决方案。"

8. 团队作战

商务谈判也像乒乓球比赛一样，不仅有单打、双打，还有混合双打，凡是重要的商务谈判，往往都是"团体赛"。商务谈判的团体赛除了个人技术水平的发挥，更重要的是配合默契的团体技术。常言说："家有千口，主事一人。"在一个谈判团体中，一定要有一个核心人物，所有的参与者都要为这个核心人物服务，只有各种角色默契配合，才能"演"出有声有色的精彩剧目。

案例启发

在以下案例中，谈判双方始终都围绕着谈判的原则来洽谈，所以，整个谈判过程中虽然不见刀光剑影，却时刻显示出谈判者良好的素质和口才。

Q品牌瞄准了势头正旺的休闲男装市场，并召开了一个招商洽谈会。因为Q品牌这次产品组合得不是很成功，价位有点偏高，而公司的政策也没有什么优惠，加盟保证金最少要10万元，所以，Q品牌区域经理与两个大客户的谈判过程就需要用到谈判技巧。

区域经理："我只是一个区域经理，真正有权签约者是营销副总C，我们今天只是谈谈，山东与陕西来的客户比较多，公司还是要有所选择的……当然，在我个人心目中，你们二位是最优秀的，你们做不好的市场，别人也不可能做得好。"

山东客户："这次来这么多客户，公司肯定得选择最好的，以我们的市场经验，我们做不好的市场，恐怕别人也很难操作。今天我们也看了Q品牌产品，说实话，产品缺陷还是比较大的。时尚型太前卫，常规型太保守，价格又高，而且你们的政策一点都不优惠……不过，既然我们来了，而且和您谈得也很投机，所以如果条件宽松，还是可以考虑做的。"

区域经理："你们认为加盟一个品牌，是产品重要、优惠政策重要，还是品牌的可持续发展重要？"

陕西客户："品牌的发展前景很重要，但是我们不可能等，做生意就是要挣钱，画张饼说以后怎样好是空的。你们目前的产品确实存在不少问题，而且Q品牌又是新品牌，消费者要有个认知过程，做起来真的很难……"

区域经理："现在我们已经达成了共识，加盟一个品牌，发展前景最重要，产品与政策相对要弱一点，是不是？"（两位都点头称是）

区域经理："Q品牌现在推出的产品确实有不足之处，C总（营销副总）自己也说产品组合有欠缺。但公司第一次推出的产品，很难做到尽善尽美，有缺陷不怕，只要发展思路对，改起来也很快。现在是11月，产品要在明年3月以后才上市，就算把所有样衣打倒重来，在时间上也还来得及，何况我们的产品只是部分不足，大部分是好的，是不是？"（两位都点头称是）

区域经理："公司开发产品的时候，不知道会有什么样的代理商，不知道哪个市场是重心，虽然公司有计划、有调研，但同一个市场，不同的代理商，对产品的需求也有不同，是不是？"（两位都点头称是）

区域经理："现在假设我们签约成功了，你们明天开始订货，我敢打包票，起码60%的产品你们会下单，是不是？"（两位都表示同意）

区域经理："还有40%的产品怎么办呢？你们要提出自己的想法来，与产品研发部人员交流探讨，因为你们最了解当地市场，如果你们的意见好，公司为什么不采纳呢？公司也要获利是不是？"

山东客户："对呀！公司就是要多听听下面的意见，不要自以为是！我现在做的那个品牌，什么都好，就是有些时候意见提上去听不到回音，我们提意见都是为了公司好，公司好我们代理商才会挣钱，哪有把自己的钱拿来玩的！"

陕西客户："我们在一线，每天与经销商、消费者打交道，他们有什么需求，我们代理商最先了解。你们公司推销员下去做调查，一天就是一天，一个星期也就是一个星期，了解的都是表面现象，要是真能做到你说的这样，肯定能好起来。"

5.1.3 商务谈判的特点

1. 目的性强。
2. 合同严密。
3. 随机应变。
4. 沉着冷静。

> 谈判是实力与智慧的较量、学识与口才的较量、魅力与演技的较量。

1. 目的性强

商务谈判重视谈判的经济效益。在谈判桌上，谈判双方无时无刻不在计算自己一方获利的程度，所以，人们通常以获取经济效益的多少来评价一项商务谈判的成功与否，不讲求经济效益的商务谈判没有任何价值和意义。

2. 合同严密

商务谈判的结果，最终由双方协商一致的协议或合同体现。合同条款实质上反映了各方的权利和义务，合同条款的严密性与准确性是保障谈判获得各种利益的重要前提。因此，在商务谈判中，谈判者要重视合同条款的准确性和严密性。

3. 随机应变

商场如战场，状况瞬息万变，谈判桌上需随机应变。虽说诸葛亮神机妙算，但人算不如天算，他也有考虑欠周、失算之处。谈判时，如出现对手突有神来之笔、超出己方预期的状况，己方人员一定要随机应变、见招拆招。实在无法招架时，应先施缓兵之计，再图谋对策。

4. 沉着冷静

古语云："病急乱投医。"在谈判中要时刻牢记"戒骄戒躁"，尤其在气氛剑拔弩张、激烈火爆之际，更要沉着冷静。因为谈判中常会出现打持久战的情况，有时甚至会持续进行多个小时，所以谈判前要备足"耐心"。请看看下面这位印度画商的"耐心"有多充足。

案例启发

一位美国商人看中了印度画商带来的三幅画，标价均为2500美元。美国商人不愿出此价钱，双方各执己见，谈判陷入僵局。终于那位印度画商被惹火了，怒气冲冲地跑出去，当着美国人的面把其中的一幅画烧掉了。美国商人看到这么好的画被烧掉，十分心疼，赶忙问印度画商剩下的两幅画愿意卖多少价，回答还是2500美元。美国商人思来想去，拒绝了这个报价，这位印度画商心一横，又烧掉了其中一幅，美国商人只好乞求他千万别再烧掉最后那幅画。当美国商人再次询问印度画商愿以多少价钱出售时，印度画商说："最后这幅画只能是三幅画的总价钱。"最终，这位印度画商手中的最后一幅画以7500美元的价格拍板成交。

在这个故事里，印度画商之所以敢烧掉两幅画，是因为他确信，美国商人是真心喜欢这三幅画的。当然，在这次成功的谈判中，依靠的不仅是耐心，更重要的是谋略。谈判是一个复杂的心理斗智过程，需要谈判者具有深厚的知识积累、良好的语言表达、得体的肢体动作，只有不断地总结经验，方能使自己的谈判水平日趋提高。

5.1.4 商务谈判的语言特点

> 1. 针对性要强。
> 2. 适应性要强。
> 3. 表述要委婉。
> 4. 反应要灵敏。

谈判的成功取决于多种因素，要使谈判的目的得以实现，就得讲究策略，这些策略的实施主要靠语言艺术，这是促成谈判的重要因素。从某种意义上说，谈判既是心理战，也是口舌战。商务谈判过程中使用的语言与一般场合使用的语言有很大区别，商务谈判语言独具特色。

1. 针对性要强

在商务谈判时，针对不同的商品、谈判内容、谈判场合、谈判对手，有针对性地使用语言，才能保证谈判的成功。语言工作者发现，男性运用的语言中理性成分较多，而女性则感性成分较多。性格直爽的人说话喜欢直截了当，对他们旁敲侧击很难发挥效用。而性格内向又比较敏感的人，谈话时喜欢琢磨弦外之音，甚至无中生有地品出些话里没有的意思来。如果在谈判中无视这些个人差异，只说自己想说的，势必会影响谈判的顺利进行。

2. 适应性要强

俗话说"到什么山上唱什么歌"，就是告诉人们，说话一定要适应特定的语言环境。所谓语言环境主要是语言活动赖以进行的时间和场合等因素，也包括说话时的前言后语。语言环境在某种特定的条件下，还可以当作谈资，谈判者可利用它来突出主题的表达。例如，如果谈判在某一个具有纪念意义的日子和具有特殊意义的地点进行，谈判者就可以在说话时将它们和谈判内容联系起来，让环境帮助自己说话。

3. 表述要委婉

尼尔伦伯格说："谈判是一个'合作的利己主义'的过程。"这句话尽管不能作为谈判的科学定义，却在某种意义上生动形象地表述了谈判的一种特质，这就是合作与冲突的双重性。因此谈判的双方既不能摒弃竞争，也不能拒绝合作。如此一来，谈判双方为了达成某种协议，在语言表述时不得不委婉相待。委婉的语言有时比直接明了的语言更有用，可以起到绵里藏针的作用，这是一种比较高级的谈判技巧。

4. 反应要灵敏

《孙子兵法》里说："兵无常势，水无常形。能因敌变化而取胜者，谓之神。"谈判形势的变化也是难以预料的，尽管谈判双方事先都做了充分的准备，也都制订了一整套对策，但是谈判对手说的话谁也不能事先知道，所以任何一方都不可能事先设计好谈话中的每一句。具体的言语仍然需要谈判者临场组织,随机应变。

案例启发

四名大学生为开一家精品时尚外贸店,与前店主进行了一场谈判,看似并不复杂的谈判过程,其实充满了技巧和智慧。

卖家:我们的店内装修成本将近2万元,包括水电、墙面、地板、货架、付款台及其他金属装饰品等。

大学生:店面装修的确有特色和个性,但是我们无从考证装修的成本,更何况目前的装修风格不一定适合我们,所以请介绍一下该店铺的其他方面。

卖家:那你们打算经营什么产品?

大学生:我们都是跳街舞的,开店主要是卖街舞用品和轮滑用品之类的时尚产品。

卖家:你们跳街舞最重要的就是服饰,这店以前就是做服饰的,你们接手以后可以直接做,并且不是每个人都喜欢那种夸张的风格,你们还是应该卖一些比较大众的外贸服装。现在店里的货你们就可以直接拿去卖,我在广东和成都等地都有货源,开店以后,可以帮你们拿货,渠道短,保证最低价。

大学生:不过这里位置太偏了,在整条街的尾巴上,而且是个拐角,怎么会有客流?

卖家:这里的金源广场马上就要竣工,到时玛利影院、德克士等会入驻进来,肯定会成为商业中心,不用担心客流。

大学生:离金源广场竣工还有一段时间,如果有那么长一段时间的萎靡期,我们为什么不选择一个开店就能盈利的地理位置呢?

卖家:你们多虑了,该铺面是个黄金地段!

(双方在认定铺面价值上陷入僵局。)

大学生:那这个店铺,你打算卖多少钱?

卖家:……如果付渠道费,那我将以最低成本给你们供货;如果付了货款,店里一切物品都是你们的;如果只是铺款,就只给你们空铺。

大学生:第一,我们不能保证你供的货是否符合我们的要求;第二,我们无法确定你拿货的价格水平;第三,我们不认为铺子值那么多转让费,并且马上就到6月份了,有些学校已经放假了。到7、8月份暑假根本就没有利润,我们认为你的报价太高了。

卖家:你们认为多少钱合适?

大学生:目前最多拿出2000元,并且我们十分想要你的渠道……

卖家:到哪里2000元也找不到一个像样的铺子。

大学生:如果那么贵的价钱,我们可以找其他地理位置更好的铺子。

卖家自知铺租即将到期转而以恳切的态度谈判。

卖家：你们最多能给多少钱？2000元真的太低了。

....

经过几轮谈判，四名大学生最终以3000元转让费的价格拿下了这间铺面，并获得了货品和渠道，而且是先付2000元，1个月后再支付1000元。

5.2 商务谈判口才技巧

谈判中的信息传递与接收需要通过谈判人员之间的叙述、倾听、提问、应答、论辩及说服等方法来完成。

5.2.1 叙述的语言技巧

一般来说，谈判的叙述主要把握以下几个语言技巧。

1. 内容要真实、客观

谈判者的每一句话或所列举的每一个数字，都将代表企业的观点，所以，在商务谈判叙述前一定要对所需叙述的内容进行仔细斟酌。在叙述时要本着客观真实的态度，不要夸大事实真相，同时不要掩盖实情。万一被对方发现己方对事实真相加以掩饰，哪怕是一点点破绽，也会大大降低己方企业的信誉，从而削弱己方的谈判实力。

2. 结构要严谨、紧凑

商务谈判中的叙述不同于日常生活中的闲聊，切忌语无伦次、东拉西扯、没有主次、结构混乱，让人听后不知所云。边叙述边察言观色，尽量使叙述完整而不拖拉、简洁而又清晰。

3. 用词要简洁、准确

谈判中，要尽量使用通俗易懂的语言进行叙述，少用专业语言，以简明、惯用的语言来解释、表达，不要谈与主题无关的事，否则会显得没有诚意。所说内容要与资料相符合，在叙述中，要特别注意数字的表达，如价值、价格、兑换率等词语。

4. 态度要谦和、诚恳

因为谈判的最终目的是双方达成一定的协议，所以，在叙述时态度要谦和，并表现出极大的诚意。

5. 巧用沉默

沉默本身就代表着一种陈述，这会使对方不得不接着回答你的问题，或者接着提出新建议来打破这种沉默。

案例启发

C公司是一家经营工业品的公司，其幕后股东是国内某大型企业集团，但该情况并不为外界所知。因业务发展需要租赁办公楼，总公司希望年租金不超过8万元。经多方实地查看和比较，最后看中了年租金要求是11万元的办公楼。为了能以8万元的年租金达成协议，C公司的黄小姐先去和该办公楼的集团负责人进行了试探性的商谈。

集团负责人：上一家公司的租金就是11万元，你们的租金不能低于这个数。

黄小姐：我们公司规模小，不可能租这么贵的房子，你们优惠一点租给我们吧！

集团负责人：我们一直是这个价，这几天也有其他公司的人看过，我们不担心租不出去。

黄小姐：我们公司的预算只有8万元，还是希望你们能考虑以优惠的价格租给我们。

集团负责人：不行！

（黄小姐失败而归，于是C公司派出行政总监进行谈判。）

行政总监：您可能还不太了解我们公司，实际上我们公司是××集团下面的控股公司，但集团公司由于某种原因，不便向外公开。××集团您是知道的，可以在网上看看其相关报道，是国内非常著名的企业集团。

集团负责人：哦，你们是××集团的，那黄小姐怎么跟我说你们公司规模小、利润低呀？

行政总监：那是因为我们刚进入湖南市场，市场刚开始启动，但我们的发展速度非常快。您要是租给我们的话，我们会在近几年长期稳定地租下去，这样你们就不需要经常寻找新客户了。别忘了，上一家公司就是因为经营不善无法维持而退租的吧。

集团负责人：对你们优惠一点可以，但8万元实在是太低了，总公司肯定不能接受。

行政总监：我看见你们办公大楼内还有酒店，也属于你们后勤处管理吧？

集团负责人：对，正常对外营业。

行政总监：我们经常有省内外的客户及总公司人员过来，每年的住宿费和招待费不下十几万元。如果我们以后安排所有的客户和公司过来的出差人员都住在你们酒店，有相关的宴请招待也在该处，对你们酒店的生意就会帮助非常大。

集团负责人：这倒是，以后在我们酒店消费可以办理会员卡，享受优惠。那既然你们公司这么大，业务也很好，怎么只出8万元呢？

行政总监：我们集团是一家以财务管理见长的公司，每一项开支公司都有严格的预算，也正是因为如此严格而科学的管理，我们集团才发展得如此之快。另外，我看你们办公大楼的人气也不旺，如果我们进驻的话，我们集团间频繁的高层人员往来，一定会提升你们办公大楼的人气和档次。

最后，双方以8万元的年租金成交。

谈判中的叙述是指谈判一方为了争取自己的利益，通过陈述来表达对各种问题的具体看法的一个环节，在这个环节中既表达了自己的意见又传递了大量的信息。因此，谈判者能否正确地运用叙述技巧，将会影响谈判的最终结果。

5.2.2 倾听的语言技巧

调查研究发现，沟通过程出现的各种行为中，占比最大的是倾听，而不是交谈。在谈判中，倾听是重要的，也是必需的。一个优秀的谈判者一定也是一个很好的倾听者。

1. 倾听的重要意义

（1）倾听是一种尊重，能够调适人际关系，缓和矛盾冲突。美国现代心理学家马斯洛认为，获得"尊重"的需求是人的基本需求，而在谈判中虚心听取对方的讲话就是给对方这一心理的满足，能鼓励对方表达更多的信息。

（2）认真倾听会帮你树立胸有成竹的谈判形象。如果你耐心倾听，那么对方会认为你是有备而来的。一个没有充分准备的谈判者不会安静地倾听别人的述说，他会经常显得心不在焉。

（3）倾听是获得信息的重要手段。美国谈判专家卡洛斯也说："如果你想给对方一个丝毫无损的让步，你只要注意倾听他说话就成了，倾听是你能做的一个最省钱的让步。"在谈判中，要尽量鼓励对方多说，并提问题请对方回答，使对方多谈他们的情况，以达到尽量了解对方的目的。

案例启发

请看美国谈判专家 A 的一个失败案例。

一次，某公司派美国谈判专家 A 去日本东京谈一笔生意，公司给他的期限是两周时间。当他一走出机场，早已等候他的两位日方代表马上热情地迎了过来，并以日本传统的 90 度鞠躬大礼热烈欢迎他的到来。在车上，这两位日方代表向他表示："您是我们的贵宾，难得到日本一趟，我们一定会竭尽全力使您的日本之旅舒适愉快，您有什么琐事，尽管交给我们办理。"然后，他们就向专家 A 征询起他在日本的行程安排，以便他们事先安排回程的机票和接送车辆。他们的热情让专家 A 十分感动，于是便毫不犹豫地把计划好的回程日期告诉了对方。他丝毫没有意识到，就是自己的这一举动，竟然使日本人掌握了他们最想掌握的信息。

在日方代表的周密安排下，专家 A 很快在一家十分舒适的酒店入住了。他决定休息一晚上之后第二天以最佳的精神状态和日方进行谈判。但是日方并没有立即安排和他开始谈判，而是用了一个多星期的时间陪他到日本各地的名胜古迹观光游览，每天晚上还安排长达 4 个小时的日本传统宴会招待他。每当专家 A 要求开始谈判时，日本人总说："不急，不急，我

> 爱最重要的体现形式就是关注。体现关注的一种最常见、最重要的方式，就是倾听。
>
> ——斯科特·派克（美国著名作家）

们有的是时间！"到了第12天，谈判终于开始了，但日本人又在这一天安排好了高尔夫球友谊赛，谈判必须提早结束。在第13天的谈判里，日本人又为专家A安排了欢送宴会，谈判还得提前结束。直到第14天的早上，双方才终于谈到了核心问题。

在日本人的精心策划下，专家A自然没有了与对方周旋的时间，而对方又提出了许多他意想不到的要求。这次和日方的合作深受总公司的看重，在专家A到日本之前，总公司的董事长曾经告诉专家A，无论如何都要和日方达成协议。于是，已经没有任何时间的专家A只好在到达机场之前匆匆与日方签订了使日商如愿以偿的协议。

2. 倾听的技巧

心理学家统计证明，一般人说话的速度为每分钟120～180个字，而倾听及思维的速度，则大约要比说话的速度快4倍。因此，往往是讲话者还没说完，听者就大部分都理解了。日本松下电器公司创始人松下幸之助把自己的全部经营秘诀归结为："细心倾听，集思广益。"

（1）聚精会神地倾听。

精力集中地听，是倾听艺术的最基本、最重要的要求。在倾听时，倾听者应注视讲话者，主动与讲话者进行目光接触，并做出相应的表情，以鼓励讲话者发言，如微微一笑，赞同地点点头，或否定地摇摇头，不解地皱皱眉头等。这些动作的配合，可以帮助倾听者集中精力，达到良好的倾听效果。作为一名商务谈判人员，应该养成有耐心地倾听对方讲话的习惯，这也是一个谈判人员良好的个人修养的标志。

（2）边听边记笔记。

对于商务谈判这种信息量较大且较为重要的活动来讲，一定要动笔做记录。记笔记的好处在于：第一，可以帮助自己回忆和记忆，有助于在对方发言完毕之后，就某些问题向对方提出质询；第二，可以帮助自己做充分的分析，理解对方讲话的确切含义与精神实质；第三，记笔记时，给讲话者的印象是听者重视其讲话的内容，当听者停笔抬头望向讲话者时，对其又是一种鼓励。

（3）有取舍地倾听。

在专心倾听的基础上，为了达到良好的倾听效果，可以采取鉴别的方法来倾听对方发言。通常情况下，人们说话时是边说边想，想到哪儿说到哪儿，有时表达一个意思要绕着弯子讲许多内容。从表面上听，根本谈不上什么重点突出，因此，听者就需要在用心倾听的基础上，鉴别传递过来的信息，去粗取精、去伪存真，这样才可抓住重点，收到良好的效果。

（4）心胸开阔地倾听。

先入为主地倾听，往往会使听者扭曲讲话者的本意，忽视或拒绝与自己意愿不符的意见。因为这种听者不是从讲话者的立场来分析对方的谈话，而是按照自己的主观感受来听取对方的谈话，其结果往往是听到的信息失真地反映到自己的大脑中，导致己方接受信息不准确、判断失误，从而造成行为选择上的失误。所以，必须克服先入为主的倾听做法，要将讲话者的意思听全、听透。

（5）安静地倾听。

谈判中，抢话的现象经常发生。抢话不仅会打乱别人的思路，也会耽误自己完整地倾听对方的全部讲话内容。在抢话的同时，大脑的思维已经转移到如何抢话上去了，这对创造良好的谈判气氛非常不利。另外，谈判人员有时也会出现在没有听完对方讲话的时候，就急于反驳对方某些观点的情况，这样也会影响谈判效果。事实上，对对方的讲话听得越详尽、全面，反驳起来就越准确、有力。相反，对对方谈话的内容和动机尚未全面了解时就急于反驳，不仅显得自己浅薄，而且还会常常使己方在谈判中陷入被动，对自己十分不利。不管是轻视对方，还是急于抢话或反驳，都会影响倾听效果。

5.2.3 提问的语言技巧

谈判就像医生问诊一样，而诊断的最好方式就是有策略地提问。在商务谈判中，精妙的提问不仅能获取所需的信息，而且还能促进双方的沟通。在谈判中，宜多询问、少陈述。"陈述"会制造问题，"询问"则会制造答复。询问不是批评，而是请教，对方一般乐于接受。

1. 提问的方式

提问的方式有很多，一般包括以下几种。

（1）一般式提问。这是一种开放式的提问，只要求对方就有关议题表达意见。例如：
- "您对我们的产品了解多少？"
- "请问贵公司需要我方提供哪些售后服务？"
- "贵公司对国外的相关情况了解吗？"

（2）澄清式提问。澄清式提问是针对对方的答复，重新提出问题，以使对方进一步澄清或补充其原先答复的一种问句。例如：
- "您所说的情况变动，是指销售经理的辞职离任吗？"
- "您所说的某种程度的让步是指价格下降2%，对吗？"
- "您刚才说近期贵公司遇到了一些麻烦，这不会影响到计划的实施吧？"

（3）选择式提问。选择式提问是将己方的几个意见表达给对方，让其在一定的范畴内选择性地回答问题。例如：
- "这份合约，你们准备今天实施还是明天实施？"
- "这两种型号的产品都很适合贵公司使用，您看选择哪个更好呢？"

（4）试探式提问。这是先提出假设成立的问题，然后让对方直接回答，借以了解对方真实想法的提问方式。例如：
- "假设我们能够满足您的三个要求，您能让更大的利吗？"
- "按照你们刚才的说法，只要我们能解决技术问题，咱们就不存在合作障碍，是吗？"
- "这是个重要问题，确实需要一点时间来考虑，可否知道您需要多长时间来考虑呢？"

（5）请教式提问。这是一种以请教对方为由，引导对方进一步阐述自己观点的提问方式。

主动谦虚地请教对方，可以让谈判气氛稍稍轻松一些，也可以为己方赢得一定的时间思考谈判的策略问题。例如：

- "您刚才所说的问题比较有意思，不过这方面我不太熟悉，还得请您再解释一下。"
- "您在这方面是老前辈，还请您多提宝贵意见，我想听听您的看法。"

（6）连贯式提问。在对方的发言过程中不断插问，或接连不断地向对方提出承上启下的问题，促使对方按发问者的思路讲下去。例如：

- "这件事听起来比较复杂，您打算怎么办？"
- "这个主意有效吗？"
- "后来呢？"

2. 提问的技巧

为了达到良好的提问效果，需要掌握以下几个方面的技巧。

（1）预先准备好问题。预先有所准备可预防对方反问，最好是对方不能迅速想出对策的问题，以期收到意想不到的效果。

（2）循序渐进地提问。在谈判的准备阶段，有经验的谈判人员往往会先提出一些看上去很一般且比较容易回答的问题，而这个问题恰恰是随后所要提出的比较重要的问题的前奏。这时，如果对方思想比较松懈，突然面对后面所提出的较为重要的问题时，往往会措手不及，从而收到出其不意之效。

（3）倾听后有针对性地提问。在对方发言时，如果大脑中闪现出疑问，千万不要中止倾听对方的谈话而急于提出问题，这时可先将问题记录下来，等对方讲完后，利用合适的时机再提出问题。

（4）提问要适度，达到目的即可，不要咄咄逼人。如果对方的答案不够完善，甚至回避不答，这时不要强迫追问，而是要有耐心和毅力，以等待合适时机的到来，这样做可表示对对方的尊重。因为双方谈判绝不等同于法庭上的审问，需要双方心平气和地提出问题和回答问题，以达到谈判的目的。

（5）提出问题后应保持沉默，耐心地等待对方做出回答。提问之后，注意停顿，保持沉默，把压力抛给客户，直到客户说出自己的想法。切记，提问之后，不要先开口或自问自答。管理专家认为，谁能灵活安排时间，谁就有优势。如果谈判时对方赶时间，那么你的耐心能对他们造成巨大的影响。

（6）适当时可明知故问。这种方法是将一个已经发生且答案是自己知道的问题提出来，以验证对方的诚实程度。同时，给对方一个暗示：你对整个交易是比较了解的，这样可以帮助谈判人员进行下一步的合作决策。

案例启发

一次在关于某种农业加工机械的贸易谈判中,面对外方代表高得出奇的报价,中方主谈冷静沉着地提出了4个问题:

(1)不知贵国生产此类产品的公司一共有几家?

(2)不知贵公司的产品价格高于贵国某品牌的依据是什么?

(3)不知世界上生产此类产品的公司一共有几家?

(4)不知贵公司的产品价格高于某品牌(世界名牌)的依据又是什么?

这些问题使外方代表非常吃惊,他们不便回答也无法回答,他们明白自己报的价格高得过分了,最后他们设法自找台阶,把价格大幅度地降了下来。

小提示

- 提问态度要诚恳。
- 对方一时不愿回答的问题不要一直追问。
- 不可使用盘问、威胁、讽刺或审问式的问句。
- 不要提带有敌意的问题。
- 拟定好提问的腹稿,随时调整提问的方式和内容。
- 提问时要围绕一定的中心进行,不要急于求成。

5.2.4 应答的语言技巧

谈判中既然有提问,就必须有应答,两者是紧密相连的。谈判中的应答,是一个解释、发表自己观点的过程,甚至是对对方的一种承诺。所以,你在应答时不能口无遮拦、信口开河,应掌握一定的分寸。

1. 不要全部回答

不要全部回答,是指答话人将问话的范围缩小,或只回答问题的某一部分。因为谈判中有些问题不值得回答,有些问题只回答一部分就足够了。如全部回答,则不利于己方。例如:

问:"你们对这个促销方案怎么看,同意吗?"

这时,不要马上回答同意,因为时机尚未成熟,你可以说:

"我们正在考虑、推敲,关于付款方式只讲两点,我看是否再加上……"或"我觉得其中的广告构想不错,关于其他的部分,需要细看后再给你们答复。"

这样就避开了对方问话的主题,同时,也把对方的思路引到你的内容上来。

2. 不要立即回答

对于一些问话,不一定要马上回答,特别是对一些可能会暴露己方意图、目的的话题,更要慎重。例如，对方问：

"你们准备开价多少？"

如果时机还不成熟，就不要马上报价，你可以说：

"这是个重要问题，相信我们会给您一个满意的答复。""现在讨论这个问题还为时尚早。"或"我相信产品的价格会令您满意的，请允许我先把新产品的几种性能做一个说明……"

3. 不要明确回答

谈判中的应答技巧，不在于回答对方的对与错，而在于应该说什么、不应该说什么和如何说，这样才能产生最佳效果。例如，对方问：

"你们计划的购买量是多少？"

如果你觉得先说出订购数量不利于砍价，那么可以这样回答：

"这要根据情况而定，看你们的优惠条件是什么。"

4. 逃避地回答

有时，对方提出的某个问题，己方很难正面回答，但又不能拒绝回答，这时谈判高手往往会采用避正答偏的方法来应答。例如，一位西方记者曾向中方发言人提问：

"请问，中国人民银行有多少资金？"

发言人答道：

"中国人民银行货币资金嘛，有十八元八角八分。"

中国人民银行当时发行的货币面额为十元、五元、二元、一元、五角、二角、一角、五分、二分、一分的十种人民币，合计为十八元八角八分，发言人巧妙地避开了对方的话锋，使对方无机可乘。

又如，一位发达国家的外交官问一位非洲国家的大使：

"贵国的死亡率想必不低吧？"

那位大使机智地答道：

"跟你们那儿一样，每人死一次。"

这位外交官既维护了本国的民族尊严，又回击了对方的傲慢无理。

5. 不要回答

谈判中谈判人员尽管有备而来，但仍会遇到许多问题，如果强作答复，可能会使谈判陷入被动。所以，谈判人员可坦率告诉对方不能回答或暂不回答。

科学家爱迪生发明了发报机，但因为不懂行情，认为那东西最多只值两万美元。在与一位经纪商谈判时，对方让他报价，他紧张得不知如何报价，于是选择了沉默。对方按捺不住了，说："那我说个价吧，10万美元，怎么样？"这大大出乎爱迪生的意料，于是他当场拍板成交。

爱迪生在不自觉中运用的沉默方式竟然取得了奇妙的谈判效果。有时短暂的沉默也是一个妙招。在谈判中，当彼此都不清楚对方底细时，不妨试用沉默法，向对方展开心理攻势，造成一种心理上的压力，同时给己方创造思考机会。

5.2.5 论辩的语言技巧

论辩又称辩论，是观点对立双方就某一论题为批驳或说服对方而开展的言语交锋活动。论辩如同作战，要讲究战略战术，讲求技巧和艺术。

1. 论辩的原则

谈判中的辩与述、听、答不同，它是论辩双方相互依赖、相互对抗的二重性行为，是双方谈判者思想与语言交锋的综合运用，具有较高的技巧性。

（1）观点要明确。商务谈判中的论辩，就是论证己方观点，反驳对方观点。论辩过程就是通过摆事实讲道理，以表明自己的观点和立场。所以，在论辩时首先要表明自己的观点，然后运用客观材料及所有能够支持己方的证据来论证自己立场的正确性，从而反驳对方观点。

（2）逻辑要严密。从某种意义上说，论辩就是一种"逻辑征服"，论辩者必须准确地表达思想和严密地论证思想，一层接一层、一环扣一环，以无可辩驳的事实和无懈可击的论证，引出必然的结论，紧紧抓住对方的关注点，达到预期的目的。

（3）措辞要准确。既然是与对方"辩"，必然要求每个运用的论据和数字都要经过考究和调查，以保证这些论据的准确性。否则，一旦被对方抓住把柄，将导致整个谈判的失败。

（4）分寸要适度。论辩的目的是通过语言的交锋达成一定的协议，而不是要置人于死地，所以一旦达到目的就适可而止，切不可得理不饶人。

（5）焦点要集中。在谈判时应沉着冷静、从容不迫，在论辩过程中不要与对方在枝节问题上纠缠，应该将精力集中在主要问题上。

（6）举止有风度。不管面对的是何人何事，论辩时都要注意自己的举止和气度。论辩时良好的举止，不但会在谈判桌上给人留下好的印象，而且在一定程度上可以掌控论辩的氛围。

2. 论辩的技巧

论辩的方法千变万化，奥妙无穷，论辩的技巧要依谈判的具体情况灵活选用。

（1）以其人之道，还治其人之身。这种方法一般适用于对方讲歪理、谬论之类的情况。

案例启发

在一次外贸谈判中，中方代表拒绝了一位红头发的西方外商的无理要求，这位代表竟然出口伤人："我见你皮肤发黄，大概是营养不良造成你思维紊乱吧？"

中方代表立即回击道："先生，我既不会因为你皮肤是白色的，就说你严重失血，造成你思维紊乱；也不会因为你的头发是红色的，就说你吸干了他人的血，造成你头脑发昏！"

（2）直截了当，正面进攻。在论辩中引用真实的判断直接驳斥对方，这种方法直截了当，不拐弯抹角，让事实说话。

案例启发

国内某厂商与外商正在谈判关于设备引进的问题，但在全部引进还是部分引进这个问题上相持不下，最后，我方代表心平气和地陈述理由："贵公司的技术、设备和工程师为我们提供服务，这对双方都有利。但我们外汇有限制，国内有的就不需要再引进。当然你们也知道，还有其他几个国家的代表团正在同我国南方某厂进行引进生产线的谈判，如果我们的谈判因一点小事而失败，你们不仅在经济上受损，还会在声誉上蒙受损失。"外商听了我方代表团的直言，便放弃了强制我方全部引进设备的方案。

（3）装聋作哑，后发制人。俗话说："欲速则不达。"在时机不成熟时仓促论辩，往往达不到目的。"装聋作哑"实际上是论辩中的缓兵之计，是延缓对方进攻的谋略。当论辩局势不宜速战速决或时机尚不成熟时，不应直接交锋，而应拖延时间等待战机。一旦时机成熟，就可后发制人，战胜论辩对手。

案例启发

中方曾派出三名代表与外商谈判，一开始对方咄咄逼人。与外商的嚣张气焰相比，中方代表显得非常谦虚，安静地坐着听对方的演讲。等到外商发言完毕后，其首席代表傲慢地问："请问贵方还有什么意见？"

明白人都看得出，不管从何处看，外商的产品都是一流的，不管中方代表肯定对方还是反驳对方，形势都不利于中方。但这时，中方代表的论辩策略让外商始料不及。

中方首席代表彬彬有礼地说："非常惭愧，我们看不懂！"

一向高傲的外商有点迷惑了："看不懂是什么意思，什么地方看不懂？"

另一位中方代表不急不躁地说："都看不懂。"

外商代表一下子慌了，他们用了一个多小时进行讲解，对方的回答竟是如此简单，他不得不再问："从哪里开始看不懂？"

第三位中方代表一脸迷惑地说："当你将会议室的灯灭了以后，我们就看不懂了。"三位中方代表异口同声地说："请您再重复一遍。"

外商代表已经讲了一个多小时了，还要重复！这是一种变相的软钉子，中方这种装聋作哑的策略让外商代表领略到了中方代表的厉害。最后，他们不得不改变原来的谈判策略，向中方做出了很大的妥协。

（4）一鼓作气，长驱直入。在谈判时常常会出现这样的情况：双方在一些细枝末节的问题上争论不休，结果，看上去像在解决问题，实际上已离题万里。在谈判时一旦发现对方的把柄，就要迅速地判明对方立论中的要害问题，从而抓住这一问题，一攻到底，以便彻底地征服对方。

案例启发

有一次,一家外商给我国宝山钢铁公司(宝钢)寄来了一箱资料,清单上写明资料有6份,但开箱清点时只有5份,于是双方为此进行了一场谈判。外商说:"我方提供给贵方的资料装箱时都要经过几次检查,不可能漏装。"

宝钢代表则说:"我们开箱时有很多人在场,开箱后又经过几个人清点,在确实判定材料缺少后才向你们交涉的。

资料丢失的原因可能有三种:一是你方漏装;二是运输途中散失;三是我方开箱后丢失。三者必居其一。

如果资料是在运输途中散失的,那么木箱肯定会有所破损,而现在木箱完好无损。

如果资料是在我方开箱后丢失的,那么木箱上所印的净重就会大于现有的5份资料的重量,而现在木箱上所印的净重正好等于现有的5份资料的重量,所以资料不是我方开箱后丢失的。

既然上述两种可能不成立,那么唯一的可能就是你方在装资料时少装了一份。

宝钢代表一鼓作气地论辩,让外商无话可说。经过查证,确实是外商的失误。

(5)巧用数字,据理力争。客观事物都是由一定的质和量构成的,同质事物的区别在于量的不同。由此可知,对同质的事物进行区分和比较,离不开数量分析。学会运用数字证明的量化分析方法,对于论辩的成功会有很大帮助。

案例启发

在A国,刚推广核电站的时候,曾引发过一场激烈的争论,由于反对派持"一旦核电厂发生事故,立刻会造成成千上万人死亡"的观点,与公众惧怕核辐射的心理一致,最初几轮电视辩论,赞成派居于劣势。后来,赞成派调整了方法,决定不再在理论上纠缠。他们从原子能发电和燃煤发电的试验上,换算出用原子能发电生产1亿度电只可能牺牲两个人,而燃煤发电生产1亿度电却可能要牺牲179人的"数证",从而使公众认识到任何能量生产体系都有危险。选择一种将牺牲人数降低到最少的生产体系才是问题的关键,于是公众转而支持赞成派。

(6)最后通牒,施加压力。在谈判举步维艰时,许多谈判方都惯用"最后期限"和"最后通牒"战术。"最后期限"战术,是指有意拖延时间,使谈判时间接近某一时限,然后向对方施加压力,使对方赶在某一时间前匆匆忙忙签订协议的方案。"最后通牒"战术,是谈判的一方声称"这是我们能给出的最高价格了"或"这是我们能接受的最低价格了",否则"我们将退出谈判"。在这种攻势下,谈判的另一方常常不得不改变原来的意见。

案例启发

在一次谈判中,外方坚持自己的方案,中方代表经过思考后突然拍案而起,说:"看来贵公司是没有诚意与我们合作的,那我们在这里只是浪费时间和精力,虽然我们很想与贵公司合作,但现在不得不遗憾地准备放弃,我们将与别的外商洽谈此项业务。"说完,中方代表夹起公文包走出了会议室,其助手急忙追上去问:"难道我们的谈判就这样结束了?"中方代表胸有成竹地回答:"好戏在后头!"结果不出所料,20分钟后,外方派代表来表示愿意再具体商议合资之事。

（7）幽默应对,轻松取胜。在谈判时,巧用幽默技巧,会使谈判气氛缓和,看似轻松作答,其实是"笑里藏刀"。

案例启发

S国与N国曾经就购买N国鲱鱼进行了长时间的谈判。在谈判中,深知商务谈判诀窍的N国人,开价高得出奇,S国的谈判代表与N国人进行了艰苦的讨价还价,N国人就是坚持不让步。

为了解决这一贸易难题,S国政府派K女士为全权谈判代表。K女士面对N国人报出的高价,针锋相对地还了一个极低的价格,谈判像以往一样陷入僵局。N国人并不在乎僵局,因为不管怎样,S国人要吃鲱鱼,就得找他们买,这是"姜太公钓鱼,愿者上钩"。而K女士是拖不起也让不起,而且还非成功不可,情急之下,K女士使用了幽默法来反驳N国人。

她对N国人说:"好吧!我同意你们提出的价格,如果我的政府不同意这个价格,我愿意用自己的工资来支付差额,但是,这自然要分期付款。"堂堂的绅士能将女士逼到这种地步吗?所以,在忍不住一笑之余,N国人商议后同意将鲱鱼的价格降到一定标准。K女士用幽默法完成了任务。

5.2.6 说服的语言技巧

说服就是双方要对某一个目标达成共识,并且是共赢的局面,不是一方赢、另一方妥协。要取得双赢的谈判结果,使用恰当的说服技巧是必不可少的,这既有利于促进贸易进程,又减少了双方不必要的损失。说服技巧作为谈判策略的一种,受到越来越多的谈判专家和学者的关注,其重点内容如下所述。

1. 消除戒心,以情感化

一般来说,在你和对方争论时,彼此都会产生防范心理。这个时候,想要说服对方,就要先消除对方的防范心理。例如,用和颜悦色的提问方式代替命令,并给人以维护自尊和荣誉的机会,气氛越友好和谐,说服也就更容易成功。

2. 换位思考，以心换心

要想说服他人，就要考虑对方的观点或行为存在的客观理由，设身处地地为对方想一想。如果你真实地讲出了对方的疑虑、难处，对方就会觉得你们真的很有共同点，就能很快产生共鸣，之后的聊天范围也会变得很广。

3. 博取同情，以柔克刚

同情弱小者是人的天性，当你想说服比你强大的对手时，不妨采用这种博取同情的技巧，从而以柔克刚，达到目的。

4. 利益分析，获得认同

首先要告诉对方这件事和他有什么关系，关系越紧密，他越会慎重考虑。尽量做到一开始就让对方说"是"。这是因为在说服的开始，对方就产生否定心理的话，容易形成先入为主的障碍，而且他的人格和尊严也会不由自主地要求他将"不"字坚持到底。这时，再想说服他难度就非常大了。所以，一开始就要使对方采取认同的态度。

案例启发

看看在英国大百科全书公司工作的史密斯是如何成功说服客户的。

史密斯对客户说："《大百科全书》里包含了各个领域的知识。有了它，就像拥有了一个随身的智囊团一样。我相信，在您以后的工作和生活中，需要用到它的地方一定很多。"

客户摇头："我想我不需要。我是干手艺活的，没有必要准备那么厚的一本书。而且，我一读这种书就想睡觉。我看你还是到用脑子多的人那里去试试吧！"

史密斯说："谢谢您给我的这个建议。我看见外面有一辆小自行车，您的孩子今年几岁了？"

客户："6岁了，在上幼儿园大班。"

史密斯说："这么说，明年就上小学了。现在孩子读书挺不容易的吧？"

客户点头道："是啊，现在的学生从小学开始就得去上课外补习班。"

史密斯说："嗯，好像是这样。我高中没读完就退学了，不知道上补习班是怎么回事。"

客户有些惊讶地说："啊，是吗？我还以为你卖的是《大百科全书》，是上过大学的人呢！"

史密斯摇摇头，认真地说："您误会了，这只不过是我的工作而已。但是，您也许不相信，通过这东西我还真是学到了不少知识呢。真正知道的知识，可一点也不比一般大学生少。"

客户笑着说："是啊，你的谈吐不凡。"

史密斯也笑着说："您的孩子正上幼儿园，是不是经常问您这是什么、那是什么之类的问题？"

客户点头："对，你说得没错，常问一些稀奇古怪没法回答的问题，让我和太太觉得头疼。"

史密斯继续笑着说道："您知道吗？父母与子女之间最重要的就是沟通。如果孩子问了家长，家长回答不了，次数多了，孩子以后也就不再问了。统计数据表明，小时候不爱问问题的孩子，上了初中、高中也不会问！"

客户想了想，点头道："嗯，是这么回事啊。"

史密斯拍了拍手上的《大百科全书》："我认为《大百科全书》是一座架在父母和孩子之间的桥梁。如果孩子问您：'这是为什么？'而您又不知道的时候，就可以对他说：'这个爸爸也不太清楚，要不我们一起来查查《大百科全书》吧。'这样不是可以养成孩子勤奋好学的习惯吗？"

客户点头："你说得确实有道理。"客户说着，指了指史密斯手上的书说，"那么，这本书需要多少钱？"

就这样，史密斯卖出了一本《大百科全书》。他的方法就是以客户所关心的孩子做突破口。以孩子、父母等家人做话题来进行说服，这是常见的一种说服策略，非常有效。

5.2.7 外商谈判的风格

学会与不同文化背景及个性的外国人谈判，是谈判人员的必修课。随着全球经济一体化愈演愈烈，许多企业纷纷将目光投向了海外，国际贸易也因此越来越频繁。不同的国家、不同的民族因有其独特的文化背景与文化特性，在为人处世上便会形成不同的风格，谈判也是如此。通过对各国人谈判风格的学习，可以使谈判人员避其锋芒，攻其弱点，以处于不败之地。

1. 美国人的谈判风格

（1）自信、自尊心强。美国人对自己的国家深感自豪，对自己的民族具有强烈的自尊感与荣誉感，这种心理在他们的贸易活动中充分表现了出来。在双方的洽谈中他们充满自信，语言明确肯定。如果双方出现分歧，他们往往会怀疑对方的分析、计算，而坚持自己的看法。美国人的自信，还表现在对本国产品的品质优越、技术先进性毫不掩饰的称赞上。他们认为，如果你有十分能力，就要表现出十分来，千万不要遮掩、谦虚，否则很可能被看成无能。

（2）时间观念强。美国人生活节奏比较快，这使得他们特别重视、珍惜时间，注重活动效率。加之个性外向、坦率，他们谈判的特点一般是开门见山。所以在商务谈判中，美国人常抱怨其他国家的谈判对手节奏缓慢，工作效率低下，而其他国家的谈判者也埋怨美国谈判人员缺乏耐心。

（3）法律观念强。有关资料披露：平均450个美国人中就有一名律师，这与美国人解决矛盾纠纷习惯于诉诸法律有直接的关系。因此，他们特别看重合同，主张多谈细节、少谈原则。合同通常会非常详细和冗长，而且特别重视合同违约的赔偿条款。一旦双方在执行合同条款时出现意外情况，就按双方事先同意的责任条款处理。因此，美国人在商业谈判中对于合同的讨论特别详细、具体，也特别关心合同适用的法律，以便在执行合同时能顺利地解决各种问题。

（4）实效性强。美国人做生意时更多考虑的是做生意所能带来的实际利益，而不是生意人之间的私人交情。所以亚洲国家和拉丁美洲国家的人都有这种感觉：美国人谈生意就是直接谈生意，不注意在洽谈中培养双方的友谊、感情，而且还力图将生意和友谊清楚地分开，所以显得比较生硬。一位美国专家认为：美国人觉得，在中国谈判像是到朋友家做客，而不像做生意，同中国人谈判，是"客人"与"主人"的谈判。

> **小提示**
>
> 与美国人谈判的技巧：
> - 知己知彼，做好谈判准备。
> - 热情直接，营造良好的谈判氛围。
> - 明辨"是"与"非"，遵守谈判的基调。
> - 守时守信，奠定合作的基础。
> - 专业团队，争取己方利益。

2. 英国人的谈判风格

（1）重礼仪，但不轻易与对方建立个人关系。英国商人举止高雅，谈吐文明，遵守社会公德，有礼让精神，行动按部就班。他们不轻易相信别人、依靠别人，但是你一旦与英国人建立了友谊，他们会十分珍惜。所以，如果你没有与英国人长期打交道的经验，没有赢得他们的信任，没有优秀的中间人做介绍，那么你就不要期望与他们做大买卖。

（2）重身份、重等级。在对外商务交往中，英国人的等级观念使得他们比较注重对方的身份、经历、业绩、背景。所以在必要的情况下，派较有身份、地位的人参加与英国人的谈判，会有一定的积极作用。

（3）时间观念强。英国人严格遵守约定的时间，与他们进行商务活动时通常要提前预约，并提早到达，以取得他们的尊重和信任。

（4）灵活性较差。在谈判中，与英国人讨价还价的余地不大。在谈判中假如遇到纠纷，英国人会毫不留情地争辩，在谈判关键时刻，他们可能会表现得既固执又不愿花大力气。

（5）重视合同细节，但常不能按期履行合同。对英国人来说，细节问题是很重要的。英国人一般依靠合同条款解决问题，但国际上对英国人比较一致的看法是他们有不大关心交货日期的习惯，致使出口商品经常不能按期交货。所以，在与英国人签订的协议中万万不可忘记写上延迟发货的索赔条款，从而加以约束。

> **小提示**
>
> 与英国人谈判的技巧：
> - 注重选择谈论的话题。
> - 注重身份的对等。
> - 注重遵守时间。
> - 注意合同中关于延迟发货的索赔条款。
> - 忌谈政治。

3. 法国人的谈判风格

（1）性格开朗，注重人情味。在谈判开始时，法国人喜欢谈些趣事，营造宽松的氛围。有人说，在法国"人际关系是用信赖的链条牢牢地互相联结的"。法国人珍惜人际关系，但和他们建立友好关系却很难。一般在变成朋友前，法国人不会同别人做大生意，建立友好关系后，他们会遵守互惠互利、平等的原则。

（2）民族自豪感强。法国人认为法语是世界上最高贵的语言，在大多数交易中，即使他们的英语讲得很好，他们也往往坚持用法语来谈判。除非他们恰好是在国外而且在商业上对你有所要求，他们才会做出让步。因此，如果你想和法国人长期做生意，那么最好学一些法语，或者在洽谈时选择一名水平较高的法语翻译。

（3）喜欢横向谈判。法国人对价格要求严格，条件苛刻。在谈判方式上，他们偏爱横向式的谈判：为协议勾画出轮廓后，再达成原则协议。为使谈判成功，法国人喜欢在谈判中搞些"协议书"之类的文件，以记载在谈判中达成的协议内容。法国人在主要条款谈成后，就可签订合同。但合同签订后，他们又常对合同修修改改，搞得对方头痛不已。

（4）重视个人力量。法国人大都着重于依赖自己的力量，依靠自己的资金来从事经营，而较少考虑集团和社会的力量，因此他们办事不勉强，不逾越自己所拥有的财产范围。

（5）时间观念不强。在公共场合（如正式宴会）有种非正式的习俗，那就是主客身份越高，法国人来得越迟。法国人的时间意识是单方面的，在商务谈判中他们经常迟到，却总能找到许多冠冕堂皇的理由。但是，如果你由于什么原因而迟到，他们就会非常冷淡地接待你。所以当你有求于他们时，你不要迟到，否则将不会被原谅。

（6）工作与生活的界限永远是清晰的。法国人严格区分工作时间与休息时间。

（7）讲究穿着。法国的时装领导着世界潮流，法国的男士和女士都穿戴得极为考究。在他们看来，衣着代表一个人的修养和身份，因此，同法国人洽谈生意时，一定要尽可能穿上时尚的衣服。

> **小提示**
>
> 与法国人谈判的技巧：
> - 尊重法国礼仪，利用各种场合、机会与法国人交朋友，融洽气氛、以情制胜。
> - 切忌打听法国人的政治倾向、宗教信仰、个人收入及其他个人隐私。
> - 在法国进行商务活动应避开节假日和八月份。
> - 注意合同细节问题的商谈。
> - 派出与法方职位对等的人员与之谈判，注意穿着。

4. 俄罗斯人的谈判风格

（1）俄罗斯人有"四爱"，即爱喝酒、爱抽烟、爱跳舞和爱运动。俄罗斯人很注意仪表，爱好打扮。他们在公众场合比较注意举止，从不把手插在口袋或袖子里，也不轻易脱下外衣。

在商务谈判中，他们比较欣赏对方得体的仪表，如果你不修边幅来进行洽谈，那么会使他们反感。

（2）做事断断续续，办事效率低。他们绝不会让自己的工作节奏适应外商的时间表，在谈判期间，如果外商给他们写信或发传真，征求他们的意见或建议，那么往往得不到及时回应。

（3）固守传统、缺乏灵活性。他们习惯于照章办事。

（4）对技术细节感兴趣。俄罗斯人的谈判能力很强，他们特别重视谈判项目中的技术内容和索赔条款。由于技术引进项目通常都比较复杂，对方在报价中可能会有较大的水分，为了尽可能以较低的价格购买有用的技术，他们特别重视技术的具体细节。

（5）善于讨价还价。俄罗斯人是讨价还价的行家里手，不论你的报价多么公平合理，经过怎样精确的计算，他们都不会相信。他们总是会想尽办法来挤出其中的水分，以此来达到他们所认为的理想效果。

> **小提示**
>
> 与俄罗斯人谈判的技巧：
> - 注重称谓。
> - 讲究交往技巧，建立良好关系。
> - 注重有关礼仪。
> - 注意报价和技术细节及索赔条款等问题。

5. 日本人的谈判风格

（1）具有强烈的群体意识，习惯于集体决策。日本文化所塑造的价值观念与精神取向都是集体主义的，以集体为核心，他们有强烈的团体生存和发展的愿望。日本人的典型品格被认为是"硬壳"式思维结构。

（2）时间观念极强，生活节奏快。在日本社会中，特别强调秩序和人际关系。日本人喜欢在正式谈判之前，先与谈判对手进行接触，以了解对手、增进感情、促进成交，而这种接触往往通过朋友或适当的人做介绍。日本人在谈判中通常不会坦率、明确地表态，有时报价中的水分极大，常给谈判对手带来含糊不清、模棱两可的印象，甚至产生误会，令谈判对手感到焦躁不安。

（3）非常有耐心。日本人在谈判中的耐心是举世闻名的，为了达成一笔理想交易，他们可以毫无怨言地等上两三个月。只要能达到他们预想的目标或取得更好的结果，时间对于他们来讲就不是第一位的。

（4）讲究礼仪，要面子。日本人所做的一切，都要受到严格的礼仪的约束。许多礼节在某些人看起来有些过于庄重或烦琐，但日本人做起来却一丝不苟、认认真真。正因为如此，专家认为，如果外国人不适应日本人的礼仪或表现出不理解、轻视，那么他们就不大可能在商务活动中得到日本人的重视，也不可能获得日本人的信任与好感。

> **小提示**
>
> 与日本人谈判的技巧：
> - 直接商谈，注意礼节。
> - 建立关系，注重文化。
> - 沉着冷静，保持耐心。

6. 阿拉伯人的谈判风格

（1）十分好客。阿拉伯人具有沙漠地区热情好客的传统，任何人来访他们都会十分热情地接待，喜欢用手势和其他动作来表达思想。因此，谈判过程也常常被一些突然来访的客人打断，那时主人可能会抛下你，与新来的人谈天说地。所以，与他们谈判时你必须适应这种习惯，学会忍耐和见机行事。这样你就会获得阿拉伯人的信赖，这是达成交易的关键。

（2）谈判节奏缓慢。他们不喜欢通过电话谈生意，从某种意义上说，与阿拉伯人的一次谈判只是同他们进行磋商的一部分。因为他们往往要很长时间才能做出谈判的最终决策。如果你为寻找合作伙伴而去拜访阿拉伯人，第一次很可能不但得不到自己期望出现的结果，而且还会被他们的健谈所迷惑，有时甚至第二次乃至第三次都接触不到实质性话题。如果这时你显得很急躁，不断催促，那么往往会欲速则不达。因为闲散的阿拉伯人一旦感到你把他"挤"进了繁忙的日程中，他很可能把你"挤"出他的日程。

（3）中下级人员地位比较高。不少富有的阿拉伯人的实际业务经验相对较少，有的甚至对公司有关运营方面的情况一无所知，不得不依靠自己的助手或下级工作人员。所以，你在谈判中往往要同时与两种人打交道：首先是决策者，他们只对宏观问题感兴趣；其次是专家及技术员，他们希望对方尽可能提供一些结构严谨、内容翔实的资料以便仔细加以论证。与阿拉伯人做生意时千万别忽视了后者的作用。

（4）代理商非常重要。几乎所有阿拉伯国家的政府都坚持，作为他们的生意伙伴无论是个人还是政府部门，其商业活动都必须通过阿拉伯代理商来开展。如果没有合适的代理商，外商的生意将很难顺利开展。一个好的代理商会为外商提供便利，对业务的开展大有裨益。

（5）极爱讨价还价。无论商店大小均可讨价还价，标价只是卖主的"报价"。更有甚者，不还价即买走东西的人，还不如讨价还价后什么也不买的人更受卖主的尊重。阿拉伯人的逻辑是，前者小看他，后者尊重他。因此，为适应阿拉伯人讨价还价的习惯，企业营销人员应建立起讨价还价的意识。凡有交易条件，必须准备讨价还价的方案；凡想成交的谈判，必定把讨价还价做得轰轰烈烈。

> **小提示**
>
> 与阿拉伯人谈判的技巧：
> - 尊重阿拉伯人的风俗习惯。
> - 放慢谈判节奏。
> - 多采取数字、图形、文字相结合的方式。
> - 按阿拉伯国家的文化要求，做好翻译工作。
> - 尽量避免派女性去阿拉伯国家谈生意，在谈话中尽量不涉及政治及妇女问题。

专题小结

学会谈判并不是一件难事，只要你努力学习，掌握有关的谈判技巧和策略，就一定能够成为谈判高手。招数不是一成不变的，关键在于自己平时的磨炼。只有不断磨炼，你才能感受到谈判的真谛，成为谈判的高手。

- 谈判是一种以自己已有的社会地位与力量作为基础，正确运用社交和口才技巧来影响他人或集体的行动，从而达到自己预定目标的活动。
- 要掌握好商务谈判口才技巧，必须掌握知己知彼、互惠互利、平等协商、适当让步、就事论事、突出优势、集中主题、团队作战的谈判原则。
- 商务谈判具有目的性强、合同严密、随机应变、沉着冷静的特点。
- 商务谈判的语言特点是：针对性要强、适应性要强、表述要委婉、反应要灵敏等。
- 商务谈判要掌握好叙述、倾听、提问、应答、论辩及说服等语言技巧。
- 学会与不同文化背景和个性的外国人谈判，是谈判人员的必修课。

口才训练营

实训 5

课堂训练：倾听

实训目的：帮助学生养成认真倾听的习惯。

地　　点：教室。

训练内容：

（1）选取 1 名或 2 名学生给全班同学念一段文章或新闻，然后就文章的内容进行提问。

（2）任意抽选学生给大家念熟悉的诗词，故意出错，然后让其他学生找错。

自由训练：叙述

实训目的：让学生进一步掌握叙述的语言技巧。

地　　点：教室或其他场合。

训练内容：

（1）给老师或同学说说你为什么要选择目前学习的这个学校或专业。

(2) 给大家讲讲你的个人经历。

(3) 给大家讲讲你的家庭趣事。

(4) 给大家讲讲你们宿舍的趣事。

(5) 给大家讲讲你家乡的风土人情。

课堂训练：提问和应答

实训目的：让学生进一步掌握提问和应答的语言技巧。

地　　点：教室。

训练内容：

(1) 让学生进行策划：如果要在校园内开家小店，你想经营什么？如何经营？

(2) 学生到讲台上讲解自己的开店方案，其他学生就方案本身进行提问，方案设计者对提问一一进行解答。

课堂训练：论辩

实训目的：让学生进一步掌握论辩的语言技巧。

地　　点：教室。

训练内容：让学生自由组队，然后就以下论题进行论辩。

(1) 正方：七分德三分才是人才。反方：三分德七分才是人才。

(2) 正方：酒香不怕巷子深。反方：酒香也怕巷子深。

课堂训练：说服

实训目的：让学生进一步掌握说服的语言技巧。

地　　点：教室。

训练内容：一家公司在招聘业务主管时，为应聘者准备的问题都是一样的，最后，在200名应聘者中只有一人被雇用了。你也试着测试一下，看看自己是否有机会被录用。

在一个暴风雨的晚上，你开着一辆车经过一个车站，有三个人正在等公共汽车：一个是快要死的老人，很可怜；一个是医生，他曾救过你的命，是你的大恩人，你做梦都想报答他；还有一个女人／男人，她／他是那种你做梦都想娶／嫁的人，也许错过就永远没有机会了。但你的车只能坐一个人，你会如何选择？请解释一下你的理由并试着说服大家。

游戏 5

形式：全体参与。

时间：30分钟。

目的：培养听、说、辩的能力。

背景：一架私人飞机坠落在荒岛上，有六人存活，但逃生的工具只有一个——仅能容纳一人的橡皮气球吊篮。

内容：请六名同学分别扮演以下六个角色，然后各自陈述自己是最值得用逃生工具的人的理由。

(1) 孕妇：怀孕 8 个月。

(2) 孩子：12 岁。

(3) 发明家：正在研究新能源汽车。

(4) 宇航员：即将远征火星，寻找适合人类居住的新星球。

(5) 医学家：正在研究艾滋病的治疗方案，并已取得突破性的进展。

(6) 教授：正在进行生态可持续发展的研究，并已取得突破性的进展。

口才加油站

阅读材料 8

触龙说服赵太后

公元前 265 年，赵太后刚刚统治赵国不久，赵国就遭到了秦国的猛烈进攻。迫于无奈，赵国只得向齐国求救，齐王尽管答应出兵相救，但是要求必须以赵太后的小儿子长安君做人质。赵太后非常疼爱自己的小儿子，便严词拒绝，并不准任何人劝谏。一天，左师触龙求见太后，赵太后发现触龙闭口不提人质的事情，怒气和戒备心也就渐渐消失了。

触龙对太后说："我有个小儿子，最不成才，可是我偏偏最疼爱这个小儿子，恳求太后允许他到宫里当一名卫士。"太后赶紧问道："他几岁了？"触龙回答说："今年 15 岁，年纪虽然不大，可我想趁我还活着时托付给您。"太后听到触龙这些爱怜小儿子的话，似乎找到了感情上的慰藉，对触龙说："真想不到，你们男人也爱怜小儿子呀！"触龙说："恐怕比女人更胜一筹呢！"

君臣二人谈到这里，触龙见时机已到，于是将话题慢慢地转到正题上，他对太后说："老臣以为您爱小儿子爱得还不够啊，远不如您爱女儿那样深。想当初，您送女儿嫁到燕国去的时候，虽然您为她的远离而伤心，但是又祷祝她不要返回来，希望她的子子孙孙相继在燕国当国王。您为她想得这么长远，这才是真正的爱啊！您如今尽管赐给长安君好多土地、珠宝，如果不使他有功于赵国，您百年之后，长安君又将依靠谁呢？"

左师触龙的一席话，至情至理，说得太后心服口服。想到这里，赵太后立即吩咐给长安君准备车马礼物，送他到齐国做人质，并催促齐国马上出兵帮助赵国解围。齐国国王看到长安君果然作为人质来到自己这里，于是马上派兵援赵，两国共同联手击退了秦国，赵国的危难终于得以解除。

（资料来源：中华演讲网）

阅读材料 9

演讲费

美国有一家"西门行销公司"，经营者之一为史丹顿。

一天，史丹顿从美国打电话给日本的滕田先生："美国麦当劳公司采用我们新开发的'浮现游戏法'，五年来业绩蒸蒸日上，贵店是否有意采用呢？"滕田先生表示有兴趣，打算请他到日本来，但史丹顿说需要对方支付10万美元的演讲费。

滕田盘算着，觉得实在太昂贵了，于是他打电话到美国麦当劳总公司询问。对方回答，美国麦当劳公司请史丹顿来演讲时，已付了一笔演讲费。于是他主动打电话给史丹顿："您要我们付10万美元的演讲费并不过分，可是，美国麦当劳公司已经付钱给贵公司了，而本公司和美国的麦当劳总公司是合作公司，所以不需要再付钱。"

史丹顿笑着说："那就算了，我愿意免费前往日本做演讲，条件是不能把这件事告诉别的公司，因为不管是不是连锁店，只要请我演讲，每次都要付钱。"

不久，史丹顿先生来到日本，说："……只要采用这种游戏方法一个月，我敢保证，销售额会提高16%。"他分析道，"日本麦当劳一个月的销售额大约是100亿日元，如果采取'浮现游戏法'，一个月的销售额是116亿日元，而成本已在100亿日元的销售额中抵消了，即不必增加电费、人力费、房租等成本，只有牛肉和面包的用量增加。在16亿日元中扣除牛肉和面包费，就是净赚的金额了。在这16亿日元中，大约六成进了滕田先生您的腰包，16亿日元的六成是10亿日元左右。想想看，我把赚钱的技术教给您，让您每个月多赚10亿日元，而我只要您2400万日元，一点也不过分啊！"

滕田先生发出感叹："您经营的公司对于自己所开发的技术充满信心，大胆地向顾客保证能增加百分之多少的销售额，太了不起了！"

（资料来源：《商务口才》，袁彬彬主编）

专题 6 推销口才

知识要点

❖ 推销用语的基本原则
❖ 电话推销口才
❖ 推销口才技巧

【微课—客户接待】

【微课—产品介绍】

能力要点

❖ 接近顾客的语言技巧
❖ 促使顾客成交的语言技巧
❖ 处理顾客异议的语言技巧
❖ 电话推销的技巧

导入案例

> 小胡在销售衣服的过程中，巧妙使用附加销售法，有效提高了销售额。
>
> 有一次，她帮助一位顾客挑选了一款男士衬衫，顾客看起来非常满意。小胡趁热打铁走到他身边，微笑着说："这件衬衫确实非常适合您，但是如果您再搭配一条经典的领带，整体形象会更加完美和时尚。"
>
> 她立刻拿出一条精心挑选的领带，并用手指着领带上的精美细节，继续说："这条领带的设计非常独特，它能够让您的整体形象更加出众和引人注目。"
>
> 顾客沉思了一会儿，然后点了点头说："好吧，再加上这条领带。"最终，他购买了衬衫和领带。

> 推销人员的嘴，并不是一张开就能变成金钱，它必须有一定的穿透力。这种穿透力不仅源于一定的素质，更多源于日常的积累。

从这个小故事中你能领悟到什么推销技巧？推销过程的大部分时间是推销人员在运用语

言和顾客进行沟通。用词准确、言谈得体、词语专业,是推销人员使用推销用语的基本要求。用词准确,可以让顾客对推销人员所推销的产品或服务产生信任感;言谈得体,可以使顾客在推销过程中感到愉悦;词语专业,可以体现推销人员的专业水准,促使顾客对推销产品深信不疑,最终做出购买的决定。

6.1 推销用语的基本原则

语言是推销人员进行产品销售的重要工具。推销用语要讲究技巧,也要讲究艺术。推销过程中,一味讲究技巧而忽视艺术的运用会让顾客感到生硬,但过多讲究艺术而不运用技巧,顾客将领略不到推销人员的专业水平。

> 1. 推销用语要以诚信为本。
> 2. 推销讲解要耐心细致。
> 3. 推销讲解要从顾客角度出发。
> 4. 推销用语要通俗易懂。
> 5. 推销用语要轻松愉快。

6.1.1 推销用语要以诚信为本

中国是礼仪之邦,以诚待人是一种美德。实际上,向顾客推销你的产品,就是向顾客推销你的诚信。据统计:70%的人之所以从你那里购买产品,是因为他们喜欢你、信任你和尊敬你。某位营销专家说过:"要当一名好的销售人员,首先要做一个好人。"一项关于销售人员的调查表明,优秀销售人员的业绩比普通销售人员业绩好的真正原因,与长相、年龄、性格等都无关。调查结果是,真正高超的销售技巧是如何做人,尤其是如何做一个诚信的人。

在推销开始阶段,顾客多持消极和防卫态度,易出现回避、拒绝的行为。在这种情况下,推销人员更应该表现出诚意,通过有亲和力的语言、得体的举止,让顾客消除距离感,减轻顾客的心理防卫压力,以便进一步进行沟通。

案例启发

罗小姐接到了一通陌生电话,对方称自己是某装修公司的工作人员,要找罗小姐的父亲。因为房本上登记的是一家三口的名字,但父母都不在桂林,所以联系电话上只留了她的手机号码。自交房后，罗小姐几乎每天都会接到这样的电话，早已习惯了的罗小姐告诉对方，父亲不在本地，并准备挂掉电话。可谁知对方居然说已经跟她父亲联系过了，想再具体跟她说说。

这让罗小姐纳闷了，房子的装修方案是她请朋友帮忙设计的，具体施工事宜也已基本安排妥当，就等着国庆节后开工，这个时候根本不可能另外找装修公司谈装修的事情。而且父亲对桂林的装修公司根本不熟悉，不可能突然找装修公司谈。

罗小姐便故意询问对方，通过什么方式与她父亲联系的，对方犹豫了一会儿，说是通过电子邮箱。这更荒唐了，她父亲根本就没有申请过个人邮箱，更别说用邮箱来谈事情了。当罗小姐揭穿对方的谎言时，对方立刻挂断了电话。如此方式的推销，让罗小姐很是恼火！

6.1.2 推销讲解要耐心细致

俗话说："嫌货人才是买货人。"在销售中，难免会碰到顾客询问或提出各种异议的情况，实际上这是顾客提供的一次推销产品的机会，他想表达的其实是"我对你的产品有兴趣，但是我还得进一步了解更多的功能和价值，才能最后决定"。推销人员应该把握住这样的机会，耐心细致地给顾客做更详尽的说明，将产品的特征、价值、优势详细地介绍给顾客。真诚的服务态度会降低顾客反对的程度，也可为推销人员争取到进一步说服的机会。从顾客的心理角度分析，他们之所以会心甘情愿地掏钱买产品，是因为四方面的需要得到了满足：一是被关心，二是被倾听，三是服务人员的专业化，四是服务人员的迅速反应。

案例启发

准顾客：你们的售后服务怎么样？

推销员：先生，我很理解您对售后服务的关心，那么，您所说的售后服务具体是指哪些方面呢？

准顾客：是这样，我以前买过类似的产品，但用了一段时间后就开始漏油，后来拿到厂家去修，修好后过了一个月又漏油，再去修，对方说要收5000元修理费。我跟他们理论，他们不愿承担这部分费用。没办法，我只好自认倒霉。你们在这方面是怎么做的？

推销员：先生，您真的很坦诚，除了关心这些还有其他方面吗？

准顾客：没有了，主要就是这个问题。

推销员：那好，先生，我很理解您对这方面的关心，确实也有顾客对同样的问题有过质疑。我们公司的产品采用的是欧洲最新AAA级标准的加强型油路设计，这种设计具有极好的密封性，即使在正负温差50℃，或者润滑系统失灵20小时的情况下，也不会出现油路损坏的情况，所以漏油的概率极低。当然，任何事情都有万一，如果真的出现了漏油问题，您也不用担心，我们的售后服务承诺是，从您购买之日起1年内免费保修，同时提供24小时的主动上门服务，您觉得怎么样？

准顾客：这样的话，我就放心了。

> **小提示**
>
> 在说服顾客的过程中，推销人员应注意下面几点。
> - 鼓励顾客提出自己的观点和意见，针对问题对症下药。
> - 认真倾听顾客的询问和异议，从语言中分析顾客的真实想法。
> - 不与顾客争辩，争吵会破坏顾客的情绪。
> - 维护顾客的自尊心，保持良好的气氛。
> - 巧用口才，刺激顾客购买的欲望，引导其实施购买行为。

6.1.3 推销讲解要从顾客角度出发

推销人员在介绍产品时切记不要一味地讲述自己推销的产品或企业的辉煌成就，而是要多从顾客的角度来分析此产品对顾客来讲具有什么用途，可以带来什么好处。

马斯洛在其需求理论中谈到，当人们基本的生理需求得到满足后，就会产生高层次的需求，即心理上的尊重、自我实现等，因此，顾客在购买商品的同时还购买了其主观精神上的满足。推销人员在了解顾客需求的基础上，要将商品能给顾客带来的利益尽可能地罗列出来。对顾客了解不多的时候，应边讲解边观察顾客的表情变化及言谈举止，从中探求顾客的利益关注点，了解顾客真正的购买动机和需求。

案例启发

一位售楼人员对一位普通市民说：

买房是件大事，您总不能今天花钱买房，明天又换吧。我知道您的钱是辛辛苦苦赚来的，也不容易。我了解您的愿望一是想改善居住环境，二是想给自己及家人一个舒适的生活空间。其实买房无论是自住还是投资，客观上来说都是一种投资。投资对了，回报大，投资错了，浪费钱，所以各个方面都要综合衡量。毕竟我们的钱不是大风刮来的，您肯定要格外慎重。挣钱不容易，所以最好给自己一次定好位，不要二次置业，那样花钱更多。既然我们要改善环境，改善住宅，就要改善到位。

从以上这段话来看，这位售楼人员对顾客的心理掌握得非常到位，他一直在强调"挣钱不容易"，用"家"来唤起顾客的购买欲望。这种推销方式很容易打动顾客，值得学习借鉴。

6.1.4 推销用语要通俗易懂

向顾客推销产品时，很多推销人员的初衷是想多利用专业术语以体现专业水准，可结果却适得其反。因此大多数顾客对技术含量比较高的产品都不是行家，所以最佳的方法是介绍到核心部分的时候适当地、合理地使用专业术语，不宜过多，点到为止，而不是一味地用专业名词给顾客"上课"。顾客购买产品和接受服务，最终是想了解产品或服务能给其生活带来的好处。请看下面的推销员专业又通俗的产品介绍。

案例启发

以下是一位4S店推销人员给顾客介绍混动汽车的表述：

混动汽车，就像它的名字一样，是"混合动力"汽车的简称。我来给您打个比方，这样更容易理解：混动汽车有两个"心脏"，一个是汽油发动机，另一个是电动机。这两个"心脏"可以单独工作，也可以一起工作。混动汽车可以在很多情况下使用电力驱动，所以它比纯汽油车排放的污染物要少，对环境更友好。总体来说，混动汽车就像一个"节能小能手"，它结合了汽油车和电动车的优点，既省油又环保，使用起来还很方便。

可见，以上这位推销人员恰如其分地使用了专业术语，并对其销售产生了很大的帮助。总之，专业术语不能滥用、乱用，要恰到好处地使用。

6.1.5 推销用语要轻松愉快

推销人员在推销过程中，虽然不能改变周围的环境，但是可以运用自己灵活的语言技巧改变紧张的气氛，创造舒适愉快的氛围。恰当地运用幽默的语言，可以令双方轻松、舒畅，还可以消除彼此的隔阂。因此，推销人员平时可以将风趣幽默的语言材料收集起来，在推销中和推销的过程联系在一起，达到生动有趣的效果。例如：

买家：老板，什么手机最耐用？
卖家：只有相对耐用的，没有绝对耐用的。
买家：为什么？
卖家：总没见过谁家有祖传的手机吧？哈哈！

6.2 推销口才技巧

在推销活动中，推销人员要在不同场合面对不同类型的顾客。推销人员应掌握以下接近顾客、处理顾客异议、促使顾客成交等的语言技巧。

> 成交建议是指在合适的时间向合适的客户提出合适的解决方案。

6.2.1 接近顾客的语言技巧

推销能否取得成功,关键在于顾客能否接受推销人员的推销风格和为人。大多数顾客在与推销人员见面的短短几秒钟的时间里就能对其做出评价,而这也是决定推销人员能否顺利推销并取得成功的关键。有经验的推销人员在和顾客首次见面时,就会想尽办法给顾客留下真诚、专业、可信赖的印象。

1. 获得面谈机会的方法

如果顾客答应与推销人员面谈,那么说明顾客对推销人员是比较信任的,对推销人员所推销的产品是比较感兴趣的。在电话沟通中可以借鉴以下语言技巧去获得面谈的机会。

- 第一种情况:

顾客:我没有时间听你的讲解。

推销人员:我非常理解,我也老是觉得时间不够用,不过我只需要 2 分钟……

- 第二种情况:

顾客:我现在没空。

推销人员:是的,你们行业的人都很忙,但越忙越需要有好身体、好心情,我这次是专门针对您的问题给您送"解药"来了。我现在正好在您公司附近,我把资料送给您就走,可以吗?

- 第三种情况:

顾客:我没兴趣。

推销人员:我完全理解,对一个谈不上相信或者不了解的事情,如果我是您也不可能立刻产生兴趣,有疑虑是十分正常的,让我当面为您解说一下吧,您看本周几合适呢?

- 第四种情况:

顾客:我没兴趣参加!

推销人员:我非常理解,刘教授,要求您对不晓得有什么好处的东西感兴趣实在是强人所难,正因为如此,我才想向您亲自报告或说明,星期三或者星期四过来拜访您,您看时间合适吗?

- 第五种情况:

顾客:我没有钱!

推销人员:我了解,要什么有什么的人毕竟不多,正因如此,我们现在需要选择一种方法,用最少的资金创造最大的利润,这不是对未来的最好保障吗?在这方面,我愿意贡献一己之力,可不可以下星期三或者周末去拜见您呢?

- 第六种情况:

顾客:你把资料发到我邮箱就行了。

推销人员:罗总,我们的资料都是精心设计的纲要和草案,必须配合专业人员来说明,而且要针对每位客户进行量体裁衣的说明,所以最好是当面讲解,您看明天上午和下午哪个时间去拜访您比较合适呢?

● 第七种情况:

顾客:我们明年的预算没定。

推销人员:预算没定没关系,了解多家供货商的产品情况,可以进行全方位对比,我本周都在本市,您看我哪天去拜访您比较合适?

以上方法不是在任何时候、任何地点都有效,它们只是为推销人员指引一个方向,希望大家灵活运用,针对不同的顾客采用不同的策略。

2. 接近顾客的步骤

(1)微笑。微笑是人际关系中的润滑剂,表示友善、亲切、礼貌及关怀。美国连锁企业沃尔玛公司的创始人沃尔顿生前用一句话概括了他成为亿万富翁的秘诀:低买低卖,微笑攻势!推销人员在顾客面前要真诚友好地微笑,缩短双方的距离,化解抗拒心理。

(2)注视。推销人员要用眼睛正视顾客,用眼神传递正直、诚恳、自信、热情等情感。绝不能眼睛朝下或左顾右盼,使顾客感到推销人员心不在焉或不诚实、不热情。但要注意,正常交谈时的注视并不是一动不动地凝视。

(3)问候。简单的一句问候语是展开话题的一个很好的切入点,推销人员应该根据不同的人、不同的时间、不同的环境来选择问候的方式。例如:"刘总,很高兴见到您!""刘总,您好!终于有机会见到您真人了,您看起来比电视上还神采奕奕。""刘总,您好!听说您儿子考上清华大学了,恭喜恭喜!""刘总,您好!你们公司的新产品我已使用,太棒了!"

(4)握手。握手是社会交往中常见的礼节,在见面、告别等很多场合都需要使用。握手时的双方站位、用力的轻重、时间的长短及是否用目光注视等,都可以反映出一个人的修养和态度。有时从与对方握手的一瞬间就可以感受到对方是热情还是冷淡,是谦恭还是傲慢,是自信还是自卑,是真心实意还是敷衍了事。所以,握手时的礼仪应引起推销人员的重视。

(5)准确的称呼。戴尔·卡耐基说:"一种简单但又重要的获取别人好感的方法,就是牢记他或她的名字。"在销售中也是这样,谁都喜欢被别人叫出自己的名字,不管顾客是什么样的身份,与你关系如何,你都要努力地将他们的容貌与名字牢牢记住,这会使你的推销畅通无阻。

(6)自我介绍。在握手时应很自然地互道姓名,自我介绍,说明来意,同时可以递上自己的名片,让对方记住自己的姓名。

(7)话题。推销人员要迅速提出寒暄的话题,营造融洽、轻松的会谈氛围。寒暄的内容五花八门,重点要迎合顾客的兴趣和爱好,让顾客进入角色,使对方产生好感。

> **小提示**
>
> 想牢记客户的名字并准确称呼客户，可参考以下方法。
> - 观察记忆法：接待客户时要注意观察客户的特征，加深记忆。
> - 联想记忆法：利用客户的特征、个性及名字的谐音产生联想，加强记忆。
> - 辅助记忆法：在名片或微信上标注客户的特征、爱好等信息来帮助记忆。
> - 重复记忆法：与客户初次谈话时，可多叫几次对方的称呼，更能加深印象。

3. 接近顾客的方法

推销人员与顾客交谈之前，有一个接近顾客的过程。接近顾客的效果好坏，几乎可以决定一次访问的成败。换言之，好的开场就是推销成功的一半。推销高手常用以下几种接近顾客的方法。

> 1. 赞美接近法。
> 2. 求教接近法。
> 3. 利益接近法。
> 4. 问题接近法。
> 5. 提供信息法。
> 6. 提及他人法。

（1）赞美接近法。

俗话说："良言一句三冬暖。"每个人都喜欢听好话，顾客也不例外。赞美是一种非常好的接近顾客的方法。赞美顾客时，尽量找出别人可能忽略的特点，而且让顾客知道你的赞美是真诚的。

案例启发

崔西是一位图书推销高手，他曾说："我能让任何人买我的图书。"他的秘诀只有一条：非常善于赞美顾客。

一次，他遇见一位非常有气质的女士，当那位女士听说崔西是推销员时，脸一下子阴了下来："我知道你们这些推销员很会奉承人，专挑好听的说，不过，我是不会听你的鬼话的。"崔西微笑着说："是的，您说得对，推销员是专挑那些好听的话来讲，说得别人昏头昏脑的，像您这样的顾客我还很少遇见，特别有自己的主见，从来不被别人支配。"

细心的崔西发现，女士的脸已由阴转晴了，她主动问了崔西许多问题，崔西都一一耐心地回答了。最后，崔西开始高声赞美道："您的形象给了您高贵的个性，您的语言反映了您敏锐的头脑，而您的冷静又衬出了您的气质。"

女士听后开心得笑出声来，很主动地提出要看看崔西手中的图书。

（2）求教接近法。

这是利用向顾客请教问题的机会来接近对方的方法。从心理学角度讲，人们一般都有好为人师的心理，总希望自己的见地比别人高明，以显示能力胜人一筹，尤其是自视较高的人更是如此。对于这样的人，采取虚心请教的求教接近法，对于满足其高人一等的自我心理十分有效。

案例启发

安塞尔是铅管和暖气材料的推销员，多年来一直想跟一位铅管承包商做生意。这位业务量大、信誉好的铅管承包商对待安塞尔却极其刻薄。他坐在办公桌的后面，嘴里衔着香烟，每次在安塞尔进门时，他都说："今天什么也不要！不要浪费你我的时间！滚吧！"

有一天，安塞尔准备试试另一种方式。安塞尔所在的公司正准备在经济开发区开一家新的公司，那位铅管承包商对那个地方很熟悉，并且在那里做了很多生意。这次，当安塞尔去拜访他时，开场白是这样说的："先生，我今天不是来推销什么产品的，我是来请您帮忙的，不知道您能不能抽出一点时间和我谈一谈？"

"嗯……好吧！"铅管承包商把香烟转了一个方向，"什么事？快点说。"

"我们公司想在经济开发区开一家新的公司。"安塞尔说，"您对那个地方了解的程度和住在那里的人一样，因此我来请教您的看法！"

多年来，这位铅管承包商一直向安塞尔吼叫，命令他走开。而今天，安塞尔作为一家大公司的推销员不向他推销产品，居然跑来请教他，这使他得到了极大的满足。

"请坐。"铅管承包商用了一个多小时的时间详细解说经济开发区市场的特点和优点，还帮助安塞尔讨论了购买产业、储备材料和开展业务的全盘方案，最后，他还十分信任地把家务的困难和夫妇不和的情形向安塞尔诉说了一番。

那天晚上，在安塞尔离开的时候，不但口袋里装了一大笔的订单，而且与对方建立了坚固的友谊基础。这位过去经常吼骂安塞尔的铅管承包商，后来却常和安塞尔一块儿打保龄球。这个大改变，便是因为安塞尔向他请教了一个问题，给了他一种自己是重要人物的感觉。

（3）利益接近法。

推销员迅速地告诉顾客商品或服务会给他带来哪些重大利益，也是引起顾客注意、达到接近目的的一个好方法。利益接近法会迎合部分顾客的求利心态，但有的顾客不明真相，认识不到推销商品或服务给自己带来的利益。推销员应予以点明，突出推销重点和产品优势，有助于很快达到接近顾客的目的。采用利益接近法时必须实事求是，不要夸大，更不可无中生有、欺骗顾客。

- "张经理,我们的机器比您目前使用的机器速度快、耗电少、更精确,能降低您的生产成本。"
- "王总,您愿意每年在毛巾生产上节约 5 万元吗?"

(4)问题接近法。

推销人员可直接向顾客提出问题,利用所提的问题来引起顾客的注意和兴趣。推销员在运用这一技巧时应注意,所提问题应是顾客关心的问题,必须明确具体,不可言语不清楚、模棱两可,否则,很难引起顾客的注意。

- "张厂长,您认为影响贵厂产品质量的主要因素是什么?"

产品质量自然是厂长最关心的问题之一,推销员这么一问,无疑能引导对方逐步重视自己的谈话。

(5)提供信息法。

推销人员关心顾客的利益,向顾客提供一些对他们有帮助的信息,如市场行情、新技术、新产品知识等,会引起顾客的注意,也会获得顾客的尊敬与好感。

- "你们公司不是正在寻找好的玻璃吗?我知道有一家企业已研发出一种新型的玻璃,质量特别好。我待会儿把相关信息发到您微信里。"

(6)提及他人法。

告诉顾客是第三者介绍过来找他的,这是一种迂回战术。因为大多数人有"不看僧面看佛面"的心理,大多数人对熟人介绍来的推销人员都比较客气。

- "何先生,您的好友张安平先生介绍我来找您,他认为您可能对我们的印刷机械感兴趣。因为这些产品为他的公司带去了很多好处与方便。"
- "唐经理,您好!您的老师介绍我过来找您,她告诉我您是一个值得深交的朋友。"

6.2.2 处理顾客异议的语言技巧

推销活动并不是一帆风顺的,顾客常常会提出各种各样的异议。正确对待并妥善处理顾客所提出的有关异议,是推销人员必须具备的一项基本功。常用的处理顾客异议的语言技巧主要有以下几种。

> 1. 反驳处理法。
> 2. 但是处理法。
> 3. 利用处理法。
> 4. 补偿处理法。
> 5. 询问处理法。
> 6. 其他处理法。

1. 反驳处理法

反驳处理法也称直接否定法，是推销人员根据有关事实和理由来直接否定顾客异议，对其进行直接驳斥的一种方法。在推销活动中，推销人员应该尽可能保持与顾客之间已经形成的良好洽谈气氛，尽量避免与顾客对立。但是，当洽谈中发生了这样的情况：顾客提出毫无根据的事实来破坏企业形象或贬低产品时，顾客根本不想购买产品而故意刁难时，顾客提出的异议明显不成立时……推销人员可以直接否定顾客的异议。

顾客："这房屋的公用设施占总面积的比例比一般的要高出不少。"

推销人员："您大概有所误解，这次推出的花园房，公用设施占房屋总面积的18.2%，一般大厦的公用设施占比平均达19%，我们要比平均值少0.8%。"

2. 但是处理法

但是处理法也称间接法，是指推销人员根据有关的事实与理由来间接否定顾客异议的一种方法。它首先承认顾客异议有道理的一面，然后从另一方面进行否定。这种方法并不是直接与顾客辩驳，使顾客心理有一种暂时的平衡，然后用类似"但是"的转折词把话锋一转，再对顾客异议进行反驳处理。其模式一般是"是（对）……但是（然而）……"对于顾客的不同意见，如果推销人员直接反驳，有可能会引起顾客不悦，所以，推销员可以先肯定顾客的意见，后从其他角度向顾客解释。

一位家具推销员向顾客推销木制家具时，顾客提出："我对木制家具没兴趣，它们很容易变形。"这位推销员马上解释道："您说得完全正确，如果与钢铁制品相比，木制家具的确容易发生扭曲变形现象。但是，我们制作家具的木板经过特殊处理，它的扭曲变形系数只有用精密仪器才能测得出。"

3. 利用处理法

利用处理法又称转化法，是指推销人员直接利用顾客异议进行转化，从而间接否定顾客异议的一种方法。"以子之矛，攻子之盾"，即把顾客异议变成说服顾客购买产品的理由。通过处理异议而趁机陈述自己产品带给顾客的利益，以引起顾客的注意，这样既妥善处理了顾客异议，又能顺利达成交易。

某位保健品推销员刚走进陈老板的办公室，陈老板就不耐烦地说："我工作了一天非常累了，我不想再见任何人。"该推销员马上接着陈老板所说的"累"说："陈老板，我就是专门给您送解除疲劳的方子的。"

4. 补偿处理法

补偿处理法也称抵消处理法、平衡处理法，是指推销人员利用顾客异议以外的优点或利益来补偿或抵消顾客异议的一种方法。顾客购买产品总想十全十美，这很难实现，但有时顾客只看到产品的缺点，而对其优点不够关注。在这种情况下，推销人员可以利用补偿处理法转化顾客的异议：承认缺点，讲明优点，利用优点抵消缺点，使顾客达到心理平衡。只有让顾客看到产品的优点大于缺点，购买合算，他才有可能采取购买行为。

顾客："这车看起来不够大气！"

推销员："但它非常省油。"

顾客："颜色也不是我最喜欢的。"

推销员："但这是今年最流行的环保色。"

顾客："价格也不够优惠。"

推销员："但与同等款式的车比较，性价比是最高的。"

5. 询问处理法

询问处理法也称提问处理法、追问处理法，是指推销人员通过对顾客异议提出疑问来处理顾客异议的一种方法。在实际推销活动中，顾客异议具有不确定性，这令推销人员很难快速分析、判断异议的性质与真实原因，为排除推销障碍增加了困难，这时可以通过询问来寻找原因。

顾客："我想我还是回家考虑一下。"

推销员："您能告诉我您需要考虑的是哪方面的问题吗？是我们的服务吗？"

顾客："不是，不是。"

推销员："那是我们产品的质量？"

顾客："也不是。"

推销员："对结算方式有顾虑？"

顾客："啊，说实话，就是这个问题。"

6. 其他处理法

（1）加法处理法。加法处理法就是告诉顾客，他购买产品后可以获得额外赠送的物品。

推销员对顾客说："您如果现在购买我们的产品，可获得免费拍摄的全家艺术照一套。"

（2）减法处理法。如果顾客既欲购买又总在讨价还价，那么不妨试试减法处理法。

汽车推销员无奈地对顾客说："我可以按您说的低价卖给您，但是我需要把其中的音响设备拆下来，否则我就对不起设计者如此精心地打造它了。"

（3）除法处理法。如果一次给顾客报产品的总价格，顾客很难马上接受，那么可以用除法处理法将数量总额分解。

保险推销员对张先生说："这份保险保障金额很高，有20万元，而保费却很低，一天只有7元多。您想，一天存7元，到40年后，您取回××万元，正好老夫妻到全国周游一番……"

（4）乘法处理法。乘法处理法就是告诉顾客，购买产品后不仅能享受到一般产品的基本功能，还能得到更多的附加价值，这种方法的关键在于要重点谈购买产品能给顾客带来的增值部分。

一位售楼人员告诉她的顾客："现在购买不仅优惠力度大，而且因为是学区房，升值空间非常大，用于自住或出租，都再合适不过了。"

6.2.3 促使顾客成交的语言技巧

所谓成交，是指顾客接受推销人员的推销建议，最终购买推销产品的行为过程。促使顾客成交犹如踢足球，经历了抢球、传球，过五关、斩六将，好不容易将球带到对方的门前，就差那临门一脚，如果踢不进去，所有的努力都将白费。因此成功地运用推销技巧，消除顾客的犹豫和顾虑，抓住当前时机促成交易，是推销过程中的关键环节。通常有以下几种成交法。

> ????
> 1. 请求成交法。
> 2. 假定成交法。
> 3. 选择成交法。
> 4. 小点成交法。
> 5. 想象成交法。
> 6. 举证成交法。
> 7. 对比处理法。
> 8. 穷追成交法。
> 9. 无可奈何法。

1. 请求成交法

请求成交法又称直接成交法或"快刀斩乱麻法"，是推销人员向顾客主动提出成交要求，直接要求顾客购买推销产品的一种方法。注意，请求成交不是强求成交，也不是乞求成交，使用时要做到神态自然坦诚，语言从容，但不能自以为是，要见机行事。

- "该说的我都说了，您应该同意购买了吧？"
- "您得帮帮老同学，我给您的价格是全球最低价。"

2. 假定成交法

假定成交法是推销人员在假定顾客已经接受销售建议、同意购买的基础上，通过提出一些具体的成交问题，直接要求顾客购买推销产品的一种方法。

- "黄总，既然您很满意，那么就这样定了，我明天给您送货？"
- "刘姨，这是今年最流行的款式，您要哪件？"

3. 选择成交法

选择成交法是直接向顾客提出若干购买的方案，并要求顾客选择其中一种方案的方法。选择成交法的特点，是不直接向顾客提出易遭拒绝的"要不要"问题，而是让顾客在买多与买少、买这与买那之间选择。不论顾客如何选择，结果都是成交。

- "先生，您是需要 A 啤酒还是 B 啤酒呢？"
- "姑娘，您是想吃螺蛳粉还是桂林米粉？"

4. 小点成交法

小点成交法以假定成交法为理论基础，推销员假定只要小点成交，就会促成大点成交。小点成交法是一种试探性成交，要求推销员直接促成小点成交，间接促成大点成交。

某办公用品推销员到某主任办公室去推销碎纸机。办公室主任在听完产品介绍后摆弄起样品来，自言自语道："东西倒挺合适，只是办公室这些小年轻毛手毛脚的，只怕用不了两天就坏了。"推销员一听，马上接着说："这样好了，明天我把货运来的时候，顺便把碎纸机的使用方法和注意事项给大家详细讲讲。这是我的名片，如果在使用过程中出现故障，请随时与我联系，我们负责维修。主任，如果没有其他问题，我们就这么定了？"

5. 想象成交法

想象成交法是引导顾客通过推销人员语言上的暗示，将选购的产品在大脑中进行想象，设想自己使用这样的产品后带来的物质和精神上的享受。

推销员："我们银行最近推出了一个新的基金，这个基金风险小、回报率高。"

顾客："可是我从来没有买过，也不知道有什么用处。"

推销员："您可以设想一下，如果您现在有一笔小的投资，过几年或者十几年后，您的那笔资金的收益足以支付您孩子的教育费用，您觉得如何？"

6. 举证成交法

有些顾客选购产品的时候小心翼翼，不太轻易相信推销人员的描述，遇到这种情况，可以列举大量的事实令顾客信服。

夏天到了，空调销售异常火爆，一些推销人员通常会这样给顾客介绍："我们是全国销量第一的品牌，经常出现断货现象，购买我们产品的顾客络绎不绝，质量上您应该放心！"

顾客不屑一顾："你说是第一就是第一吗？我们消费者并不知道！"

这时，推销人员可以不慌不忙地将权威公司的统计数据，以及知名报纸上的报道展示给顾客。

7. 对比处理法

如果推销员所推销的产品有价格优势，那么推销员就可以自信地利用对比处理法，告诉顾客你的产品与同类产品相比，性价比是非常高的。

- "您可以到大商场看看，同样的产品他们的价格是多少？"
- "我们现在是店庆，两天后价格会恢复原价格，您如果将我们的产品与同样的其他品牌对比，就知道我们产品的价位是比较低的。"

8. 穷追成交法

穷追成交法需要牢牢抓住顾客所说的话，促使洽谈成功，这种方法对确保成交有很大的好处。

如果顾客说："你这里的产品还不错，价格也实惠，但是我希望购买一辆经济实惠、款式时尚、安全性能高的小排量轿车，好像你这里没有这样的产品。"

这时，推销员可以马上接过顾客的话："那好，假如我推荐另一款满足您需求的产品，并且价格同样实惠，您会考虑购买吗？"

9. 无可奈何法

在推销员费尽口舌,使出浑身解数都无效,眼看这笔生意做不成时,不妨试试无可奈何法。

"黄主任,虽然我知道我们的产品绝对适合您,可我刚入行,能力不足,嘴太笨,无法说服您,我认输了!不过在我告辞之前,耽误您几分钟时间,请您指出我的不足,让我有机会改正,好吗?"

这种谦卑请教的话语,不但很容易满足对方的虚荣心,而且会消除彼此之间的对抗情绪。这时,你们仿佛已不是推销与被推销的关系,对方会一边指点你,一边鼓励你,为了给你打气,有时会给你一张意料之外的订单。

6.2.4 推销人员的禁忌语和说话方式

推销工作是与人打交道的工作,语言是推销人员的重要工具。在推销过程中,要在短时间内获得顾客的好感不是件容易的事情,因此要特别注意语言的艺术。以下几种说话方式是推销人员的大忌。

1. 令顾客不愉快的口头禅

在推销过程中,每一位推销人员的表达方式和语言习惯都不同,但是或多或少都会有一些常用的口头禅。推销人员在推销过程中不易发现自己的口头禅,但如果录音后再听,就能体会到有些口头禅非常令人不愉快。例如:

"我觉得您应该考虑购买我们的产品,我们的企业是一流企业,产品是一流产品,服务是一流服务,我觉得您如果购买,肯定不会后悔。"

检查一下以上对话,有什么问题吗?这位推销人员完全没有考虑顾客的感受,一直在用"一流"去强调自己的企业、产品及服务。"我觉得"也暴露出这位推销人员以自我为中心的心态,而且用词比较绝对,如"应该""肯定"。在与顾客对话时请尽量少用这类口头禅,多从顾客的角度考虑,让顾客愿意与你对话,愿意与你交往,最终购买你推介的产品。

2. 令顾客反感的说话方式

推销人员在与顾客的交流过程中,要注意顾客的情感,使顾客乐于接受。首先,对顾客的称谓要恰当、准确。例如,可称同辈为先生、女士、朋友等,对中老年顾客用长辈的称呼。其次,要把握住顾客情绪的变化。如果忽视了顾客的想法和情感,即使推销技巧再熟练、专业知识再扎实,也是事倍功半。

案例启发

以下的说话方式会令顾客很反感。设想一下,结果会如何呢?

顾客:"请问这块手表多少钱?"

推销员:"这是世界名牌呢!"

顾客："我知道，现在的价钱是多少？"

推销员："这块表比较贵，要9800元。"

顾客："好的，麻烦你拿给我看一下。"

推销员："可以，不过不买最好不要看！"

在顾客看表的同时，推销员滔滔不绝地介绍起来："这块表是我们最新推出的，在不锈钢表壳中有熠熠发光的宝石。表链采用四边形不锈钢链条，镶嵌在类似抛光蓝色大理石的合成材料中，表面还嵌有彩色的金属薄片。坚固不锈钢表壳周围是抛光的钢质表圈，中间带有雕刻的钢镶四边形宝石，盘面与表链的嵌入物对应，呈浅蓝色。浅蓝色圆点标记所有的钟点，在表盘外围形成一个环形，反光的金属时针和分针指示时间。"

还没等顾客开口，推销员马上又说："你已经了解那么多了，也看了那么久了，决定现在买吗？若买的话我立即给你开票。"

3. 令顾客感到疲劳的说话方式

推销洽谈的主要方式是语言的沟通和交流，只有轻松愉快的语言，顾客才乐于接受。以下几种说话方式都会令顾客感到疲劳，推销人员应尽量避免使用。

（1）声音过小。推销人员说话的音量过小，会让顾客因为听不清楚而变得不耐烦，从而不愿意继续接受推销介绍。

（2）介绍啰唆。推销人员在介绍产品的过程中，有可能在发现顾客没有出现预期的那种利于销售的反应时，会不断重复前面说过的话，或者在顾客出现有利于销售的反应时，也会因兴奋而重复同样的话题。

（3）口若悬河。推销人员说话过快、过于流畅，使顾客没有时间去思考推销人员介绍的内容。

小提示

推销人员在与顾客洽谈时需要注意以下几点：

- 表达重要的内容时，应尽量重复顾客名字，表示对其重视。
- 在讲解的过程中，尽量使用通俗易懂的语言，避免使用专业性很强的术语。
- 语言要具有亲和力，尽量多说"您"或"你"，以及"我们"，少说"我"。
- 将顾客的话语进行理解和总结，并加以重复。

6.3 电话推销口才

智能信息时代、数字化时代呼啸而来，中国现在的移动电话普及率已经跃居世界第一。

现代生活追求快节奏、高效率，于是电话推销应运而生。电话推销是推销人员通过电话向潜在客户展示产品或服务，以达到获取订单、成功销售的目的。这种方法在联系距离较远的顾客或为现有顾客服务方面有一定的优势，推销人员坐在办公室里就可以开展业务，扩大销售，减少出差和旅行方面的费用。

6.3.1 电话推销的优点和缺点

1. 电话推销的优点

电话推销的优点：快速、方便、费用低、联系广泛。

2. 电话推销的缺点

（1）容易被顾客拒绝。尽管推销人员做了大量的准备工作，但是由于看不到顾客的状态，顾客也看不到推销人员，"不"字就更容易说出口。

（2）误解较多。由于电话推销的方式会受到信号、语言等因素的影响，双方在语音、声调上常会出现误解，尤其是对于一些含糊不清的字和词语，听错听漏是经常发生的事情。

（3）商谈的时间短。相对其他推销方式而言，电话推销时间较短，留给双方尤其是顾客思考的时间更短，推销成功的概率自然降低。

6.3.2 电话推销员应该具备的基本条件

俗话说：工欲善其事，必先利其器。电话业务也是如此，电话推销员应该具备的基本条件是：口齿伶俐、反应机敏，性格开朗、喜欢电话推销工作，善于总结教训和经验，声音富有亲和力。

（1）口齿伶俐，能迅速将信息传递给对方；反应机敏，可从客户的话语中准确、及时地把握他的问题与需求所在，以便迅速采取适宜的对策。

（2）性格开朗，则敢于并且愿意与客户交谈；喜欢电话推销工作，则会在推销过程中迸发出较强的工作热情。

（3）善于总结教训和经验，有助于电话推销员在工作与实践中学会自己以前不会的知识和技能，吸取工作教训，从而快速熟悉电话推销工作。

（4）声音富有亲和力，容易让对方在听觉上感到悦耳，不至于让对方产生听觉厌烦。

除此之外，电话推销员还必须具备一定的韧性、学历、阅历、会说普通话等条件。如果推销员具备相关经验则更好。如果不具备相关工作经验，但是符合上述基本条件，则还要对其进行专业化、流程式的培训。

6.3.3 电话推销的工作流程

电话推销通过电话来了解顾客的需求，并刺激顾客购买产品，的确是件不容易的事。在生活中，有些推销人员在给顾客打电话之前根本没有进行充分的准备，拿起电话就向顾客推销产品，这是一种不正确的做法。要想取得电话销售的成功，就必须做好充分的准备工作。

1. 电话推销前的准备工作

（1）对顾客的基本情况进行了解。针对个体顾客，需要了解的信息有姓名、年龄、家庭背景、性格爱好、职务等；针对团体顾客，需要了解企业的经营状况、信用情况、购买的决策者、企业性质等。

（2）准备好相关的问题进行提问。在电话推销中，不能漫无边际地提问，而应有针对性地提问，通过提问了解顾客的真实需求，以及对价格、服务等方面的要求，有针对性地开展推销工作。

（3）对顾客可能提出的问题有所准备。由于电话推销中留给推销员思考的时间较短，顾客在接受推销时难免会提出较为刁钻的问题。有经验的推销人员会事前将可能遇到的问题进行整理和准备，将合理的答案设置好，以便回答顾客的提问。

（4）摆正心态。作为电话推销人员，要把被拒绝当成再正常不过的事情，要对自己的产品和服务有百分之两百的信心，要对产品的市场前景保持乐观心态。

2. 电话推销的步骤

如图 6-1 所示是电话推销的十个步骤。

步骤	内容	说明
步骤一	进行简单问候	真诚的问候可以令顾客倍感亲切和温暖
步骤二	征得对方同意	问候后应询问对方是否有时间交流，是否愿意继续交谈
步骤三	进行自我介绍	每位推销人员都应该进行一次详细的自我介绍，介绍自己及公司的基本情况
步骤四	简单说明来意	推销人员在使用电话推销时要以自信的态度，清楚直接地表明你的目的，让顾客感受到你的专业和诚意
步骤五	了解顾客需求	了解顾客过去和现在的需求。在营销界有句名言：一流的电话推销，销售的是顾客的信念和价值观；二流的电话推销，销售的是产品的好处
步骤六	详细介绍产品	对所推销的产品进行介绍
步骤七	测试成交	如果顾客表现出兴趣，有成交的意向，那么推销人员应及时询问顾客需要产品的时间
步骤八	克服拒绝心理	成交的开始就是拒绝，每一次的拒绝等于你离顾客更近一步
步骤九	假设成交	假设顾客同意成交
步骤十	确立访问要求	不是每一次电话推销都能成交，而是能有进一步跟进顾客的机会

图 6-1　电话推销的十个步骤

6.3.4 电话推销的技巧

电话推销不是简单的打电话，需要掌握一定的技巧。

1. 确定推销对象

电话推销成功的关键在于找对目标，或者说找到足够多有效的潜在目标客户。在电话销售过程中，选择永远比努力更重要。选择的推销对象必须具备三个条件：一是有潜在或者明显的需求；二是对你所推销的产品有一定的购买力；三是推销对象要有购买的决策权。

2. 制订详细的推销计划

电话推销和其他推销方式一样，要事先做好一个推销计划，内容包括：如何引起顾客的注意，如何介绍产品，如何了解顾客的基本情况等。有了详细的推销计划，推销人员就可以从容不迫、应付自如。

3. 选择打电话的时间

电话作为一种不受地域、时空限制的推销方式，时间的选择非常重要。一般要避开电话高峰时间和顾客工作繁忙的时间。太早或太晚都不合适，吃饭和休息的时间也不适宜，一般上午10点后或者下午都是适宜的时间。如打电话后顾客表示正要外出或忙着自己的工作，可礼貌地询问对方是否可找其他人进行商谈，或择日再谈。

4. 精心设计电话推销开场白

电话接通后，电话推销员必须在30秒内做完自我介绍及公司介绍，以引起客户的兴趣，让客户有兴趣听下去，即电话推销员要在30秒内清楚地让客户知道三件事：第一，我是谁，代表哪家公司；第二，我打电话给客户的目的是什么；第三，我公司的产品对客户有什么用途。开场白最好用简短精练的语句表达，因为没人会有耐心倾听一个陌生人的长篇大论，他们想更快知道这个电话打来对于他们有什么价值，他们不想浪费时间。注意，不要总是问客户是否有兴趣，要帮助客户决定，引导客户的思维。

"您好，王总，我是幸福果业有限公司的××，我们公司主要做各种高档水果、干果、红酒、茶油礼盒的配送，我们的产品您可以作为员工福利、节日礼品发放，还能提供给您的客户，维护好您与客户的关系。"

5. 介绍产品要简洁且抓住重点

通过电话介绍产品时要抓住重点，突出产品特色，吸引客户。

"我们公司的产品和服务有三大特点：一是产品质量有保障，我们的水果有自己的种植园，确保了产品无农药残留；二是服务有保障，客户只要一个电话，我们就把产品送到家，节省了客户外出购物的时间；三是可选品种丰富，高档礼盒里面还有红酒、茶油、各种干果，品种多样，既能够作为高级礼品赠送客户，又能够用来走亲访友，您可以根据自己的需求和喜好，选择不同的礼盒。"

6. 灵活处理顾客异议

介绍产品时难免会遇到客户的拒绝、质疑，但是推销人员要保持良好的心态，同时对客户提出的拒绝、质疑采取得体的应对话术，以一家果业公司为例。

情况一：

顾客：谢谢，我暂时不需要，有需要我会打电话给你的。

推销人员：您看马上过年了，您公司肯定要给员工发福利，老客户也要维护好关系吧！员工福利能够提高员工的工作积极性，客户礼品能够增进客户合作关系。您用不多的投入，就能够获得巨大的收益，来年您的生意会越做越好。

情况二：

顾客：你先发资料到我邮箱，我查阅后再联系你吧！

推销人员：您是担心哪一方面？这样好了，我带着产品和资料去您那儿，您好做个直观的了解。（最好是约面谈，问清原因，找出解决办法。）

情况三：

顾客：我们已经有合作伙伴了。

推销人员：哦，那先恭喜您了，不知道与您合作的是哪家公司？作为同行我们可能了解得比较多一点，也许有什么能够帮助您的地方？（千万不要贬低对方的合作伙伴，如客户感兴趣，可以给其分析对方合作公司的优势，然后说出你产品的不同之处，引起客户兴趣，然后再提出约见，让你的客户明白，多个选择也不会对他造成什么损失。）

情况四：

顾客：我现在很忙，没有时间和你谈。

推销人员：没关系，您看明天下午方便吗？我带资料去拜访您一下，具体的咱们见面谈。（如果客户还是拒绝，那就告诉客户先给他发个邮件，约下次联系的时间，给客户个缓冲期。）

情况五：

顾客：请问你们的价格如何？

推销人员：我们的产品品种非常多，有高、中、低三档，而且还可以进行DIY设计，所以，最好允许我当面把这些资料交给您并为您详细讲解。（电话沟通，尽量避免谈价格，如非要报价格，可以报一个大致的价格，尽量报一个范围，而不是准确的价格，便于和客户讨价还价。）

7. 做好电话记录

通过电话交谈时，先介绍自己的姓名和情况，再记下对方姓名和需求等资料。电话交谈的过程中，做些简单的记录，为下次推销工作做好准备，便于建立客户档案。

8. 选择约见时间

最好提供两个或者两个以上的约会时间供客户选择。

- "请问您是今天下午还是明天有时间？"
- "是下午3点还是4点呢？"

如果不在办公室而是在公共场所给客户打电话，那么应保持周围环境的安静。电话结束的时候，必须先等客户的电话挂断后才能放下电话。

专题小结

语言是推销人员进行产品销售的重要工具，推销用语要讲究技巧，同时要讲究艺术。

● 推销用语的基本原则：推销用语要以诚信为本，推销讲解要耐心细致，推销讲解要从顾客角度出发，推销用语要通俗易懂，推销用语要轻松愉快等。

● 接近顾客的方法：赞美接近法、求教接近法、利益接近法、问题接近法、提供信息法、提及他人法等。

● 处理顾客异议的语言技巧：反驳处理法、但是处理法、利用处理法、补偿处理法、询问处理法、其他处理法等。

● 促使客户成交的语言技巧：请求成交法、假定成交法、选择成交法、小点成交法、想象成交法、举证成交法、对比处理法、穷追成交法、无可奈何法等。

● 电话推销员应该具备的基本条件：口齿伶俐、反应机敏，性格开朗、喜欢电话推销工作，善于总结教训和经验，声音富有亲和力。

● 电话推销的技巧：确定推销对象，制订详细的推销计划，选择打电话的时间，精心设计电话推销开场白，介绍产品要简洁且抓住重点，灵活处理顾客异议，做好电话记录，选择约见时间。

口才训练营

实训 6

课堂训练：电话约见

实训目的：锻炼学生电话约见客户的能力。

地　　点：教室。

训练内容：教师提供几位学长的电话，受训学生自由选择其中一位进行电话约见，其余同学聆听和观察受训学生的表现并进行点评。

课堂训练：拜访客户

实训目的：检验推销用语使用是否得当。

地　　点：校外。

训练内容：授课教师为学生提供约见客户的信息，学生进行拜访，以合影为完成任务的标准，教师组织学生进行拜访过程分享。

游戏 6

形式：10 人一组。

时间：15 分钟。

场地：不限。

目的：

（1）通过简单的游戏，考查学生的应变能力。

（2）活跃现场气氛。

程序：

（1）10位同学围成一圈。

（2）从第一位同学开始依次数1、2、3、4、5、6……逢数到"7"和"7"的倍数的同学就说"过"，下一名同学接着数下一个数字。

（3）哪位同学出现错误或犹豫时间长就算失败而被淘汰，其他同学继续，看谁是最后的胜出者。

分享：

（1）参加游戏的同学说出自己的感受。

（2）被淘汰的同学谈谈感受。

总结：

（1）通过游戏了解到简单的事情如果不重视也会成为难题。

（2）活跃气氛的同时也能锻炼同学们的应变能力。

口才加油站

阅读材料10

人生成功是一个复杂且多维的概念，不同的人可能会有不同的定义。以下是一位成功商业人士总结的人生成功经验。

1. 设定目标：明确你的长期和短期目标，这将为你的努力提供方向。

2. 持续学习：不断学习新知识和技能，适应不断变化的世界。

3. 积极态度：保持乐观，即使面对困难和挑战。

4. 自我认知：了解自己的优势和弱点，这有助于你做出更好的决策。

5. 健康生活：保持身体和心理健康，这是实现其他目标的基础。

6. 财务管理：合理规划和管理个人财务，避免经济压力。

7. 时间管理：有效利用时间，优先处理最重要的任务。

8. 建立人脉：与他人建立良好的关系，这有助于职业和个人发展。

9. 适应变化：灵活适应环境和情况的变化，不要害怕改变。

10. 承担责任：对自己的行为和决策负责，这有助于建立信任。

11. 解决问题：面对问题时，寻找解决方案而不是逃避。

12. 坚持不懈：即使在困难时期也要坚持不懈，成功往往需要时间和耐心。

13. 创新思维：敢于尝试新方法，创新可以带来突破。

14. 团队合作：学会与他人合作，团队的力量往往大于个人。

15. 有效沟通：清晰、有效地表达自己的想法和感受。

16. 心存感激：对生活中的好事表示感激，这有助于培养积极的心态。
17. 平衡生活：在工作、家庭、休闲和个人兴趣之间找到平衡。
18. 道德和诚信：坚持道德原则和诚信，这有助于建立良好的声誉。
19. 自我激励：找到激励自己的方法，保持动力和热情。
20. 反思和调整：定期反思自己的行为和结果，根据需要进行调整。

阅读材料 11

以下是一位销售精英的工作经验之谈。

销售准备的重要性：销售准备是达成交易的基础，涉及个人的修养、对产品的理解、心态、对企业文化的认同以及对客户的了解等。

情绪管理：良好的情绪管理是销售成功的关键。销售人员需要在见到客户时立即调整到巅峰状态，以积极的情绪面对客户。

有效沟通：销售不一定要能说，更重要的是建立有效沟通。倾听客户的需求，解决他们关心的问题，才能赢得信任。

专业知识：专业知识是销售的基础，销售人员需要不断学习和提升，以成为客户信赖的顾问。

目标分解：将长期目标分解为每天的行动，使目标变得可量化，从而提高行动力和达成率。

寻找客户的方法：利用各种平台和资源寻找潜在客户，包括在线平台、供应商、老业务员的经验分享以及竞争对手的客户群分析。

初次见面的策略：初次见面时，先拉近关系，不要急于推销。通过聊天了解客户的兴趣点，建立信任后再转向业务方面。

多次拜访：通过多次拜访，了解客户的喜好和需求，从而更好地维护和升级与客户的关系。

职业发展路径：销售人员的职业发展可以纵向发展成长为高级销售经理，横向发展转换到其他岗位，独立发展自己创业，或专业发展做销售领域的管理咨询或培训。

销售心态：具备强烈的责任心、不断学习的精神和永不言弃的决心。

聊天技巧：销售中的沟通主要分为听、说、问三个环节，其中会听排在首位，会问排在第二位，会说排在第三位。

讲故事的能力：销售冠军通常善于讲故事，因为故事有助于建立信任感、让客户更容易记住你，并且能够更好地传达产品的价值和服务的优势。

这些经验之谈涵盖了销售准备、情绪管理、沟通技巧、专业知识、目标设定、客户寻找策略、初次见面的策略、多次拜访的重要性、职业发展路径、销售心态、聊天技巧和讲故事的能力等多个方面，为销售人员提供了宝贵的指导和启发。

专题 7

演讲口才

知识要点

- ❖ 演讲的含义
- ❖ 演讲的设计
- ❖ 演讲的类型

能力要点

- ❖ 演讲开场白的设计
- ❖ 演讲结尾的艺术
- ❖ 即兴演讲的技巧
- ❖ 演讲内容的设置
- ❖ 吸引听众的技巧
- ❖ 商务演说中需要注意的问题

导入案例

彭博，1979年出生于宜昌，自幼患有口吃，后来不幸失聪。他曾因此自卑，但始终勤奋不懈，不断自我蜕变。

他回忆自己的小学时光：面无表情，只有用力拍大腿才能勉强说出几个字。为了克服口吃，他将鹅卵石含在嘴里，逐字练习发音，舌头常因此起泡甚至出血。

他曾北上，到北京学习，当保安，成

> 如果有一天神秘莫测的天意要把我的天赋和能力夺走，而只给我留下选择其中一样保留下来的机会，我将毫不犹豫地要求将口才留下，如此一来我将能够迅速恢复其余。
>
> ——丹尼尔·韦伯斯特

为一名北漂。后来，他辞职回乡，投身销售行业。他对销售充满热情，总是随身携带字典和书籍，一有空就练习发音和朗读。12年的营销生涯，使他终于完全克服了口吃的问题。

2012年12月，彭博在武汉成功举办了为期三天的营销培训课程，全程无讲稿。此后，他成立了自己的营销培训公司，并编写了《点燃工作激情》《会销演讲》等与演讲相关的多部著作。

2015年冬季，受到几位影视界朋友的启发，彭博以自己的故事为主线，拍摄了网络电影《舌战》。该影片在各大视频平台的播放量和豆瓣评分均有出色表现。

2016年，湖北作协的一位作家为彭博撰写了一部5万字的文学传记，这成了电影《梦想演说家》的灵感来源。《梦想演说家》以彭博的真实经历为蓝本，讲述了主人公在面对生活中的重重不幸时，如何越挫越勇、不屈不挠的故事，彭博亲自出演男主角。他自信地说："十年如一日的数百场激情演讲，都是在为今天的梦想铺路。"

彭博常说："最大的残疾不是身体上的，而是思想上的。我们不应该给自己的人生设限，每一次的突破，生活都会给予你相应的回报。"

这位身残志坚青年的故事让大家体会到演讲让他生活得更有价值。无独有偶，"身高只有3英尺（约合0.91米），体重大约47磅（约合21千克）"的美国励志演讲师肖恩·斯蒂芬森也创造了生命的奇迹。从这两位励志人物的经历来看，演讲在激励别人的同时也在激励自己。希望每一位有志之士都能够喜欢上演讲，也希望演讲能够让你的生活更加丰富多彩。

7.1 演讲的含义及类型

7.1.1 演讲的含义

演讲又称讲演或演说，是指在公众场所，以有声语言为主要手段，以体态语言为辅助手段，针对某个具体问题，鲜明、完整地发表自己的见解和主张，阐明事理或抒发情感，进行宣传鼓动的一种语言交际活动。

7.1.2 演讲的类型

演讲的类型多种多样，没有固定不变的规定，但每种分类都必须从同一个角度出发、采用同一个标准。例如，按演讲内容来分主要有政治演讲、学术演讲、法律演讲、生活演讲、教育演讲、军事演讲、商贸演讲、外交演讲和宗教演讲等，这是对演讲基本的分类；按演讲目的来分主要有说服性演讲、传授性演讲、鼓动性演讲、娱乐性演讲等。只要是以传递信息或影响别人为目的，主体采用语言表达的活动均可认为是演讲。演讲无处不在，它与人们的生活、学习、工作息息相关。

7.2 演讲前的准备

演讲不是一次随心所欲的交谈,而是一种比较正式的社会沟通活动。它要求演讲者面对几个、几十个、上百个或成千上万个人都能侃侃而谈,表情达意。而演讲的目的是明是非、传信息,鼓舞人、教育人。因此,任何一位成功的演讲者都十分重视演讲前的准备工作。演讲前准备得越充分,演讲获得成功的希望就越大。比尔·盖茨曾为了回母校演讲提前半年开始准备。他首先制定了一个时间表,对演讲稿从收集内容、筛选主题、形成初稿,到修改、定稿直至演讲之前的排练都进行了细致的规划。这充分体现了成功者所必须具备的热情、执着、专注和努力的宝贵品质。

归纳起来,演讲前要做的准备工作主要有如下几项。

> 1. 分析听众。
> 2. 整理思路。
> 3. 撰写演讲稿。
> 4. 背诵演讲稿。
> 5. 排练演习。
> 6. 熟悉场地。
> 7. 做好心理准备。

7.2.1 分析听众

一位管理学教授认为:分析听众工作主要围绕"他们是谁、他们知道些什么、他们想听什么、如何激发他们的兴趣"四个方面来思考。

- 他们是谁?演讲者要主动去了解将面对的听众,包括:有多少人来听演讲,听众的职业如何,年龄层次如何,文化背景如何,受教育情况如何等。你对听众分析得越多越细,就越能达到"知彼知己,百战不殆"的效果。

- 他们知道些什么?你需要去了解你的听众对你的演讲主题知道多少,他们知道得越多,你需要讲解的背景材料越少,但提供给听众的内容就要越新,涉及的范围就要越广。

- 他们想听什么?演讲者要进行换位思考或实地调查,收集听众想听的内容,再加以整理提炼。你的演讲离他们的兴趣点越近,就越容易得到他们的认可。

- 如何激发他们的兴趣?一般而言,每个人都是受到不同动机驱使的,他们有不同的兴趣、需要和满意度，这些因素影响了他们对演讲人做出的反应。你对听众共同的思想、关注点和动机知道得越多，你和他们合作取得成功的机会也就越大。

7.2.2 整理思路

整理思路环节包括：准备演讲内容，选择演讲形式，收集演讲素材，确定演讲风格等。

1. 准备演讲内容

演讲的内容千变万化，但也有章可循，大家可参考以下两个准备演讲内容的公式。

公式一：过去—现在—将来。

公式二：故事/经历/例子—观点—获得知识/唤起行动。

2. 选择演讲形式

应选择最有效的演讲形式将你的观点表达出来，使演讲产生最大的影响力。一般的演讲形式包括：

（1）介绍型演讲：主要任务是向听众传达信息。

（2）劝说型演讲：主要任务是影响听众的态度或促成听众习惯的转变。

（3）娱乐型演讲：主要任务是让听众轻松愉快。

（4）辩论型演讲：要求针锋相对，据理力争。

3. 收集演讲素材

做一个成功的演讲者往往是从用心收集各类资料并从中提取有用信息开始的。收集资料的主要途径包括：

（1）公司内部的有关资料，如工作总结、活动方案、活动照片或录像等。

（2）书籍、报纸、杂志。

（3）电视、网络。

（4）自己的亲身经历。

（5）自己或别人参加各种培训或活动所获取的资料。

4. 确定演讲风格

演讲风格是指演讲者在演讲过程中所表现出来的独特个性与较为稳定的特征，是演讲者文化修养、社会背景、阅历习惯、主体素质、个性情趣等内在因素的综合反映。演讲风格主要分为以下七种类型。

（1）温和型。这种演讲风格一般要求演讲者有圆润甜美的嗓音、清晰准确的吐字，并辅以亲切的笑容、柔和的眼神。这种演讲风格比较适合知识型演讲者、性格温和者或女性。

（2）激情型。这种演讲风格表现为演讲者精神饱满、声音响亮、手势幅度较大，给人以奋发向上、朝气蓬勃的振奋之感。在需要鼓动、激励的场合比较适合选用这种演讲风格。

（3）谈话型。这种演讲风格常常表现为演讲者语气亲切委婉，表情轻松随和，动作毫无矫揉造作之感，就像与听众拉家常似地漫谈。谈话型演讲风格非常适合说服性演讲。

（4）深沉型。在这种风格的演讲中，演讲者音调保持低沉，节奏比较缓慢，较少用身体动作，而多用眼神和面部表情来表现思考或忧郁之情。这种演讲风格一般运用在念悼词或者纪念性的演讲中。

（5）严谨型。这种演讲风格需要较多地运用口头语言中的强调方式，如用重音、反复等手法来对某些重要内容加以着重论述。在这种演讲风格中，手势语言一般用得不多，演讲者的站立姿势和位置都保持相对稳定。在一些隆重的场合，常常可以见到这种演讲风格。

（6）幽默型。这种演讲风格的特点是音调带有一定程度的戏剧味，语言生动形象、逗人发笑，手势动作轻捷灵活，面部表情富有喜剧色彩。它往往能很好地活跃气氛，增进演讲者与听众之间的感情。应注意的是，严肃场合不适用这种富有特色的演讲风格。

（7）潇洒型。这种演讲风格要求演讲者的音调抑扬顿挫，音色优美悦耳，外表漂亮显眼，动作干净利索。总之，无论是在听觉上，还是在视觉上，都要给听众一种"帅""酷"的感觉。潇洒型演讲风格比较适用于娱乐性场合。

7.2.3 撰写演讲稿

1. 拟定演讲稿标题

演讲稿标题与演讲内容、风格、语调有直接关系。内容决定标题，标题则鲜明地表现内容的特点。要求标题新颖、生动、恰当而富有吸引力，它的主要作用表现在以下三个方面。

（1）具有概括性。标题将演讲的主题、内容、目的全面地反映出来。例如，演讲标题"用发展的眼光看中国"就很容易让人明白其内容和主题。

（2）具有指向性。标题一讲出来，听众就知道你要讲的是哪方面的内容。例如，标题为"爱情与婚姻"的演讲是关于伦理道德的，标题为"中美经贸关系及对策建议"的演讲是关于政治和经济的。

（3）具有选择性。在演讲之前先告诉听众你所讲的主题是什么，听众据此可以选择听或不听。例如，标题为"雅思高分的秘诀"等，人们可根据自己的兴趣爱好或研究方向去选择。

> **小提示**
>
> 初学者在拟定标题时往往出现以下问题：
> ① 标题太长，不易记，如"经济危机下中小企业应该如何生存和发展"等。
> ② 深奥怪僻，艰涩费解，如"上上下下""管窥现代文明"等。
> ③ 过于宽泛，主题不明确，如"我的青春我做主""前途""责任"等。

英国一位演讲家曾讲过："一个好的标题多可归于'怎么样''是什么''为什么'三方面。"拟定一个好标题并非一件容易的事，需要长期锤炼、反复琢磨，久而久之就会找到规律。除避免上述三种问题外，还应注意以下问题。

（1）标题要有积极性。应选择那些光明、美好、有建设性的标题，如"创业是就业之门"这样的标题，就可以鼓舞听众充满信心地走创业之路。

（2）标题要有适应性。其一，要适应听众，即标题要考虑听众的思想水准、文化水平、职业特点、阅历等；其二，要适合自己的身份，即要选择与自己所从事的工作、专业、知识面接近的标题；其三，要适应演讲的时间，即要按规定的时间选择标题。规定的时间长，标题就大些；规定的时间短，标题就小些。

（3）标题要有新奇性。只有"新"和"奇"，才能像磁石一样吸引听众，如"当管理邂逅易经""阳光工资：等到我头发都白了"等演讲题目比较新奇且有吸引力。

（4）标题要有情感色彩。演讲者的演讲总是充满强烈的情感色彩，应将这种强烈的情感注入标题，打动听众，起到一种情感的导向作用和激发作用，如鲁迅的"流氓与文学"、马克·吐温的"我也是义和团"等。

（5）标题要有生动性。演讲标题生动活泼，能给人一种亲切感、愉悦感，如"老而不死论""象牙塔与蜗牛庐"等都非常生动活泼。当然，生动活泼与否主要由主题和内容而定，严肃的主题和内容不宜用活泼的标题，否则会冲淡或破坏演讲的严肃性。

2. 编列演讲稿提纲

所谓编列提纲，实际上就是确定框架，以提要或图表方式列出观点、材料及相互间的组合方式。编列演讲稿提纲，是演讲前的重要准备工作，是临场发挥的重要依据。提纲编列得好与坏，将直接决定演讲的成与败。

（1）编列演讲稿提纲的内容。

根据演讲的具体目的和要求，以及演讲者对材料的掌握情况等，演讲稿提纲的编列可粗可细。内容简单、材料易掌握时，可编得粗略些；内容复杂、材料丰富时，就编得详细些。一般来说，演讲稿提纲中要列举如下内容。

① 演讲的标题。如有副标题和插题，均应分别列出来。

② 演讲的论点。演讲的中心论点必须明确清晰地列出来。中心论点所包含的分论点，以及分论点下属的小论点，也应用简明的语言逐层列出。

③ 演讲的材料依据。事实材料主要指例证、数据等；事理材料主要包括科学原理、科学定律、文件精神、法律条文、名言警句等。这些事实依据和理论依据能使演讲言之有理，具有说服力和感染力。

④ 演讲的整体结构。演讲稿提纲的编列要在逻辑上体现出演讲内容的先后次序。例如，如何开头，如何结尾，重点内容如何突出，如何过渡，结构层次如何安排等。

（2）编列演讲稿提纲的方法。

① 演讲稿概要提纲的编列。概要提纲中要以简洁的语言和高度压缩的方式，简明扼要地列举出演讲的主旨、材料、层次和大意等。

案例启发

"赢在执行"这篇演讲稿的概要提纲如下。

a. 执行力的衡量标准——按质按量地完成自己的工作任务。

案例：平安保险董事长×××。

问题：从×国×××的崛起，反思我们对执行力的态度。

分析：如何检查下属的执行情况。

b. 执行力的三个核心——人员流程、战略流程、运营流程。

案例：①××集团前总裁×××；②上海××集团执行副总裁×××。

问题：从运营误区，判断三个流程的优先顺序。

分析：《致加西亚的信》。

c. 中国企业家在"人员流程"上的缺失。

案例：上海×××酒店副总裁×××。

问题：从中国×××公司的KPI（关键绩效指标）要求，检讨我们对问题的解码能力。

分析：如何挑选有执行力的人。

d. 决策的首要问题不在速度，而在是否可行和方法。

案例：①温州民企的特质；②长虹与华为的ERP（企业资源计划）经验。

问题：从民企平均寿命，指出一般企业领导人的通病。

分析：执行力不佳的八个原因。

e. 我们更需要一个执行型企业领导者。

案例：英特尔公司总裁×××。

问题：从德国足球队的表现，探究很多企业为什么没有执行力文化。

分析：执行型企业领导者要做的七件事。

补充："科学的程序"是执行的保障。

② 演讲稿详细提纲的编列。详细提纲要比较具体、细致，甚至要将每个细节都写上，可以说是演讲稿的缩写。详细提纲编列得好，演讲者不写演讲稿即可进行演讲。

案例启发

一位地产商在清华大学的演讲稿详细提纲如下。

引语：今天，信息已经足够畅通，没有什么我知道而你们不知道的事情。下面与同学们分享三个我亲身经历的故事。

第一个故事：我们家的故事

20世纪70年代，我的家乡甘肃遭受了大旱灾，出现了饥荒，日子过得很艰难，但父母一直坚持让我们上学，这种坚持从来没有动摇过。

体会：

第一，教育是最重要的。

第二，如果只有一个上学的机会，必须在男孩和女孩之间做出选择，那么应该把受教育的机会让给女孩，因为女孩以后会成为母亲，而母亲是孩子的第一位老师。

第二个故事：我们村的故事

种苹果树是村里人最重要的收入来源之一，仅次于外出打工。

体会：

第一，每个人思考问题都要从全球化的角度出发，要有更宽阔的视野。

第二，这个时代是个团结合作的时代，最需要具备的精神之一是放低自己、尊重别人、尊重不同的意见。最大的敌人之一是总认为自己是正确的、别人是错误的。

第三，我们可能会犯各种各样的错误，但最容易犯的错误就是狭隘。

第三个故事：我们公司的故事

我们公司是一家房地产公司，表面上看和互联网离得很远，但实际上在过去的十多年里，我们的每次进步都离不开互联网的支持。

体会：

第一，盖房子离不开互联网。

第二，节能管理离不开互联网。

第三，工程管理离不开互联网。

第四，收租金离不开互联网。

第五，出租房子也离不开互联网。

总结：互联网不仅仅是看新闻、查资料、买东西的工具，更是一种精神、一种新的思维。

7.2.4 背诵演讲稿

熟记和背诵演讲稿，在演讲者的演讲思维乃至整个演讲心理活动中处于突出的地位，也是演讲活动取得成功的必不可少的条件。可以说，不脱稿的演讲不能算演讲，只有脱稿演讲，才能使口语表达效果最佳。下面介绍几种背诵演讲稿的技巧。

（1）朗读法。记忆演讲稿时，重复地高声朗读，以至于"烂熟于胸"。朗读法不仅能加强记忆，还能像"彩排"一样为正式的演讲做准备。通过这种方法，演讲者既锻炼了口才，又体会了演讲的临场效果。

（2）默念法。在演讲记忆实践中，采用默念法的主要方式是边念边记。默念时人的注意力集中，大脑思维积极活跃，眼、手、口（默念）等多方密切配合，记忆内容就能很好地巩固。

（3）提纲法。记忆时，可只牢记演讲稿的提纲，抓住几个要素，快速、高效地记忆演讲稿内容。

（4）画图法。可用画图（画）的方式启发记忆。根据心理学研究，具体的形象具有熟悉性、情感性，容易引起注意和联想，同时不易忘记。

7.2.5 排练演习

排练演习这一步非常关键，特别是对于演讲新人或演讲新主题时。为了让排练达到良好的效果，可使用以下方法。

（1）请他人观看，提出意见。

（2）独自排练，使用辅助工具，如镜子、录音机、摄像机等。

（3）大声背诵。

7.2.6 熟悉场地

熟悉场地包括两层意思：一是在演讲前去查看演讲的场地，这样有利于演讲内容的设计和活动的开展；二是提前半个小时左右进入会场，有利于适应场地并检查演讲的设备情况。具体要检查的物品如下：

（1）设备：话筒（试音）、计算机和课件等。

（2）教具：黑（白）板、白板笔、翻页笔、粉笔、活动彩色挂图等。

使用黑（白）板时要注意：

- 写字要整洁，不要匆忙。
- 要边写边说，让听众听得明白。
- 要让听众看得清楚，不要阻碍视线。
- 应采用与底色高反差的笔。

7.2.7 做好心理准备

演讲心理指的是演讲者对演讲实践这个客体的反映和感受，是演讲者在进行演讲实践时所必然产生的心理活动和必然经历的心理体验过程。演讲是需要勇气的，这种勇气在演讲的表达阶段显现得尤为突出。演讲者一般要做好下面两种心理准备。

1. 克服怯场

怯场是人人都有过的经历，许多著名的演讲家在初登演讲台时也曾胸口发慌，两腿发抖。一位著名的演讲家曾在一次讲演后说："演讲一开始，我就感到自己四肢和整个心灵都在发抖。"后来经过刻苦训练，他终于克服了怯场。怯场并非什么不治之症，只要掌握了一定的方法，并经反复实践，是完全可以克服的。

2. 调整状态

演讲者一定要想方设法在登台演讲前将自己的情绪调整到最佳状态，以饱满的情绪登台演讲。一位著名的哲学家曾说:"一个充满了感情的演说者,常常使听众和他一起感动,哪怕他所说的什么内容都没有。"饱满的情绪能吸引听众、感染听众、打动听众。因此在登台以前,一定要调整好自己的状态,给听众留下美好的第一印象,让听众对演讲充满信心。

7.3 演讲开场白的设计

演讲的开头又称开场白,在演讲的过程中处于显要地位。一位作家说过,"开场白有两项任务:一是建立说者与听者的认同感;二是打开场面,引入正题。"好的演讲稿,开头应该用最简洁的语言、最短的时间,把听众的注意力和兴奋点吸引过来,这样才能达到出奇制胜的效果。设计演讲开场白的方法有多种,下面主要介绍以下九种。

> 1. 开门见山,亮出主旨(直白型)。
> 2. 介绍情况,说明事由(事由型)。
> 3. 奇言妙语,引人入境(妙语型)。
> 4. 自嘲调侃,幽默轻松(幽默型)。
> 5. 触景生情,巧妙过渡(情境型)。
> 6. 讲述故事,引出主题(故事型)。
> 7. 设置悬念,先声夺人(悬念型)。
> 8. 引用经典,树立权威(引用型)。
> 9. 精选新闻,与时俱进(新闻型)。

7.3.1 开门见山,亮出主旨(直白型)

这种开头直接进入正题,亮出演讲的中心思想。

案例启发

【例1】一位成功学大师在一所高校演讲时说:"各位大学生大家好,我是×××,今天非常高兴,有机会和大家分享'大学生成功学'这个主题。一个大学生怎样才能在学校里出类拔萃?怎样才能在毕业之后找到适合自己的理想工作?到底怎样运用自己的时间及怎样发挥自己的专长,未来的前途才会一片光明呢?我认为一个大学生在大学时代,应该做五件事情，当然不止这五件，但我觉得如果你做了这五件事情，你一定是一个非常优秀的大学生，而且未来的前途一定非常美好。"

【例2】2019年"世界地球日"，其中一篇演讲稿是这样直接亮出主题的："今天是一个特殊的日子，对我是这样，对你也是这样，对我们每个人都是这样。因为今天是世界地球日，地球对于我们每个人都只有一个，它是我们赖以生存之地，我们每个人都应爱护它、保护它、珍惜它！"

7.3.2 介绍情况，说明事由（事由型）

这种开头可以迅速缩短与听众的距离。

案例启发

一位著名的经济学家在吉林大学演讲时的开场白："首先我要向各位同学致歉，为什么呢？因为我迟到了十几分钟。各位知道我为什么迟到吗？因为我从来都没想到吉林大学这么大，一走就走错门了。我想走错门没有关系啦，北门和南门有什么差别呢，走路五分钟就到了，没想到开车都需要15分钟，太远了！所以还要请同学们多加谅解我的愚笨。今天来到这么大的大学，看到这么多的人，尤其是这么多年轻同学，我心里面格外紧张。我常常在外面演讲，我在任何场合演讲，从来不会紧张，但是到大学演讲我是最重视的，也是会有一些紧张的。因为你们中的每位同学都是我们国家未来的希望，我每个演讲的话题，相信都会给各位未来的人生造成比较大的影响，因此，我极为期盼又极为紧张。"这个开场白对刚发生的事情做出了一定的介绍和说明，为进一步向听众提示论题做了铺垫，使听众更为关注接下来的演讲内容。

7.3.3 奇言妙语，引人入境（妙语型）

听众对平庸普通的论调不一定感兴趣，如果用令人意想不到的见解引出话题，则会带来"此言一出，举座皆惊"的艺术效果，立即震撼听众，使他们急不可待地听下去，以此达到吸引听众的目的。需要注意的是，运用这种方式时应掌握分寸，因为用不好会变为哗众取宠、故作耸人听闻之语。因此，应结合听众的心理和理解层次出奇制胜。再者，不能为了追求怪异而大发谬论、怪论，也不能生硬牵扯、胡乱升华，否则极易引起听众的反感和厌倦。

案例启发

威特曾给大学生做过演讲，看看她是如何开场的："我是一个由七个字母构成的单词，我破坏了友情、亲情、邻里之情、同学之情，我是当今青少年中最大的杀手。我并非酒类，也并非可卡因，我的名字叫自杀。"威特的开场白激起了听众的好奇心，促使他们继续听下去以便找到答案。

7.3.4 自嘲调侃，幽默轻松（幽默型）

自嘲就是"自我开炮"，演讲者将其用在开场白里的作用是用诙谐的语言巧妙地进行自我介绍，这样会使听众倍感亲切，无形中缩短了与听众的距离。

案例启发

一位企业家应邀到北京科技大学演讲，他说："我以前来过北科大，不过目的不纯，是为了找女朋友。但遗憾的是，北科大女生都不喜欢我。"这个诙谐、风趣的开场白，引得北科大学子们哈哈大笑。

他回到家乡的江南大学演讲时说："我18岁离开江南水乡去了北京，被北方的风沙吹得一脸沧桑。"自嘲式的开场白，一下子拉近了他与家乡学子的距离。

7.3.5 触景生情，巧妙过渡（情境型）

一上台就开始正式演讲，会给人一种生硬、突兀的感觉，让听众难以接受。不妨以眼前人、事、景为话题，引申开去，把听众不知不觉地引入演讲之中。

案例启发

一位演讲者刚刚上场，就看见从天花板上掉下了很大一片石灰，他随即说：各位朋友，大家好！就在我踏上演讲台的这一刻，从天花板上落下了大片石灰。让我们将这个小插曲视为一个特别的欢迎仪式吧。我不得不说，你们的掌声太过热情，连天花板都为之动容，仿佛在说："我已经沉醉于这热烈的氛围中了。"而当掌声再次响起，天花板似乎也感动得"流下了眼泪"。不过，不必担心，这恰好为我们今天的讨论——"感动·感恩·感谢"——提供了一个生动的开场方式。让我们借此机会，深入探讨这些温暖人心的主题。

7.3.6 讲述故事，引出主题（故事型）

演讲者在正式演讲之前，可以先讲一个故事，由故事揭示某种精神，再自然地引出演讲的主题。通过讲故事，使自己的思想观点不动声色地融入故事中，起到"随风潜入夜，润物细无声"的作用。

案例启发

下面这位演讲者巧妙地通过两个关于动物的小故事来开场，既吸引听众，又引人深思。
"各位，在我正式演讲之前，先让我来分享两个小故事。第一个故事：大象把大便排在了路中央,一只蚂蚁正好路过,它抬头望了望那云雾缭绕的顶峰,不禁感叹道:'妈呀,这难道就是传说中的青藏高原?'第二个故事:一只蚂蚁看到一头大象向它走来,马上把自己的身子埋进土里,把一条腿露在外面,兔子见了不解地问道:'为何把腿露在外面?'蚂蚁说道:'嘘,别出声,老子绊它一跤。'这两个笑话虽然可以让我们轻松一下,但同时也给了我们更多的启示。因为这种现象也存在于我们企业的经营管理中,即关于定位与选择的问题。我们的企业经常会陷入两种误区:要么高估了对手,要么高估了自己。显然,这两种思想都是不可取的,原因在于企业家的思路不清、方向不明。我们要埋头拉车,更要抬头看路。因此,今天各位来这里的目的,与其说是来听我的演讲,不如说是给你自己一个机会,利用一个小时的时间来安静地思考:我的企业到底该如何定位?我的企业是属于蚂蚁企业,还是属于大象企业呢?显然,相对于国际跨国集团而言,我们大部分企业都还处于蚂蚁企业的成长阶段。"

7.3.7 设置悬念,先声夺人(悬念型)

实践经验表明,要想增强演讲开头的吸引力,设置悬念是一种有效的方式,因为人人都有好奇的天性。一个巧妙的悬念可以激发和强化听众的关注兴趣和期待心理,从而产生引人入胜的表达效果。

案例启发

有一次,陶行知先生到武汉大学演讲,他走上讲台,不慌不忙地从箱子里拿出一只大公鸡,台下的听众全愣住了。陶先生又从容不迫地掏出一把米放在桌上,然后按住公鸡的头,强迫它吃米,可是大公鸡只叫不吃。他又掰开鸡的嘴,把米硬往鸡嘴里塞,大公鸡拼命挣扎,还是不肯吃。最后陶先生轻轻地松开手,把鸡放在桌子上,自己向后退了几步,大公鸡自己就吃起米来。

这时陶先生才开始演讲:"我认为,教育就跟喂鸡一样,先生强迫学生去学习,把知识硬灌给他,他是不情愿学的。即使学也食而不化,过不了多久,他还是会把知识'还给'先生。但是如果让他自由地学习,充分发挥他的主观能动性,那效果一定会好得多!"台下一时间欢声雷动,为陶先生形象的演讲开场白叫好。

7.3.8 引用经典,树立权威(引用型)

演讲的开场白也有直接引用他人话语的,大多是富有哲理的名人名言,为演讲主旨做事前的铺垫和烘托。

案例启发

一位外国总统于2015年9月在清华大学演讲时就是以引用型开场白开场的:"大家好!

今天到中国著名学府清华大学与大家见面，我十分高兴。我见到各位清华大学的学子们，想起中国古籍《管子》中的一段话：'一年之计，莫如树谷；十年之计，莫如树木；终年之计，莫如树人。'据我所知，清华大学的校训是'自强不息，厚德载物'。我相信，今后各位的想法和热情将会给中国开启美好的未来。今天我很高兴和大家一起探讨两国要共同开启的未来。"

7.3.9 精选新闻，与时俱进（新闻型）

演讲者首先宣布一条引人注目的新闻，以引起全场听众的高度注意。这样的开头，可使听众为之震惊，并对事态关注起来。但所选新闻首先必须真实可靠，切不可故弄玄虚愚弄听众，否则，只会引人反感；其次要新，不能是过时的"旧闻"。

设计演讲开场白的方法还有很多种，不再一一列举。总之，无论采用什么形式的开场白，都要做到先声夺人，富有吸引力。

7.4 演讲内容的设置

演讲的魅力在于演讲的内在力与外在力的统一。演讲的外在力指演讲者的技巧与风度，内在力指演讲内容的鼓动性。针对演讲内容的鼓动性特点，在主体部分的内容设置上，应做到以下五点。

> 1. 以事引人。
> 2. 以理服人。
> 3. 以情动人。
> 4. 以势夺人。
> 5. 以美娱人。

7.4.1 以事引人

一次演讲，特别是叙事性演讲，要感动听众，离不开感人的事迹。即便是说理性演讲，也必须有感人的事例作为论据。演讲中若没有具体感人的事例，没有充实的内容，思想就会失去依托，说理也将流于空泛。

在列举事实材料时，事例既要有概括性，又要有具体性，由于受演讲时间限制，不可能一一道来。解决的办法是对事例进行概括，其主要目的是增加演讲稿的容量，增强听众的信息接收量。但概括性事例由于不细腻而往往缺乏"情"韵，因此，要通过一两个具体事例体现人情味，用细腻的叙述和生动的描写深深地打动听众。

案例启发

一位演讲者的题目是，致敬中国科学家。其中一段用感动中国2023年度人物——俞鸿儒院士的人生故事来诠释什么是"创新与奉献"。

尊敬的听众们，今天我要说的，是一个关于"创新与奉献"的故事，主角是感动中国2023年度人物——俞鸿儒院士。

对于俞鸿儒院士的名字，或许您并不熟悉。然而，在激波管和激波风洞研究及其应用领域，他的贡献却是举足轻重的。

俞院士的成功之路，充满了坎坷。在新中国初期，国家经济基础薄弱，电力供应紧张，我们无法照搬国外的风洞技术。但俞院士坚信，创新是适应我国国情的唯一途径。在一次实验中，爆炸事故摧毁了整个实验设施，但俞院士并未因此气馁。他坚信，只要人员安全，从失败中吸取教训，就能找到通往成功的路。正是这种精神，让俞院士和他的团队在科研道路上不断取得突破，建成了我国首座大型高超声速风洞JF-8和国际上首座爆轰驱动激波风洞JF-10等关键实验设施，为我国高超声速技术研究和国防经济建设做出了不可磨灭的贡献。

更令人敬佩的是，俞院士在科研生涯中始终保持谦逊低调的态度。他总是将荣誉和成就让给年轻一代，自己则默默地将名字署在获奖名单的最后。他曾说："国家的科学事业需要我们来做铺路石。"他不仅用言语，更用实际行动诠释了科学家的责任和担当。

7.4.2 以理服人

一般议论说理的目的是使听众"有所信"；而演讲中的"理"，不仅要让听众"有所信"，还应是演讲内容中的思想与精神的闪光点。所以，在演讲中议论说理要站得高，议论要紧扣事例的内在主题，并且必须是事例主题的揭示和升华，而不能是离开所叙的基本事实随意加上去的看法。

案例启发

以下是一位演讲者在"领袖性格"演讲中的一段。他以事例、数字来说明道理，很能使人信服。

"一个人将来是不是领袖人物要看七种根性：第一是沉稳，第二是细心，第三是胆识，第四是积极，第五是大度，第六是诚信，第七是担当。先来看一个案例，××集团的×××先生原来在公司所占的股份是100%，后来变成80%、70%、60%、50%、40%、30%，这个在领袖性格里面叫大度。一个人要舍得将口袋里的钱拿出来给大家分，如果将钱都放到自己的口袋是很难变成领袖的。我自己每年都退5%，直到退完为止。我也是这样做的。×××先生是浙江温州人，他今天的成功有很多条件，但至少我知道有一个条件是将钱拿出来给大家分，这是他的一个很强的个性。所以，××集团做到今天还非常成功，从这里就可以看出来，他符合了领袖性格里面的第五个——大度。"

7.4.3 以情动人

由于演讲内容具有鼓动性的特点，因此主体内容要以强烈的感情来打动听众。特别是抒情型演讲，感情色彩更需强烈。演讲要讲出感人肺腑的真情，关键在于演讲者的内心深处是否充满激情，而这种激情来自对演讲主旨的彻悟、对演讲事例的感动、对演讲对象的挚爱。演讲者和听众产生的共振越强烈，演讲效果就越好、越圆满。

案例启发

下面让我们来欣赏一位总统夫人力挺丈夫继续连任时的精彩而感人的演讲。

"……当人们问我，入主××是否改变了我的丈夫的时候，我可以诚实地说，无论是从他的性格、他的信念，还是他的心灵来看，他都仍然是许多年前我所爱上的那个男人。他仍是那样一个人，会在自己的事业起步期拒绝高薪工作，而走入一个因钢铁厂的倒闭而陷入困境的社区，为社区的重建和人们重获工作而奋斗；他仍是那样一个人，当我们的女儿们刚出生的时候，隔不了几分钟就急匆匆地查看摇篮，确认她们仍在好好呼吸，并骄傲地向我们认识的每个人展示自己的宝贝女儿；他还是那个几乎每晚都会坐下来陪我和女儿们吃晚餐，耐心地回答她们关于新闻事件的问题，并为中学生间的友谊问题出谋划策的人；他还是那个，我常常看到在万籁俱寂的深夜里，仍趴在书桌上研读人们寄来的信件的人，写信来的有努力工作支付账单的父亲，有保险公司拒绝赔付医疗费用而命在旦夕的癌症女患者，有具有无限天赋潜力却得不到机会的年轻人……我能看到他眼里的忧虑，我也能听出他声音中的决心，他说：'你不会相信这些人在经历些什么，我们必须继续工作，直到解决这些问题，我们还有更多事情要做。'我看到人们的这些生活故事——我们所收集的这些奋斗、希望和梦想——都是推动他每天工作的动力，我曾以为我不能爱他更多，然而今天，我比四年前更爱他了……甚至比23年前我们初见的时候更爱……"

7.4.4 以势夺人

演讲的主体内容要具有鼓动性的特点，除了要做到以事引人、以理服人、以情动人，还要做到以势夺人。"势"指气势，所谓以势夺人，即演讲的主体内容要表现出一种强烈的气势，一种如同万马奔腾、排山倒海、雷霆万钧的恢弘景观。这种"气势"，指运用语言、声音、手势制造出的宏阔、壮观、强劲的情绪和意志的氛围，表现出一种强烈的感情、坚定的意志、磅礴的气势，使听众受到感染，产生冲动而奋然行动。这种演讲方式经常运用在直销培训或励志课程里。

案例启发

【例1】一位销售实战导师，在演讲时经常采用以下气势先声夺人。

"掌声，不要、不要、不要、不要停，不要停，谢谢大家的掌声！"

"各位一定要改变现状、提升业绩，收入倍增的朋友们大家早上好！"

"谢谢各位激情的回答和热烈的掌声！"

"我想掌声是给自己肯定的同时，也是给对方的赞赏，是不是？掌声是给值得你敬佩的人鼓的，是不是？掌声是给值得你羡慕的人鼓的，是不是？掌声是给值得你学习的人鼓的，是不是？为自己的肯定和智慧，热烈鼓掌鼓励一下！"

"一个人要跟别人打交道要不要有激情？一个人要快乐地成长和快速地成长要不要有激情？一个人要成功致富要不要有激情？再次为你们自己的激情，热烈鼓掌鼓励一下！"

"大家都非常有激情和智慧，我非常喜欢和有激情、有智慧的人交朋友。可是，我喜欢交的朋友有几个类型。我喜欢的第一个类型的人，就是一定要倍增收入的人，如果你是的话请举手认识一下好不好？我喜欢的第二个类型的人，就是一定要越来越快乐的人，如果你是的话请举手认识一下好不好？我喜欢的第三个类型的人，就是一定要让家庭更幸福的人，如果你是的话请举手认识一下好不好？我喜欢的第四个类型的人，就是不仅想到还要做到的人，如果你是的话请举手认识一下好不好？我喜欢的第五个类型的人，就是遇到好事、听到好的演讲会热烈地鼓掌的人，如果你是的话，不要举手了，热烈鼓掌就可以啦！"

【例2】另一位被称为"销售女神"的演讲者也是非常有气势、有感召力的。

"各位希望自己在未来的人生当中，可以成为自己行业的冠军，可以持续成为冠军的，举手让我看一下，并大声且有能量地说Yes！各位，希望在自己未来的人生当中收入是现在的3倍、5倍，甚至50倍以上，有爆炸式成长的再次举手，让我看一下并大声说Yes！那么希望在自己未来的人生当中，过上快乐、平衡、全方位成功人生的朋友，请给自己最最热烈的掌声加欢呼声！"

"各位亲爱的朋友，假如一个人在自己的行业当中，一次成为冠军，棒不棒？如果两次呢？如果一年12个月呢？如果连续九年每个月都把冠军奖杯抱回家呢？如果这个人不仅打破了行业的亚洲销售纪录，还不断打破更新的销售纪录呢？这个人就是站在大家面前的我！"

7.4.5 以美娱人

演讲不仅有教育人、启发人的作用，还有美感作用。科学通过逻辑思维使人认识抽象的真理，艺术则通过形象思维使人认识真理。演讲艺术不仅能通过形象思维使人认识真理，还能使人的情绪激动，产生美的享受。演讲艺术的这种特殊作用，就是美感作用。许多人不屑于听演讲录音，不满足于听一般的报告，而一定要面对面地听演讲者演讲，其中一个重要原因，就是他们懂得演讲艺术的美感作用，希望获得"以美娱人"的心理享受和满足。加强演讲艺术的美感作用是增强演讲稿内容鼓动性的有效途径。演讲艺术的美感作用，表现在演讲者的演讲技巧上，如演讲者落落大方的仪表、潇洒的风度、圆润动听的嗓音等自然素质和训练素质等。

7.5 演讲结尾的艺术

演讲的结尾没有固定的格式，是主体内容发展的必然结果。言简意赅、余音绕梁的结尾，能够使听众精神振奋，并促使听众不断地思考和回味；而松散疲沓、枯燥无味的结尾，则只能使听众感到厌倦，并很快遗忘。怎样才能给听众留下深刻的印象呢？美国一名作家说："演讲最好在听众的兴趣达到高潮时果断收尾，未尽时戛然而止。"这是一种有效的方法。此时，听众的大脑皮层高度兴奋，注意力和情绪都达到最佳状态，若在这种状态中突然结束演讲，保留在听众大脑中的最后印象就特别深刻。下面主要介绍八种演讲结尾方法。

1. 幽默式结尾。
2. 诗词名句式结尾。
3. 感召式结尾。
4. 赞美式结尾。
5. 展望式结尾。
6. 表决心式结尾。
7. 故事式结尾。
8. 总结式结尾。

7.5.1 幽默式结尾

演讲者如果能在结尾中充分、灵活地运用这种手法，将会起到画龙点睛的作用。除了某些较为庄重的演讲场合，利用幽默式结尾结束演讲可为演讲增添欢声笑语，使演讲更富有趣味，并给听众留下一个愉快的印象。演讲者利用幽默式结尾结束演讲时，要做到自然、真实，使幽默的动作或语言符合演讲的内容和自己的个性，而不要矫揉造作、装腔作势，否则只会引起听众的反感。

案例启发

【例1】我国一位著名的语言学家应邀参加国外的一次书展并发表演讲。那天，他一反在欧美大众场合穿西装的习惯，打扮得像在国内一样，穿一身蓝缎长袍，风度潇洒，灵气四溢。轮到他演讲的时候，他不慌不忙地走上演讲台，以风趣幽默、机智俏皮的口吻，纵谈了他作为东方人的人生观和他的经验。热心的听众被他那娴熟的英语、雄辩的口才及俏皮精湛的演讲折服。正当大家听得入神时，他却卖了一个关子，收住语气说："中国哲人的作风是，有话就说，说完就走。"说罢，他拾起烟斗，挥了挥长袖，走下讲台，飘然而去！听众被他这个举动弄得瞠目结舌。很多听众早就拟好腹稿，准备待他的演讲结束后举手发问，却没想到他就这么突然离场了。他用这种幽默的方式避开了一场复杂的对话，也用这种独特的幽默行动，给听众留下了深刻的印象，更让他的演讲在世界演讲史上留下了一段佳话。

【例2】我国一位著名的作家在某市进行演讲，开头即说："我今天跟大家谈六个问题。"接着，他第一、第二、第三、第四、第五，井井有条地谈下去。谈完第五个问题，他发现离散会的时间不多了，于是提高嗓门，一本正经地说："第六，散会。"听众起初一愣，不久就欢快地鼓起掌来。

【例3】一位大学校长在毕业生典礼演讲结束时说："亲爱的同学们，这些临别赠言，就算是我这个同期生给你们远行的背囊里放入的一瓶清凉油或几包仁丹吧。虽不能给你们增添远行的气力，但可以在你们昏惑时增添一分清醒吧！祝愿你们走出校门后像神舟九号与天宫一号一般，顺利与梦想成功对接！"台下掌声如雷！

7.5.2 诗词名句式结尾

权威崇拜是一种普遍存在的社会心理，恰当地运用名人的话或诗词结束演讲，可以把演讲推向一个新高潮，为演讲者的思想提供有力的证明，还能表现出演讲者个人的独特风格，更能够产生美的感受，如"最后，我想引用×××的话来结束我的演讲……"，但要注意，引用时要有针对性，能丰富和深化自己演讲的主题。

案例启发

一位学者在为大学生做入学教育时如此结束演讲：

最后，让德国作家尚保罗说过的一段耐人寻味的话陪伴大家度过美好的大学时光。

人生犹如一本书，

愚蠢的人将它草草翻过，

聪明的人却会将它细细阅读。

为什么呢？

因为聪明的人知道，只能读一次。

当还能拥有时，

好好珍惜吧！

爱情如此，

友情如此，

亲情更是如此。

最关心你的人，

别只是永远被你排之于外。

当失去了，

流泪又能做什么？

7.5.3 感召式结尾

好的演讲结尾既然要是"豹尾"，就绝不能草率收兵、苍白无力，更不能索然无味、不耐咀嚼。

案例启发

某位总统发表过一篇著名的就职演讲，那次演讲被认为是最精彩的总统就职演讲之一。其结尾行文流畅，感情奔放而有节制，字斟句酌，内涵深刻而丰富，极具感染力。

"……我的同胞们，不要问你的祖国能为你们做什么，问一问你们能为自己的祖国做什么。我的同属于这个世界的公民兄弟们，不要问国家将为你们做什么，问一问我们能为人类的共同自由做什么。最后，不论你是我国公民还是世界其他国的公民，请将我们要求于你们的有关力量与牺牲的高标准拿来要求我们，我们唯一可靠的报酬是问心无愧，我们行为的最后裁判者是历史。"

7.5.4 赞美式结尾

俗话说"编筐编篓，重在收口""好头不如好尾"。赞美本身就充满了情感和力量，最容易拨动听众的心弦，引起共鸣。

案例启发

在一次重阳节的演讲中，一位演讲者是这样结尾的。这个结尾，是热情赞美的典型例证。演讲者满怀炽热如火的深情赞美了老一辈的丰功伟绩，因此极具鼓舞力，令人振奋。

"教育事业的发展,渗透了你们老一辈教育工作者的汗水和心血,离不开你们的辛勤探索和无私奉献。学校的一砖一瓦都铭刻着你们献身职教事业的功劳,学校的一草一木都浸润着你们孜孜求索的深情。这里是我们共同工作、共同耕耘的园地,你们既是我们的同事,又是我们的长辈,更是我们的教师。在你们身上,我们学到了'衣带渐宽终不悔,为伊消得人憔悴'的敬业精神,学到了真诚坦荡、相互尊重的待人哲理,学到了治学严谨、一丝不苟的良好作风。感谢你们多年来对我们的关心、鼓励和帮助,感谢你们为学校发展做出的突出贡献。在这里,再一次向各位尊敬的长辈敬贺节日快乐,祝各位离退休老前辈身体健康,愿你们如青松不老,古枫吐艳,晚菊傲霜,漫步人生夕阳红!"

7.5.5 展望式结尾

展望式结尾是比较常见的一种结尾方法,或者概括全篇,掀起波澜,给人以鼓舞;或者点明主旨,升华境界,给人以方向和动力;或者展望未来,热情呼唤,激发人们的斗志。这种展望式的结尾是用得较多的一种,因为它有着极强的鼓舞性,给人以刺激和震撼,并给人留下久久难忘的印象。这种结尾从形式上讲,往往多用"同志们""朋友们""女士们""先生们"等称呼,结束时大多将动词"让"和感叹词"吧"结合,构成"让……吧"的语句模式。

案例启发

2016年教师节,郎平回到母校北京师范大学,为学校近3000名学子演讲,分享女排训练、夺冠背后的故事。在演讲中,郎平用她的睿智与幽默赢得了阵阵热烈掌声,演讲的结尾是这样的:

我今年50多岁了,正带领年轻的中国女排走向跋涉的路。路很艰难,我们要做的事情很多,但是,我们都相信只要自己做好每一天,一定会站在离梦最近的地方。愿与在座的各位同学们一路同行。学弟学妹们,让我们不断互相鼓励,为梦想加油吧!谢谢!

7.5.6 表决心式结尾

表决心式结尾是竞聘演讲时常用的一种结尾方法,主要用于演讲者表明自己就职后的抱负和决心。

案例启发

在竞聘村委会主任的演讲会上,一位刚从工商管理学院毕业的小伙子在演讲结束时这样说:"我虽然没有当干部的经验,但我有为官一任、造福一村的热情。如果选我当村委会主任,我保证两年之内实现以上规划,让咱村改变面貌,让大家人人抱上金饭碗,说到做到,决不放空炮。如不兑现,我甘愿下台受罚!不仅我这一百多斤要交给大家,我还要把我家的楼房和几万元存折都压上。"他掷地有声地表明了自己的信心和决心，使听众很快由怀疑、惊奇变为信任和亲近，话音刚落，台上台下便掌声一片。他的真诚深深地感动了乡亲们，不少人都投了他的票。

7.5.7 故事式结尾

故事式结尾是指以一个与演讲主题有关的故事作为结束语，再用名言警句将主题升华。

案例启发

一位演讲者在全国校园文学研讨会上演讲，在演讲的结尾，他以一个故事作为祝福送给所有听众。演讲者所讲的故事含义深刻，又与主题紧密相连，把寓意深刻的道理讲得通俗易懂却又耐人寻味。借助故事倾谈心声，巧用名言"我们每个人的生命和未来都在自己手里"，升华了主题，连珠妙语如同一道心灵鸡汤，滋养着台下听众的心田，收到热烈的掌声。

"有个调皮的小孩想为难睿智的老酋长，抓了只小鸟问酋长：'你说这只小鸟是生是死呢？'小孩盘算着，如果老酋长说是生，他就暗中加劲把它捏死，如果说是死，他就张开双手把它放飞。小孩满以为取得完全的胜利，老酋长慈祥地笑了笑，拍了拍小孩的肩膀说：'生命就在你的手里。'我想告诉各位：未来无论将遭遇多少风雨，无论将直面多少荣光，我不求命运完全掌握在自己的手里，只希望无论面对什么困难，我都毫不畏惧！面对未来的每个日子，我想，我们每个人的生命和未来都在自己手里。"

7.5.8 总结式结尾

总结式结尾用精练的语言，对演讲内容和思想观点做出高度概括性的总结，以起到突出中心、强化主题、首尾呼应、画龙点睛的作用。

案例启发

一位企业家在一次中国大学新生学习规划公益巡讲的演讲中运用了总结式结尾结束演讲。

"我再回过头来总结一下。第一，要相信自己能做事情，能改变自己的命运。为自己做出明确的人生选择，并且坚定不移地走下去，哪怕这条路再窄，只要路在前面，只要你能走得更远，就可以看到别人没有看到的风景。第二，要记住你是来大学干什么的。不要把大学当成混日子的地方。如果同学们掌握了这些要点，并在大学的生活中以至于大学毕业以后坚持这些原则，都不会有错。生命中有些闪光点，回味的时候会感到心灵和精神同样丰富，最后哪怕再落魄也会觉得自己还是一个有着充实内心和精神财富的人。我觉得这是人最终的归宿所诉求的。至于未来能不能挣钱，是否有朋友与你一起行走，是否有很多荣誉给你，都当作一路的缘分就好，用随缘的心态来对待。但是，所有这些东西都不妨碍你读书、交友、思考，把自己变成独立思考的人。我的演讲到此为止，谢谢大家！"

7.6 吸引听众的技巧

1. 语言生动易懂，富于情感。
2. 以静治乱，短暂停顿。
3. 举出亲身事例。
4. 制造悬念。
5. 材料新颖。

7.6.1 语言生动易懂，富于情感

演讲的语言是介于口语与文学语言之间的，既要求遣词造句简练明确、通俗易懂，又要求表情生动形象、富于情感。

1. 因人宜

演讲者要根据听众的文化层次选择语言形式，用听众能听得懂的语言讲话，做到语义明白顺畅，不故弄玄虚，不使用晦涩生僻的词语，将自己的思想和感情直白地表达出来。

案例启发

一位大学校长在新生开学典礼暨军训阅兵仪式中的讲话就非常"体人"。他没带演讲稿，而是像拉家常一样娓娓道来："男同学要少打点游戏，女同学要少看点韩剧。""可以谈恋爱，但不要沉迷网络。""图书馆堆了很多知识，但是你没有掌握它，它是不能变成力量的……"校长朴实而又幽默的讲话，给这个严肃而气势磅礴的场面带来了轻松的氛围，很快拉近了师生间的距离，让新生们纷纷感叹"这个大叔有意思"。

2. 个性化

演讲的语言应体现演讲者独特的风格，因为个性化的语言能给人留下深刻的印象。听众能从演讲者或沉郁、或激昂、或诙谐、或充满哲理的语言中洞察演讲者的个性与人格，而人格的魅力往往比语言的吸引力更大。

有一次，卡耐基研究所对100位著名的商界人士进行智力测验，测验的内容与战时美国

陆军所用的相似。分析测验的结果，得出了一个重要的结论：事业成功的各种因素中，个性的重要性远胜过优秀的智力。这个结论表明：个性对商人、对教育家、对专业人士，特别是对演讲者而言，都是十分重要的。

案例启发

比尔·盖茨在他关于疟疾的演讲中放出一罐蚊子，获得了多家媒体的头条报道。他开玩笑地说："没有理由只有穷人才应该有这种经历。"

3. 有激情

演讲者内心的激情主要是通过充满感情色彩的语言表露出来的。演讲的语言切忌平淡乏味、有理无情。撰写演讲稿要多用气势磅礴的排比句、情绪饱满的设问句、直抒胸臆的感叹句等，使语言铿锵有力、气势逼人，将听众引入语言所塑造的氛围中，跟随演讲者悲、喜、痛、怒。

案例启发

【例1】经不懈努力，2021年9月25日晚，华为公司首席财务官孟晚舟乘坐中国政府包机返回祖国并发表讲话。这是激动人心的一刻。

"……我们祈祷和平，幸运的是，我们生在一个和平的时代；我们崇尚伟大，可贵的是，我们生在一个伟大的国家。成长在改革开放时期的我，亲眼目睹、亲身经历了共产党领导下的中国和中国人民是如此伟大，全体同胞数十年如一日地艰苦奋斗，让我们的祖国走向繁荣富强，人民迈向共同富裕，为世界的和平与发展做出巨大的贡献！感谢亲爱的祖国，感谢党和政府，正是那一抹绚丽的中国红，燃起我心中的信念之火，照亮我人生的至暗时刻，引领我回家的漫长路途。"

"感谢亲爱的家人们，与我一起经历风雨，见证岁月，安放我所有的喜乐苦悲。是你们的遥遥相伴，陪我越过层层山丘；是你们的默默守护，带我跨出丛丛荆棘。感谢亲爱的伙伴们，有一种浪漫叫并肩作战，有一种纯粹叫全力以赴，有一种果敢叫奋不顾身。回首此间，满是静水流深的情义和雷霆万钧的担当……"

【例2】以下是一个关于"连锁销售"的演讲，演讲者善于运用排比句、反问句来加强演讲的激情，同时调动听众的热情。

"智者创造机会，强者把握机会，弱者等待机会，愚者放弃机会，成功往往属于那些懂得把握机会，并不断坚持努力的人们。亲爱的朋友，我们没有机会把握最初的股票、保险，难道您现在还要错过可以实现财富自由的机会吗？"

"命运并非机遇，而是一种选择，我们不应该坐等命运的安排，而必须依靠自己的努力去创造命运！如果你要问我，命运在哪里，那么我会告诉你：请将你的拳头握起来，现在，你应该知道命运在哪里了吧？"

"别忘记，我是最棒的！把握机会，把握趋势，一定会成功！"

7.6.2 以静治乱，短暂停顿

欲说还休，往往更能刺激听众的欲望，撩动人心的演讲通常不是一气呵成的，而是适当地停顿、静默，然后多转折、多变化地引人入胜。停顿，既是生理的需要，又是表达的必然要求；是口头的标点，也是演讲者情感神韵的传导。有意识的停顿不仅能使讲话层次分明，还能使重点突出，吸引听众的注意力。

案例启发

在著名的林肯和名法官道格拉斯的辩论接近尾声之际，所有的迹象都表明林肯会失败，他会因此感到很沮丧。在他最后一次辩说中，他突然停顿下来，默默站了一分钟。望着他面前那些半是朋友、半是旁观者的群众的面孔，他那深陷下去的忧郁的眼睛跟平常一样，似乎满含着未曾流下来的眼泪。他把自己的双手紧紧握在一起，仿佛它们已经太疲劳了，已无力应付眼前这场无助的战斗。然后，他以他那独特的单调声音说道："朋友们，不管是道格拉斯法官或我自己被选入美国参议院，都是无关紧要的，一点儿关系也没有。但是我们今天向你们提出的这个重大问题才是最重要的，远胜过任何个人的利益和任何人的政治前途。朋友们。"说到这儿，他又停了下来，听众们屏息等待，唯恐漏掉一个字。"即使在道格拉斯法官和我自己的那根可怜、脆弱、无用的舌头已经安息在坟墓中时，这个问题仍将继续存在、呼吸及燃烧。"替他写传记的一位作者指出："这些简单的话，以及他当时的演说态度，深深打动了每个人的心。"

7.6.3 举出亲身事例

卡耐基有一套为演讲设计的"魔术公式"，效果极好，主要有以下3个步骤。

第一，把你需要传递的主要观念，用亲身事例做例证，详细而生动地传达给听众；

第二，把你的要点简明地陈述出来，使听众完全明了你要他们做什么；

第三，告诉听众，假如他们采取你的建议，会有什么好处。

这套"魔术公式"为什么要特别强调用亲身事例做例证呢？因为自己亲身经历的事情，远比引述别人的经验更能够赢得听众的认同。

案例启发

郎平2016年曾回到她的母校北京师范大学演讲，她传奇的一生深深地吸引着听众。

应该是受运动员经历的影响，我在 34 岁就能做到说走就走，说干就干。那年因为一句中国女排需要你，我就放下刚刚两岁的女儿回国。但是 2013 年，低谷中的中国女排又一次向我发出召唤，我明显感觉到自己的顾虑多了。在最纠结的几天，我不止一次问自己是不是老了，怎么变得犹豫了，不像当年的郎平，但最终我还是决定干。

眼下我们女排有很多困难，在我上任时几乎都预料到了。我很清楚，选择接受挑战就是承受痛苦和压力，但我还是愿意迎着困难上。朋友们都问我为什么，我说：首先，是我对中国女排的感情；其次，是年轻时的经历让我喜欢充实、富有挑战性的生活，而且家里也很支持我，他们很高兴看到我下决心出山了，因为这样他们感到我还没老。

我这个人不会唱高调，但是真心感觉人不会老，是因为有梦想。在各位同学即将走出大学校园的时候，我想说你们正是最好的年华，千万不要贪图安逸，趁年轻，尽量去选择有挑战的事业。你们会在克服困难前进的过程中体会到人生的意义、梦想的价值。

7.6.4 制造悬念

好奇是人的天性，一旦有了疑虑，就非得探明究竟不可。为了激发听众的兴趣，可以使用悬念手法。在演讲中设置悬念，能紧紧地抓住听众，使听众对事物发展和人物命运产生强烈的关切心情，急切地希望得到答案。悬念的设置在演讲中也需要呼应，往往是先将疑问悬置起来，引起听众对某一事态的密切关注，在一段时间后再行作答。与开头呼应，揭开谜底，产生一种出奇制胜的效果。

案例启发

一位作家在做"每个人都应有明确的目标"的演讲时巧妙利用听众的好奇心，通过讲故事来制造悬念，打动人心，给听众留下了难以忘怀的印象。

"一天，一位作家得到了一只狗，不禁喜出望外，便来到一个驯狗师家，想请他训练这只狗。驯狗师看了看作家，问道：'我想知道，这只狗的目标是什么？'作家一听，有点儿摸不着头脑，幽默地回答：'也许它的目标是努力成为一只狗，而不是猫之类的吧。'驯狗师摆出一副爱莫能助的样子说：'对不起，我不能帮一只没有目标的狗进行训练。'于是，作家只好带着小狗悻悻而归。回家后作家把自己关在书房里，却怎么也想不出这只狗的目标究竟是什么。当他看见自己的四个孩子在一起嬉戏打闹，玩得很快乐时，突然灵光一闪，觉得狗的目标有了！于是，他再一次把狗送到驯狗师那里，驯狗师马上开始对这只狗进行专门的训练。不久，一条训练有素的狗出现在作家的家里。它不光成了孩子们最忠实的玩伴和朋友，晚上还肩负起了看家护院的职责——这就是作家为自己的狗确定的目标。瞧，狗有了目标后才能成为一只好狗，人自然就更不用说了。人活一辈子，不能没有目标，特别是年轻时，设定自己的目标并为之奋斗是头等大事。"

7.6.5 材料新颖

创新是演讲生命力的源泉,"喜新厌旧"是听众的普遍心理,因而追求观点表述的创新是演讲者的一项重要任务。演讲材料一定要新颖,这样方能使演讲不落窠臼,更加丰富人们对演讲内容的理解和感受。法国的丹纳曾经说过:"一切典型永远可以推陈出新,过去如此,将来也如此。"只要敢于和善于创新,就能使演讲永葆生机和活力。

案例启发

【例1】选择真实而新鲜的新闻事件,注重知识性和时效性。例如,在某高校毕业典礼上,校长16分钟的演讲,被掌声打断30次,在2000余字的演讲稿中,他把四年来的国家大事、学校大事、身边人物、网络热词等融合在一起,如"俯卧撑""躲猫猫""打酱油""妈妈喊你回家吃饭""蜗居""蚁族""被就业""被坚强"……

【例2】将抽象、新奇的事物通过联想拉回现实,和生活中普通的东西联想在一起。如在谈到计算机软硬件的关系时,某专业人士形象地说:"计算机只是盘子,软件才是菜,人是为吃菜才买盘子的,两者的关系不能本末倒置。"

【例3】发挥自己的专业特长,用专业的知识进行形象的联想。如某总裁将成就、荣誉、地位、金钱等比喻成"电荷",在一个人身上积累多了,"电压"就会升高,"高电压"使别人难以接近,自己也十分危险。其解脱的办法是"放电",将自己"接到地上","接地""放电",回到"零电位"。这位总裁,用自然科学的方法来解释社会科学中的心理现象。

技巧训练

辩 论

正方:大学校长在开学典礼上致辞可以大量秀"潮语"(网络语言、时尚语言)。
反方:大学校长在开学典礼上致辞不应该大量秀"潮语"。

7.7 即兴演讲

即兴演讲,是指在事先没有准备的情况下,对眼前的人、事、物、情、理等有所感触而临时所作的演讲。即兴演讲比一般有准备的演讲灵活性更强、难度更大。因为它是演讲者被周围的情景、事情所触发而产生了发表意见的冲动,或在某种场合下因身份、地位的需要被推举而临时发表讲话。没有过多时间进行准备,完全靠即兴发挥、灵活应变,这就对演讲者提出了更高的要求。即兴演讲者应具备较强的材料组织能力、现场掌控能力和应变能力。即兴演讲的技巧如下。

> 1. 选准话题。
> 2. 借题发挥。
> 3. 从现场发掘话题。
> 4. 从讲故事开始。
> 5. 布局短小精悍。
> 6. 结尾有力度。

7.7.1 选准话题

由于即兴演讲审题时间短，很容易偏离主题、不得要领、见解平庸，这样就会使演讲牵强附会、言之无物、陷入困势。所以，要从自己感受最深的方面出发，充分调动起头脑中储存的信息，选一个新颖独特的议论角度，提出一个紧扣实质、揭示要害的话题。

7.7.2 借题发挥

即兴演讲的开场白可以利用此时此地的一些特殊事物，如人名、地名、季节、天气、景物、气氛等，引发联想，导入主题，显得生动、活泼，使听众觉得风趣、别致。

案例启发

某县领导在做就职演讲时，其中有一段就是借就任时间进行了精彩的发挥。一连串以"马"为词素的喻体构成博喻，妙语连珠，贴切生动，使表态情真意切，颇具感染力。

"今年是马年。过马年，大家扶我们上马背，我们五个'马上人'的态度是'骑马背、扬马鞭、唱马歌、讲马话'，那就是'立马行动，一马当先，五马齐驱，快马加鞭，马不停蹄，抢立汗马功劳，争取马到成功'。"

7.7.3 从现场发掘话题

现场的人和事，如现场听众的职业特点、现场名人的事迹等，都是典型的素材。

案例启发

某个专家到一所全国著名的航空航天大学演讲，演讲会场正好贴有中国航天员王亚平的头像。专家是这样勉励学生的：

尊敬的同学们，站在这所享有盛誉的航空航天大学的讲台上，我被墙上王亚平航天员的画像深深吸引。今天，我想与你们分享她的故事，并以此勉励大家。

王亚平不仅是我国首位在太空授课的教师，也是我国首位执行太空行走任务的女性航天员。她曾经这样说过："我从一名普通的农家子弟成长为一名优秀的飞行员，再到一名合格的航天员，什么都没有，有的只是一颗追求命想的心。"王亚平的经历告诉我们，无论我们来自何方，只要我们怀揣梦想并为之不懈努力，就有可能实现它。

在座的航空航天大学的学子们，王亚平的经历和精神是一笔宝贵的财富，值得我们每位同学去学习、去传承。我希望大家能以王亚平为榜样，勇敢地追逐你们的梦想，持续探索、勇于创新。让我们为实现中华民族的伟大复兴贡献自己的智慧和力量！

7.7.4 从讲故事开始

用形象的语言讲述一个故事作为开场白，引起听众的兴趣。选择的故事要遵循几个原则：一要短小，否则成了故事会；二要有意味，引人深思；三要与演讲内容有关。

案例启发

一位将军应邀回母校参加"国防园"开园仪式，一草一木，令他眷恋不已，浮想联翩，仿佛又回到了青春时光。他即席发表演讲，是这样开头的：

今天早上，我走出宾馆的时候，门卫好奇地问我："将军，您上哪儿去？"听说我到军校时，他说："那可是个好学校，您从前去过吗？"

这个故事情节极为简单，叙述也朴实无华，但饱含的感情却是深沉的、丰富的。既说明了军校在人们心中非同寻常的地位，也表达了将军深深的眷恋之情。接着，将军不露痕迹地过渡到"责任—荣誉—国家"这个主题上来，水到渠成，自然妥帖。

7.7.5 布局短小精悍

即兴演讲多是在一种激动的场合下进行的，没有人乐意听长篇讲话，因此必须短小精悍。短小，指篇幅；精悍，指内容。即兴演讲不能像命题演讲那样讲究谋篇布局，但也要结构合理、详略得当，要有快节奏的风格和一气呵成的气势，切忌颠三倒四、离题万里、拖泥带水。

7.7.6 结尾有力度

即兴演讲的结尾很讲究，或给人以力量，或提出问题让人深思，或展示自己的观点，或指出奋进方向。总之，结尾应余音袅袅，留下回味的余地，让听众有一种"言已尽而意无穷"之感。结尾或对演讲全文的要点进行简明扼要的小结，或以号召性、鼓动性的话收尾，或以诗词名句及幽默俏皮的话结尾，但一般原则是收拢全篇、卒章显志、干脆利落、简洁有力，给听众留下深刻的印象。

案例启发

一次，国际交流网球赛结束后，国家体育训练基地为印度尼西亚队饯行。印度尼西亚队输给了中国队，队员们的情绪都不高。该队领队在致辞时不卑不亢，礼貌而幽默，尤其是那绝妙的结尾堪称珠圆玉润，比其为"豹尾"也不为过。

"尽管我们尽了最大的努力，但由于气候不适应等原因，我们队伍的技术没有很好地发挥，遗憾地输了球。但这对东道主中国队来说，我们无疑是最好的客人。今天我在这里祝贺贵队取得优良成绩，就是最好的证明。""不过，来日方长。如果我们下次再来做客时，不能成为你们最好的客人，也请尊敬的主人不要见怪。"

7.8 商务演说

7.8.1 什么是商务演说

在从事商务交往的工作当中，不可避免地要涉及商务演说，如果精通常用的商务演说技巧，那么将在工作中如鱼得水、游刃有余。无论是普通员工还是企业的领导者，具备良好的沟通技巧都是成功的重要因素。商务演说的目的在于将所表达的信息传递给对方，鼓动对方并最终说服对方。

商务演说的重要性在于，它首先是进行交往的一把利器，其次是成功的前提和基础，最后能在漫长的职业生涯过程中开山劈石、成就事业。所以，针对当今常遇到的商务演说，大家应掌握相关的技巧。

7.8.2 商务演说中需要注意的问题

商务演说是一项比较重要且困难的工作，如果让商务演说更精彩并发挥其应有的作用，需要注意以下几个问题。

1. 做好充分的准备

在进行商务演说之前，要收集大量与演说内容相关的资料，尽量做到演说内容丰富多彩，特别是准备一些最新、最前沿的内容，会令你的演说更精彩。

2. 进行周密的规划

在进行商务演说之前，演说者需要对演说的内容进行周密的规划和安排，让听众能注意和接受演说的内容。在演说的过程中，如何能吸引听众是必须思考的问题。有了好的内容，还要对演说稿进行规划，如哪个段落是要突出的重点？哪段文字需要配套的图片或者音乐？这些都需要精心设计。只有进行精心的规划和安排，看似枯燥的演说稿才能给听众带去不一样的体验。在演说时，还可以借助多媒体工具，淋漓尽致地展现演说者的演说才能。

3. 内容生动

精彩的商务演说并不是简单地将要阐述的观点和相关内容向听众交代完毕就完成任务了，其中的诉求点要能吸引听众的注意，这就要求演说者借助趣闻、故事的一些片段来丰富内容。如果碰到一些比较乏味的演说题目，就更应该运用案例、比喻等发挥演说者的幽默感，让听众对演说感兴趣并乐于接受。

4. 鼓舞人心

优秀的演说者能使演说内容深入人心。在演说者进行商务演说之前，听众会对演说内容有强烈的期待，这就要求演说者用振奋人心的话语将演说的内容、目的传递给听众。例如，公司将要召开新一年度经销商大会，一项重要议题是经销商现场订货。要做一次公司新年度计划的演说，首先要介绍产品上一年的销售业绩；然后对上一年经营业绩突出的经销商进行表彰，并提出新的鼓励政策，激励经销商再接再厉；最后还要将新年度计划向经销商做说明和展望。总之，演讲内容和过程要鼓舞人心和具有感染力。

5. 对演说内容的结构进行周密的编排

再精彩的演说，一段时间以后其大部分内容都可能被听众遗忘。听众可能只记得演讲者的名字而不记得演讲者是哪家企业的，甚至只记得演讲者的西装颜色而不记得演讲者的姓名。如何能使听众对演说印象深刻呢？就需要对演说内容的结构进行周密的编排。首先，内容上要注意连贯，涉及时间、地点、空间的内容要保持顺序上的一致，不要出现颠倒次序的情况。其次，遇到需要突出的重点要重复提醒听众注意，并对重点内容进行简单的说明，因为越简单的内容越能被听众接受并记住。最后，要着重确定要点，在内容的阐述中要强调要点内容，不要将注意力和重心放在琐碎的内容上。

6. 尽量少使用专业术语

每个行业都有相关的专业知识，也就产生了相应的专业术语，尤其当商务演说者是某个行业的专家时，可能其演说内容中会出现大量本行业的专业术语。但当听众不是相关领域的工作人员时，演说者尽量不使用大量的专业术语，否则演说只能成为"一个人的精彩"。

7. 加强与听众的互动

商务演说想要更好地让听众接受，就要加强与听众的互动。演说不是一个人的独白，还需要在场听众的积极响应，只有通过听众的响应情况才能知道听众是否真的接受所演说的内容。在演说的开场或者中间休息的时候，为了了解听众接受演说内容的程度，可以适时地向听众提问或让听众向演说者提问,并根据听众的反馈调整后面演说的内容。

7.8.3 产品推广演说

产品推广会是指在特定的时间通过宣传,依靠相关的渠道,将产品推荐给顾客或者经销商。产品推广演说和其他演说是有差别的,多数情况下听众并不完全听演说者的演说内容,而是走近产品、了解产品,最终在推销员的介绍下购买产品。因此产品推广演说除了需要注意前面介绍的几个问题,还可以融入一些技巧,以增强产品推广的效果。

一个成功的产品推广演说有以下五个基本属性。

1. 参与性

参与和互动能让听众对演说有更深刻和直观的印象。由于在产品推广会的活动现场,听众更关心的是产品的情况,而不是滔滔不绝的演说,所以在演说过程中,可以增加听众参与的环节,借助产品或其他工具传递产品独特的信息。同时,在有众多企业参加的大型展览会上,增加听众参与的环节可以吸引一些漫无目的的游客,使其来到自己的产品推广现场。

2. 重复性

在产品推广会上,听众的注意力持续时间是很短暂的,大多数人在一分钟后可能就会忘记刚刚听到的全部内容。因此,在产品推广会上重点推荐一款产品的时候,应该注重重点内容的重复,在反复重复的过程中,突出产品的特性,加深听众的印象。

3. 利益性

在进行新产品推广期间,除了要将新产品的特性、功能展示给顾客和经销商,还要让可能订购产品的经销商知道经销这个新产品能给其带来可观的经济效益。

4. 专一性

演说者进行产品推广演说时,内容应简单且前后一致,围绕主题展开。因为过多的信息会让听众分不清重点而无所适从。演说时间过长,听众就会流露出不耐烦的情绪,在演说结束后能否上前关注你的产品,就不得而知了。

5. 独特性

经销商和顾客参加多次产品推广会后,会对千篇一律的产品推广演说和推广方式产生厌倦的情绪。在众多的推广会上,要集中听众的注意力,就必须带来有创意的内容。

案例启发

一位企业创始人是个产品推广的高手,听过他演说的听众这样评价他:他卖一份牛排,要让牛排上那滋滋的热气充分地"勾引"你,激起你的购买欲望。以下是他演说的技巧。

1. 内容设计:销售梦想而非产品

(1)主题定位明确。推广某款笔记本计算机时,他的描述是"全球最薄的笔记本计算机"。

（2）聚焦利益点。他用"一半的价格，两倍的速度"来推广笔记本计算机。

（3）销售梦想。他通过"用我们自己微小的方式，让世界变得更美好"来延伸产品的价值。

（4）遵守10分钟规则。他的演说会持续1小时左右，可每10~15分钟会插入视频、示范、客户发言，从而避免听众厌烦。

2. 形式设计：简洁清晰，掷地有声

（1）提纲挈领，使用关键词汇。每次演说开始，他都会介绍演说提纲；过程中，会做出口头引导，如"这是我今天介绍的第一款产品，现在我们把目光投向第二个"，以帮助听众跟上节奏。

（2）简单、清晰、直接的语言风格。他谈到新产品的速度时的用词是"敏捷得惊人！"他的语言简单、清晰、直接。

（3）使用简洁的视觉化幻灯片。他在演说中经常使用照片或图片。当别人平均每页幻灯片有40个词时，在他的10页幻灯片中找到7个词都很难。

（4）挖掘数据的意义。每次他在演说中都会大量运用数据。

（5）模拟电影策划，制造"大片"效果。他的演说具有"大片"的很多元素：英雄和反派、配角、震撼的视觉效果；并且和电影导演一样，他用图板来串联情节。

3. 现场设计：营造现场体验感

（1）使用道具辅助演说。除了吸引人的视觉背景（他的幻灯片），他还会带来展示和演说道具，介绍新产品或功能时，他会坐在计算机前或拿起产品来展示它是如何工作的。

（2）和商业伙伴分享舞台。他的演说很少是独角戏，因为他乐于和商业伙伴、音乐家、员工一起分享舞台。

（3）策划高潮，让听众欢呼。他的每次演说都有一个高潮时刻，成为演讲最为人津津乐道的部分，这些精彩时刻都是事先设计好的。

4. 反复排练，享受演说乐趣

1小时的产品发布会，他却需要两个礼拜来准备，反复地确认细节、练习，对于呈现产品的方式、力度和角度，每步都一丝不苟。

专题小结

人才是宝，口才是金，是人才者未必有口才，而有口才者大多是人才。拥有口才，就很可能拥有成功。演讲台上的口若悬河，辩论赛上的独领风骚，应聘会上的随机应变，交际场上的运筹帷幄，无不体现着口才的决胜作用。要在这个世界上生活、工作和发展，就应该高度重视口才的作用，精心培养并不断完善自己的演讲口才，使自己具有能言善辩的本领。

● 演讲前的准备：分析听众，整理思路，撰写演讲稿，背诵演讲稿，排练演习，熟悉场地，做好心理准备。

● 演讲开场白的设计：开门见山，亮出主旨（直白型）；介绍情况，说明事由（事由型）；奇言妙语，引人入境（妙语型）；自嘲调侃，幽默轻松（幽默型）；触景生情，巧妙过渡（情境型）；讲述故事，引出主题（故事型）；设置悬念，先声夺人（悬念型）；引用经典，树立权威（引用型）；精选新闻，与时俱进（新闻型）等。

● 演讲内容的设置：以事引人、以理服人、以情动人、以势夺人、以美娱人等。

● 演讲结尾的艺术：幽默式结尾、诗词名句式结尾、感召式结尾、赞美式结尾、展望式结尾、表决心式结尾、故事式结尾、总结式结尾等。

● 吸引听众的技巧：语言生动易懂，富于情感；以静治乱，短暂停顿；举出亲身事例；制造悬念；材料新颖。

● 即兴演讲的技巧：选准话题，借题发挥，从现场发掘话题，从讲故事开始，布局短小精悍，结尾有力度。

● 商务演说中需要注意的问题：做好充分的准备，进行周密的规划，内容生动，鼓舞人心，对演说内容的结构进行周密的编排，尽量少使用专业术语，加强与听众的互动等。

● 一个成功的产品推广演说有五个基本属性：参与性、重复性、利益性、专一性、独特性。

口才训练营

实训 7

1. 假设你要代表全班同学去参加学校举办的"绿色环保"演讲比赛，时间要求是 10 分钟，请试写一篇演讲稿。

2. 在每张纸上各写下一个题目，准备 10 个以上的题目，然后随意抽取，接着站起来围绕题目起码说上五分钟，可以一个人或几个人一起练习。

3. 三四名学生为一组，每名学生的说话时间为两三分钟，首先由第一名学生以他所想到的最绝妙的说辞开始叙述一个故事，规定时间一到，第二名学生必须把故事接下去，最后一名学生必须收尾，结束故事。

4. 每名学生都准备一份详细的个人简历，可以制作成毕业后求职应聘的简历。教师组织学生举行一个小型的模拟招聘会，每名学生都上台展示自己，台下的学生可以就其演说的内容提出两三个问题。教师担任评委，学生轮流选出四名学生担任评委。

5. 模拟业务洽谈，将学生分为两组，一组为彩电厂家代表，另一组为大型连锁经销商代表。"五一"国际劳动节即将来临，厂家利用五一假期在经销商处开展大型的促销活动，厂家代表要和经销商代表就此事进行洽谈。教师担任评委，学生轮流选出四名学生担任评委。

游戏 7

渡河比赛

内容：用两把椅子轮流传送队员进行渡河的接力赛。

方法：

（1）学生分成三队。

（2）在地板上画出一条起点线和一条终点线，中间当渡河。

（3）各队派出两名队员以传递椅子的方式（自己想办法）前进，到达对岸后留下一名。

（4）另一名队员再回到起点，以同样的方式把下一名队员运过去。

（5）如果脚着地，全部队员都要重新开始。

（6）渡河最快的一队获胜。

蒙眼作画

时间：10～15分钟。

道具：眼罩、纸、笔。

程序：所有学生都用眼罩将眼睛蒙上。然后教师分发纸和笔，每人一份，要求学生蒙着眼睛将他们的家或者其他指定东西画在纸上，完成后，让学生摘下眼罩欣赏自己的"大作"。

讨论：

（1）为什么当他们蒙上眼睛时，所完成的画并不是他们所期望的那样？

（2）怎样使这一工作更容易些？

（3）在工作场所，如何解决这一问题？

分享：

（1）让学生在戴上眼罩前将他们的名字写在纸的另一面，在他们画完后，教师将所有的画挂到墙上，让学生摘下眼罩，从中挑选出他们自己画的那幅。

（2）教师用语言描述某样东西，让学生蒙着眼睛画下他们所听到的，然后比较他们所画的画并思考，为何每个人听到的是同样的描述，而画出的画却是不同的，在工作时会怎么样。

口才加油站

阅读材料12

俞敏洪在北京大学开学典礼上的演讲（节选）

各位同学、各位领导：

大家上午好！非常高兴许校长给我这么崇高的荣誉，让我谈一谈在北大的体会。

可以说，北大是改变了我一生的地方，使我从一个农村孩子最后走向了世界。没有北大，肯定就没有我的今天。北大给我留下了一连串美好的回忆，也留下了一连串的痛苦，正是在美好和痛苦中间，在挫折、挣扎和进步中间，最后我找到了自我，开始为自己、为家庭、为社会做一点儿事情。

记得我在北大读书时，我的成绩一直排在全班最后几名。但是，当时我已经有一个良好的心态，我知道，我在聪明上比不过我的同学，但是我有一种能力，就是持续不断的努力。所以在我们班的毕业典礼上，我说了这么一段话，到现在我的同学还能记得，我说："大家都获得了优异的成绩，我是我们班的落后同学，但是我想让同学们放心，我决不放弃，你们五年干成的事情我干十年，你们十年干成的我干二十年，你们二十年干成的我干四十年。"

有一个故事说，能够到达金字塔顶端的只有两种动物，一种是雄鹰，靠自己的天赋和翅膀飞了上去。我们这儿有很多雄鹰式的人物，很多同学学习不需要太努力就能达到优秀，他们身上充满了天赋，不需要特别用功就有这样的才能。但是，大家也知道，有另外一种动物，也到了金字塔的顶端，那就是蜗牛。蜗牛从底下爬到上面可能要一个月、两个月，甚至一年、两年。我相信蜗牛绝对不会一帆风顺地爬上去，一定会掉下来、再爬、掉下来、再爬，但是，同学们所要知道的是，蜗牛只要爬到金字塔顶端，它眼中所看到的世界，收获的成就，跟雄鹰是一模一样的。我在北大的时候，包括到今天为止，我一直认为我是一只蜗牛，但是我一直在爬，也许还没有爬到金字塔的顶端，但是只要你在爬，就足以给自己留下令生命感动的日子……

阅读材料 13

比亚迪董事长在比亚迪第 500 万辆新能源汽车下线仪式上的演讲（节选）

各位嘉宾、媒体朋友、观众朋友：

刚才和大家一起看这支《海阔天空》的视频，唤起了不少回忆。其实这首歌呢，也是比亚迪一路走来的心路历程。

今年，是比亚迪造车的第 20 年。也是比亚迪造新能源车的第 20 年。2003 年，我们带着新能源的梦想进入汽车行业。

"一个做电池的，怎么敢做汽车？"各种质疑和嘲笑扑面而来。在进入汽车行业的第一天，比亚迪的股价就跌了 20%，资本市场给我们狠狠地泼了一盆冷水。迎着这些质疑和嘲笑，我们没有放弃，坚定地走这一条没有人走过的路。中国人，在很多个行业都惊艳了世界。那在汽车行业，我们为什么不行？比亚迪要做一道证明题，证明什么呢？证明比亚迪可以！新能源可以！中国汽车可以！

而作为新能源汽车行业最早的参与者，我们有幸在这个时代浪潮中，迎来了这几年的高速发展期。为了这几年，比亚迪准备了 20 年。20 年以来，我们的研发团队也从成立之初的二三十人，增长了两千多倍。今年，又有 3 万多名应届大学生加入比亚迪，其中 81% 的人从事研发工作。技术研发团队呢，现在已经超过 9 万人，拥有十一大研究院。现在，平均每个工作日，比亚迪会递交 19 项专利申请，获得 15 项专利授权。这为我们的技术创新注入源源不断的动力。正是因为这 20 年的技术积累，才有了如今的"厚积厚发"。

今天，比亚迪成为全球首家达成第 500 万辆新能源车下线的车企，这是属于比亚迪的高光时刻，也是属于中国品牌的高光时刻。在此，我衷心感谢 500 万名新能源用户的信赖，是你们的选择成就了今天的比亚迪；感谢各级政府和媒体的大力支持，上下游合作伙伴的通力协作，60多万名员工的辛勤付出；还要感谢同行们携手向前，共同推动中国品牌向上。

中国品牌在产品、技术和品牌影响力上都取得了巨大的提升。像一汽、东风、上汽、奇瑞、广汽、长安、吉利、长城、比亚迪等中国品牌在技术研发、产品设计和服务体验上都有很大进步。中国品牌研发的汽车，不仅性能更好、配置更高、科技感更强；而且在外观和内饰的设计上，也越来越受到消费者的欢迎。同时，中国品牌在品质和服务上的全面升级，最大程度地提升了消费者的体验，让越来越多的消费者愿意选择中国品牌。正是因为所有中国品牌的共同努力，中国消费者才能以最实惠的价格享受到最优质的产品和服务。

过去，中国汽车受益于全球化浪潮，深度参与其中，实现了产销规模的领先，是名副其实的汽车大国。但在燃油车技术上，我们一直在跟随、在追赶；中国品牌没有领先的技术，也没有成为市场的主导，无法成为汽车强国。如今，新能源的加速变革，正推动中国汽车从追赶走向超越，改写"大而不强"的历史。

我相信，属于中国汽车的时代，已经到来！中国汽车必将诞生一批世界级品牌，我们都有机会成为令人尊敬的世界级品牌。

世界汽车工业百年未有之大变局，正在加速演进。中国汽车的全新历史，正在我们手中书写。

让我们同心协力，以"中国汽车"这个名字，打破旧的格局，走向更辽阔的天地，成就世界级品牌！为全球汽车工业变革，注入中国汽车的全新力量！

我们在一起，才是中国汽车！谢谢大家！

阅读材料14

邱建卫在金正集团培训中心的演讲（节选）

各位领导、各位同事、各位同学：

晚上好！

首先，我谈谈人生的职业定位话题。一个十三岁的小学毕业生和一个研究生同在街边卖雪梨，他们的区别不会太大，那么为什么要读研究生呢？在人事部报到，高中、大学本科或研究生学历，为何在未看你工作能力时给你定第一份工资的档次就不一样呢？如果一样，全世界就没有存在那么多学府的必要了。今天诸位来到金正集团并投身于这里，你是否想过，在这里干多久，想干什么，通过一段时间你会成为什么样的人。一个人的职业定位必须把镜头拉长延伸到你的一生。

导演张艺谋在陕北拍电影时见一孩童，夕阳西下骑在牛背上哼着陕北小调，便问："娃，你在干啥？"孩童很悠闲地答："我在放牛！""为啥放牛？""放牛挣钱！""为啥挣钱？""挣钱娶媳妇！""娶媳妇干啥？""娶媳妇生娃！""生娃干啥？""生娃放牛！"（笑声）八岁的小孩就想好了他一生的"职业定位"，即从祖辈开始放牛到他放牛，一直循环。诸位来到这里一定不想继续过放牛—挣钱—娶媳妇—生娃—再放牛的生活吧？（掌声！）

世上最大的一个人群叫工作族，这群人分三类：第一类是解决问题的人，第二类是被问题围绕的人，第三类是制造问题的人。一个公司三类人的比例决定公司的生命力长短。还有我要强调作为现代社会知识竞争群体，应选择像狼一样进取、拼搏，我想引用华为总裁任正非的一段话供参考："企业就是要发展一批狼，狼有三大特性：一是敏锐的嗅觉，二是不屈不挠、奋不顾身的进攻精神，三是群体奋斗。企业要扩张，必须有这三要素。每个部门都要有一个狼狈组织计划，既要有进攻的狼，又要有精于算计的狈，只有这样，才可能在激烈的国际竞争环境中生存下来。"在竞争激烈的社会环境中，是羊必被狼吃掉，是狼就必须去战斗！（热烈掌声！）

最后我用一个故事结束今晚的讲座：从前有只小鹰和一群小鸡生活在一起，它以为自己是小鸡。一天鹰妈妈找到它说："你是鹰！"小鹰摇头："不！我是小鸡！"鹰妈妈叼起小鹰飞到山顶悬崖上强迫它训练飞翔。一段时间后，小鹰和鹰妈妈翱翔万里晴空，小鹰俯瞰大地上的小鸡们自豪地大声喊道："我——是——鹰！"祝福诸位早日成为翱翔万里晴空的鹰！

专题 8 主持口才

知识要点

- ❖ 主持人的角色定位
- ❖ 主持人的专业素质
- ❖ 主持人的语言特点

能力要点

- ❖ 主持人开场白训练
- ❖ 主持人收场能力训练
- ❖ 主持人控场能力训练

导入案例

著名主持人杨澜被公认为是优雅、知性的代表。她从北京外国语大学的一名普通大学生直接进入中央电视台《正大综艺》栏目,其中经历了波折,让她得到青睐的是良好的气质,而真正让她赢得机会的则是过人的口才。

> 一个人怎么说话,说什么话,毫无例外地显示着他的品位。
> ——希尔顿

据一位导演透露,虽然杨澜被视为最佳人选,但是有些人认为她不够漂亮,所以是否用她尚不能确定。最后的角逐是杨澜和一名长相很漂亮的女孩子。杨澜知道自己的机会就在眼前,一定要抓住,退一步讲,即使不能被录用,也要展现自己的才能。两个人的考试题目:(1)你将如何做这个节目的主持人?(2)介绍一下你自己。

杨澜是这么开始的:"我认为主持人的首要标准不是容貌,而是看她是否有强烈的与观众沟通的愿望。我希望做这个节目的主持人,因为我喜欢旅游。人与大自然相亲相近的快感是无与伦比的,我要把自己的这些感受讲给观众听。"

> 在介绍自己时，杨澜是这样说的："父母给我起'澜'为名，就是希望我有像大海一样的胸襟，自强、自立，我相信自己能做到这一点……"
>
> 杨澜一口气讲了半小时，她的语言流畅，思维严密，富有思想性，很快赢得了诸位领导的赏识。人们不再关注她是否长得漂亮，而是被她的表现深深吸引了。据杨澜后来回忆："说完后，我感到屋子里非常安静，今天看来，用气功的说法，是我的气场把他们罩住了。"
>
> 这次面试改变了她的人生，也可以说口才改变了她的人生。

从不同的维度，主持人可以分为不同的类型。按照主持人所属的媒介来划分，可以分为媒介主持人和非媒介主持人。媒介主持人包括广播节目主持人、电视节目主持人、网络主持人、平面媒体主持人。非媒介主持人指主持社会活动的主持人，社会活动包括商务活动或会议、庆典活动、展会、婚礼等。本章主要讨论如何做好商务活动主持人。

8.1 主持人的角色定位

商务活动往往是融企业和产品介绍、顾客体验和参与、广告宣传、文艺娱乐等多种形式为一体的整合传播形式。它是展示企业和产品的窗口，是顾客认同企业和产品的良好机会。会务现场是企业与顾客沟通的桥梁，是体现企业良好服务的机会。会务组织水平的高低直接影响企业形象和销售业绩。所以，从会议主持的工作职责来看，主持人在商务活动或会议中主要承担以下四种角色。

角色一：策划者。策划者参与商务活动的策划工作，并独立撰写主题活动策划方案。

角色二：管理者。管理者了解商务活动的整个流程，并参与会务工作的计划、协调、督导、控制等管理工作。

角色三：营销人。营销人明确企业营销方案和活动目的，必要时直接参与产品销售和宣传工作。

角色四：代言人。主持人是观众的关注焦点，其言行举止不仅代表个人形象，更代表企业形象，是企业形象代言人。

8.2 主持人的语言特点

8.2.1 自然亲切

主持人要想接近观众，就应该像正常人一样说话，让观众觉得你就是他们身边的一个非常亲密的朋友，愿意和你接触，愿意和你交流。很多著名主持人，尽管他们主持的节目不同，风格迥异，但都让观众打心眼儿里喜欢。因为在他们身上，有一样共有的东西深深吸引着大家，那就是亲和力。这种亲和力，也就是人们常说的"人缘"，它是主持人在主持活动的过程中表现出的自然亲切的魅力。

案例启发

"一个小时前还是风雨连绵，现在却是雨过天晴，我真是服了海宁的天气。"在浙江海宁举行的一个大型博览会上，主持开幕式的中央电视台节目主持人上台后脱口而出的两句俏皮话，立即赢得了现场数千名观众的热烈掌声。台下许多观众不约而同地说："面前的央视主持人和电视里一样，亲切、可爱。"

8.2.2 随机应变

优秀的主持人在面对意外情况时能沉着应对、临危不乱，不仅可以有效化解危机，还能将危机巧妙地变为转机，让观众领会到他们的智慧、幽默和从容。根据情况随机应变，绝不是凭空地随意调侃，那看似轻松的表面背后，实际上是主持人日积月累的经验与智慧。为了镜头前光艳照人，主持人可谓全身武装。

案例启发

在"感动中国"颁奖晚会现场，主持人的表现就让人见识了他的智慧和真诚。

"感动中国"颁奖晚会现场出现了三次事故。

第一次是断电。断电时，台下嘘声四起，只听主持人不紧不慢地讲了一个故事："北京一所知名大学的一位教授，偏爱在黑暗中讲演，他说这样更有意境，犹如从彩色照片走入黑白照片。"他顺势又讲了一段自己从业中的故事，让大家和他一起试着找找这种感觉。讲罢，台下果然掌声雷动。

第二次是道具不工作。颁奖台上有10个展示入选者肖像的旋转道具，突然一个道具不转了。大家盯着道具发愣，这时主持人说："这是入选人物的事迹感动了道具！也许它是沉浸其中一时不能自拔了，请后台的工作人员尽快上台帮它醒醒神，转一下看看下一个入选人物是怎么个感动法。"

第三次是这位主持人上台晚了。与其他主持人不同，对每个领奖者，他都要从台上陪到台下，再快步跑上台去。当领奖者上台时，负责迎接的他却因送人迟了半分钟才上台接领奖者。在这半分钟里，领奖者不得不先跟观众招手，与另一位主持人握手，再手舞足蹈地做着胜利的手势。等这位主持人终于跑上台，给自己找的台阶竟然是"我故意上台晚些，让大家多欣赏一会儿我们奥运英雄做着各种各样动感、美感十足的动作的样子。大家说，看着是不是很过瘾呀？"台下自然又是掌声一片。

8.2.3 个性突出

俄国作家屠格涅夫说："一个人的个性应该像岩石一样坚固，因为所有的东西都建筑在它上面。"每个人都有自己的独特之处，不要盲目丢弃自己的个性，模仿他人。能够发掘自己的个性，并坚持自我地走下去才是明智之举。语言个性化，是主持人缩短与观众的心理距离的重要手段，让观众便捷地获得话语本身信息的同时，又直接地体味到主持人的修养、个性等方面的信息。

主持人的主持风格，要根据自己主持的活动类型、市场反应来考虑，更要根据自己的先天条件、个人综合实力、性格爱好和人生态度、生活价值观来调整，因为有很多东西是潜移默化地渗透到骨子里的。

案例启发

中央电视台一位女主持人的主持风格是平和机敏，平实中透露着特有的成熟气质。她特别善于把那些枯燥的知识点和平面语言转变为观众易于接受的轻松的受众语言，却不失丰富的文化内涵，形成了独具特色的风格。另一位是国内综艺女主持人，她热情奔放、个性张扬，无厘头式的主持风格让观众得到了快乐。还有一位是某省电视台的男主持人，主持风格一向都很铿锵激昂，而且这种兴奋劲常常在节目中能维持2～3个小时，有人戏称他的主持风格是"打鸡血型"。

8.2.4 对象感强

有对象感是指主持人在说话的时候，让观众有强烈的参与感，和主持人形成交流和互动。对象感强的语言，能使观众和主持人拉近心理距离，达到良好的沟通效果。主持人应该在话语中多使用"我们""咱们""您""大家""朋友们"等词。

案例启发

下面是湖南的一位著名主持人到广西南宁参加一个房地产项目奠基仪式的表现。可以看出他的现场主持对象感十足。

当天的活动现场，他一登场就让不少南宁市民顿生亲切感。一位和他搭档的本地主持人让他用粤语跟大家打招呼，本以为他只会现学现卖打个招呼，谁知他竟然流利地跟大家拉起了家常。他跟现场观众开玩笑："我都识讲广东话。""美国设计师真是非常辛苦，为了设计我们这个××项目，头发都熬白了。"

8.3 主持人的专业素质

专业素质是塑造主持人形象的基础，同时是衡量主持人水平高低的重要指标。专业素质表现在以下几个方面。

> 1. 深厚的文化底蕴。
> 2. 优秀的语言表达能力。
> 3. 灵活的临场应变能力。
> 4. 鲜明的主持风格。

8.3.1 深厚的文化底蕴

主持人应该博学多才，这样在面对观众时才能侃侃而谈。渊博的知识来自工作中的积累，也来自平时勤奋的学习和收集。在主持活动过程中，主持人的采访能力、提出问题的深度、对问题的分析见解力等都会一览无余地呈现出来。有时候主持人所充当的角色就像一名引导人们在生活的百花园中观光的"导游"。这就要求主持人一定要充分认识自己所处的重要地位，不断提高自身的文化修养和知识水平，随时随地搜集知识性的资料。我国一位知名主持人曾告诫年轻同行们："如果主持人真能做到读书破万卷，我看就能开口如有神了。"宋代诗人苏轼的"腹有诗书气自华"这一名句，也完全适用于今天的商务活动主持人。

案例启发

在某节目走进鄱阳时，主持人说：观众朋友，鄱阳啊，可是中国古代著名的古战场，周瑜曾经在这里操练水兵。而且鄱阳县也是鄱阳湖历史的发源地，这里自古就与湖有着不解之缘。生活在这里的人们可以说是以鄱阳湖为生、以湖为家、以湖为友。今天呀，我们不妨把这个"湖"字拆开来看，它是由水、古、月三个字组成的。我觉得这就很好地概括了我们鄱阳的精神特质。你看，"水"代表着鄱阳的湖文化，"古"自然是指鄱阳有着悠久的历史，而"月"象征着纯洁与美好。（台下掌声雷动）

面对现场的景致，主持人妙用拆字法，将"湖"字拆开，用"水""古""月"诠释鄱阳湖文化的精神特质，赋予了"湖"新的内涵，巧妙地表达了对鄱阳美好的祝愿。从案例中我们看到了一位优秀主持人的别具匠心和深厚的文化底蕴。

8.3.2 优秀的语言表达能力

第一，要通顺流畅，这是基本要求。主持人要口齿伶俐，表达清楚，尤其讲较长篇幅的串场词时，更要如行云流水，一气呵成。

第二，要严密清晰。主持人无论是将自己的所见所闻，还是将编导的意图传达给观众，都要将头脑中已有的东西按照一定的逻辑整理出来，然后用言语表达出来；不能生搬硬套、张冠李戴，更不能看似口若悬河、滔滔不绝，实则空洞无物，说一些流利的废话。

第三，要富有感染力。主持人与观众的交流主要是一种情感上的沟通与交流。主持人通过自己的语言、目光、手势、形态等与观众进行交流，其中尤以语言为重，所以主持人的语言只有富有感染力，才能吸引和打动观众。

第四，要把握好节奏。主持人应当在尽量短的时间内向观众表达更多的意思、传递更多的信息。所以，主持人讲话的内容，表述的层次和结构，甚至讲话的节奏都要事先进行缜密的准备和考虑。当语言表达的节奏掌握得恰到好处时，就会取得意想不到的效果。

8.3.3 灵活的临场应变能力

临场应变能力是指主持人在活动过程中，遇到突如其来的情况时，在客观情况允许的前提下，充分调动自己的主观能动性，使大脑思维处于高速运转和思考状态，从而做出迅速快捷的反应，并在此基础上进行发挥，使变故巧妙地朝好的方向转化的能力。特别是在活动现场，主持人不但要避免言语表达上的不当，而且要处变不惊，做到从容镇定、挥洒自如。

案例启发

【例1】一个活动现场，作为主角的某知名明星因故迟到。在等待过程中，观众显然有些不耐烦，更有甚者将目光转移到主持人身上。"主持人，你唱一个吧。"一听这话，主持人立刻机智回应："不行的，主持人是说的比唱的要好听，如果今天我唱了，明天各大报纸会说我说不好，只能现场卖唱了。"台下观众也"不甘示弱"："没关系，你比她名气还大呢。"为了圆场，主持人只好清唱了一曲《但愿人长久》。唱罢，她又不忘调侃地说："我要感谢主办方，给了我唱歌的机会。"一句话把观众苦等明星的怨气彻底打消了。

【例2】某季《我是歌手》总决赛第一轮投票结果还没公布，就发生了紧急状况，一位选手突然宣布退出比赛，令人错愕不已。主持人施展多年主持功力救场，表现出非凡的临场应变能力。

主持人说：我想应该是摊上事儿了，甚至摊上大事儿了。

停顿后，他说：但是说实话，我的内心一点都不害怕，因为一个成功的节目，有两个密不可分的主体，除了这个舞台上的七位歌手，还有电视机前的亿万名观众和现场观众。我之所以不害怕，是因为你们，还真诚、踏实地坐在我的面前。

在主持人的全力补救下，《我是歌手》总决赛现场不但没有乱套，反而意外地增加了不少看点。

8.3.4 鲜明的主持风格

一位资深媒体人认为："现在这个时代需要的是有自己风格的主持人，而不是什么节目都能胜任的主持人。"风格是思想、品德、学识、举止、谈吐、能力、才艺、智慧、志趣和格调在主持人身上的综合表现。对主持人来说，其风格是否独特鲜明，决定着主持活动的成败。幽默、潇洒、沉稳、轻快的风格，都能将观众带到现场人员共同营造的视听意境中。观众在其中能感受到节目的气息，也能感受到主持人的素质与魅力。反之，如果没有形成自己的主持风格，那么主持人就有可能成为可有可无的报幕员。

技巧训练

请你说出你最喜欢的一位电视主持人，并点评他（她）的主持风格。

8.4 主持人的技巧训练

8.4.1 主持人开场白训练

一段好的开场白无疑会先声夺人，使观众耳目一新、精神为之一振、情趣陡增，从而收到未曾开戏先有情的艺术效果。开场白的方式可以不拘一格。

1. 讲故事法

讲故事是一种引人入胜的开场白方式，因为大多数人喜欢听故事。如果主持人一上台，就讲一个扣人心弦的故事，那么会有很大的吸引力。但在开场时讲故事需要注意以下几点。

- 故事一定要与所讲的主题相关，有内涵，不粗俗。
- 故事要有新意，不落俗套，避免老生常谈的故事。
- 故事不要太长，不能喧宾夺主。
- 讲故事要声情并茂，尤其要配合身体语言、语调、语速等。

> 我的任务不是告诉世界我的看法，而是让嘉宾说出他们的想法。
> ——韩玉花（原美国 CNN 节目主持人）

2. 设置问题法

人们对于问题总是很敏感，所以主持人可通过提问题引起观众的关注，让观众集中注意力。提问题时需注意以下几点。

- 问题与主题相关，与观众的兴趣相关。
- 问题难度适中。问题太容易，会显得肤浅；问题太难，会让观众难以参与。
- 确保自己知道问题的准确答案。

3. 回顾展望法

主持人现场回忆过去发生的事情，联系现在的主题和场景，同时展望未来的美好前景，以激励现场的观众，是拉近与观众的距离的好方法。

案例启发

【例1】尊敬的各位领导，亲爱的各位来宾、各位朋友，大家下午好！随着激情的音乐，我们拉开了公司年终晚会的帷幕！今天，我们全体同仁在这里欢聚一堂，庆祝昨日的辉煌业绩，展望公司的美好未来！回首往昔，这一年对我们每个人来说都难以忘怀，它给予了我们希望、收获，更重要的是给予了我们成长的经历。展望未来，一年胜似一年景，我们将迎来美好的明天。我们坚信：在公司领导的带领下，我们的事业一定能蒸蒸日上，我们的明天一定会更好！

【例2】尊敬的各位来宾、亲爱的加盟伙伴们，大家下午好！欢迎光临精英培训会，我是本次盛会的主持嘉宾小雨，很高兴与朋友们欢聚一堂！几十年风风雨雨，几十年大浪淘沙，我们在风雨中证明了自己的坚强，我们在历练中彰显了自己的才干。当我们满怀喜悦地告别昨天时，就能发现今天收获最多的是成长与成功。当我们跨过时间的门槛，走向春天的怀抱，迎接崭新的一年时，我们期待走向新的辉煌！我们以自己睿智的头脑和坚实的步伐，取得了公司销售业绩的又一次飞跃，我们用真诚的誓言和不变的承诺，创造着公司辉煌的明天。在这个春意盎然的美好季节里，让我们再一次响起热烈的掌声，对加盟伙伴们的到来表示最热烈的欢迎和最诚挚的感谢！

4. 引经据典法

主持人引用一些诗词歌赋、名人名言作为开场白，也能收到很好的效果，但要注意以下几点。

- 引用内容要与主题相关。
- 引用内容一定要准确，尤其是大家耳熟能详的名言、诗词等。
- 引用时注意朗诵技巧，如果感觉自己在这方面不太自信，可以采用幻灯片的方式展现出来，但是这样一来效果肯定会大打折扣。

案例启发

【例1】一位主持人在口才提高班会议上的开场白：

美国宇航员阿姆斯特朗说过："一个人的一小步，却是整个人类的一大步。"那么，对今天我们要提高演讲能力的人来说就是"上台一小步，演讲一大步。"不开口不知道自己舌头短，不上台不知道自己腿短，要想提高演讲能力必须上台开口练习。

【例2】保险公司的迎新会上，主持人的开场白：

古人云：有朋自远方来，不亦乐乎！今天我们的职场有很多新面孔，虽然不是从远方而来，但对我们寿险人来说，新朋友就是客人，就应以礼相待。所以，首先让我们用热烈的掌声欢迎各位在座的新朋友们！

5. 摆事实和列数据法

主持人摆出一些能给观众带来震撼感的事实或数据，容易得到观众的认同。这里对事实或数据的要求是准确无误，尤其涉及某些数字和日期时，一定不能出错。

案例启发

【例1】各位晚上好，有一种病，每11分钟就有一个人死于它。在近十年里，死于这种病的人数是死于艾滋病人数的3倍。这种病将使你、我和其他人今年在医疗费用上的花费超过60亿美元，并失去劳动能力，更不用说我们所遭受到的生命损失了。

【例2】各位领导、各位同事，大家下午好！欢迎来到××年年终总结大会现场！当××年落下帷幕时，我们坐在这里总结和思考。过去的一年，是个不平凡的一年。放眼"豆你玩""蒜你狠""姜你军""糖高宗"的局势，在这逆水行舟、不进则退的时代，面对风云变幻的环境，我想我们都需要勇气，需要信念，去鼓舞我们这个团队乘风破浪，去激励所有人披荆斩棘！

6. 开门见山法

开门见山，是指用精练的语言交代会议的主题，然后宣布会议开始。这种开场白的方式可称为开门见山法。

案例启发

【例1】大家下午好！很荣幸能和现场的朋友们相聚在××峰会的现场，我是主持人××，欢迎朋友们的到来，这次盛会由多家单位共同协办。

【例2】尊贵的各位嘉宾、经销商朋友们：大家好！很荣幸今天能够与各位OA行业的精英相聚，分享××公司与在座的各位朋友在过去一年中获得的硕果，非常感谢大家能够参加今天的经销商会议。

7. 情境导入法

演出与活动的现场一般包括主持人、表演者、观众、演出时间与地点等，主持人如果能从此入手，形成一种"场景效应"，就可以给观众一种亲切感与真实感。例如，某篝火晚会上，主持人一上场就说："踏遍青山人未老，风景这边独好！朋友们，今晚繁星满天，篝火通红，这画一般的景色，激起了我们诗一般的情怀……"

8.4.2 主持人控场能力训练

商业会议形式多为讲解讨论，主持人无须像主持综艺演出一般具备海量的语言技巧，但同样需要极强的现场掌控力和驾驭力，能在会议偏出正常流程时及时拉回议题主线，并且针对种种突发状况灵敏应变。

1. 如何处理会议不能准时召开

嘉宾迟到、会场突发状况等都会使会议开始时间延后，此时台下已到嘉宾极易滋生不满情绪，从而影响会议效果。主持人应审时度势，及时宣布会议开始，在宣布前可向与会者微笑数秒钟，保持自信、情绪饱满的形象。这样不但可起到安抚人心、稳定会场浮躁气氛的效果，而且表示自己和与会者一样，也在期待着早点把信息传递给他们，无形中对现场观众的情绪形成正面的引导。

2. 如何处理演讲者超时

演讲者超时是商业会议的一个老大难问题，主持人硬生生打断演讲者并不可取。会议之前主持人应与演讲者充分沟通演讲时间，并熟悉演讲者所讲内容，通晓所讲内容的重点在时间轴上的分布。如迫不得已需要中断演讲，可以将一个重点结束后演讲者翻页、喝水的短暂间歇作为切入点，顺着演讲者的话语进行提醒，如"×××关于×××部分的演讲十分精彩，但由于时间的关系，我们此次只能点到为止，更多内容各位可以在会后与××进一步交流"等，演讲者自会明了。另外，也可以在与演讲者眼神交会时利用摸手表、举手机等小动作来提醒演讲者时间已到。

3. 如何处理会议冷场

讨论部分不但容易失控，而且容易冷场，主持人要使用一些技巧来激发与会者的主人意识和参与意识。可挑选听讲认真、表现活跃的年轻来宾作为突破口，或让某单位组团来参会的客人推举一位代表参与讨论。会前可准备一些精美实用的小礼品作为参与奖励，或给讨论最为积极的来宾颁发"最佳参与奖"，鼓励来宾多多参与。如实在无法打破僵局，必要时可预先安排一两个"托儿"，或者主持人自己先抛砖引玉。总之，一定要使会场一直保持一定的热度，避免冷场。

除了以上必须掌握的技巧，主持人还需准备一两个互动小品，以备不时之需。如遇会场忽然停电，嘉宾临时缺席，投影、计算机等设备出现故障等，万不可将客人冷在场下干等。

可带领大家做一些放松小游戏，如手指体操等，或者讲一两个与公司或行业有关的趣闻轶事，出几个与行业有关的谜语等，填补了等候时间的同时活跃了气氛，使来宾放松了头脑，精力更加集中。这些都需要主持人平时处处留心，不断积累，只有这样才能临场厚积薄发，水到渠成。

> **技巧训练**
>
> 婚礼上，悬挂大红喜字的背景幕布的绳索突然断了，"喜"字掉在地上，满堂宾客哗然，作为主持人的你该如何救场？

8.4.3 主持人收场能力训练

一场活动结束时，必须有精彩动人的结束语才算画上完美的句号。主持人根据主持的会议内容和受众心理需要的不同，可以设计适宜的话题收场，或重复、或感叹、或点评，使观众从不同的话题结束语中因小见大，从个别到一般，产生联想，受到感染和激励，得到教育和启迪。主持会议时，收场方式是主持人能力、功力和学识水平的综合体现。因此，优秀的主持人不会忽视对收场的设计。常用的收场方式主要有以下几种。

● 抒情式收场。在节目的尾声，主持人可适时地抓住双方共同的感情凝聚点，让观众在主持人的感叹抒情之中被感动、被激励，从而产生行动的力量。例如：

辞旧迎新，高歌奋进，昨天的业绩已成为历史，明天的征程任重道远，让我们以蓬勃的朝气、昂扬的锐气、无畏的勇气，励精图治，开拓创新，谱写新一年更加辉煌灿烂的新篇章。同志们、朋友们，活动到此结束，祝大家新年愉快、身体健康、合家欢乐、万事如意！

● 总结式收场。主持人可对活动的总体情况做一个总结式收场，让观众对整场活动有一个整体性的认识。最好在进行总结式收场时提出一些期望或建议。例如：

各位朋友，通过以上的介绍，我们是否可以得出这样一个结论：用高压锅做动物性食物，营养成分的损失比较小；而做植物性的食物，营养成分的损失就稍大一些。您在使用高压锅时，可以参照这个结论。

● 建议式收场。主持人可以通过建议观众做某件事情，尝试某种方法或者提醒注意来收场。例如：

再次感谢大家来参加我们的此次会议，会议进行到此已接近尾声，很高兴和大家一起共度了这段美好的时光。我相信，只要我们本着以诚相待、互利互惠、共同发展的原则，双方就一定能够合作成功，实现双赢。借此机会，我们诚挚地邀请中国香港各界朋友和海外有识之士到××旅游观光、投资兴业。最后祝在座的各位领导、嘉宾以及一直关心和支持××经济社会发展的朋友们身体健康、事业发达！

专题小结

营销人员免不了开展各种商务活动，活动自然需要主持人，主持人的整体素质展示着企业的总体形象。

- 主持人在商务活动或会议中主要承担四种角色：策划者、管理者、营销人、代言人。
- 主持人的语言特点表现在：自然亲切、随机应变、个性突出、对象感强。
- 主持人的专业素质表现在：深厚的文化底蕴、优秀的语言表达能力、灵活的临场应变能力、鲜明的主持风格。
- 主持人开场白可以采用的方式：讲故事法、设置问题法、回顾展望法、引经据典法、摆事实和列数据法、开门见山法和情境导入法等。
- 主持人收场时可以采用的方式：抒情式收场、总结式收场、建议式收场等。

口才训练营

实训 8

课堂训练：主持新产品发布会

实训目的：让学生利用情境训练方式掌握主持技巧。

地　　点：教室。

训练内容：假设某公司针对学生推出智能型新桌椅，将召开一个新品发布会，请训练者以小组为单位策划及主持会议。

课堂训练：设计开场白

实训目的：让学生掌握开场白的设计。

地　　点：教室。

训练内容：新学期开始，大家在露天球场正准备升旗仪式，天空却下起了淅淅沥沥的小雨，请结合情境，设计一段开场白。

游戏 8

形式：官兵捉贼。

时间：15分钟。

道具：分别写着"官""兵""捉""贼"四个字的四张纸。

场地：室内。

目的：锻炼学生的观察能力。

程序：将四张纸折叠起来，参加游戏的四个人各抽一张，抽到"捉"字的人要根据其他三个人的面部表情或其他细节来猜出谁拿的是"贼"字。猜错的要罚，由猜到"官"字的人决定如何惩罚，由抽到"兵"字的人执行。

口才加油站

阅读材料 15

保险公司晨会主持词

第一阶段：敬业时间

各位优秀的主管，各位精英伙伴，大家早上好！寿险营销不同于其他行业，它不但要求营销员有勤奋的特质，更要求营销员有良好的自律性，这是作为一名合格营销员最起码的条件。寿险营销员应自我鞭策、自我激励，与伙伴们相互支持、鼓舞，共铸寿险营销的辉煌之梦。下面让我们用热烈的掌声欢迎××经理为我们做今天的敬业时间演讲！

第二阶段：晨操

每一天由理想充当向导，该怎么做我们会知道！每一天让我们迎着红日，向着美好的生活共同舞蹈！请全体起立，掌声有请各组主管带领我们跳起今天的晨操：红日！

第三阶段：喜讯报道

俗话说，有志者事竟成，付出就有收获！下面让我们共同关注昨天有哪些伙伴收获了丰硕的果实！掌声有请××伙伴带领我们进入今天的喜讯报道！

第四阶段：业务推动

增员靠风气，环境靠人气，业绩靠士气，成功靠志气！下面就让我们用收展部特有的方式欢迎××老师为我们做今天的业务推动：龙的呼唤！

（××老师讲话）

让我们用疯狂的掌声感谢××老师！寿险业呼唤英雄，英雄必将从我们当中崛起。美好的事业，广阔的前景，会成就一个又一个英雄。只要用心、专业、执着，我们将成为明天中国人寿华彩四溢的太阳，希望在座的每位伙伴都能气贯长虹，一飞冲天！

第五阶段：政令宣达

在春风拂面的四月，分秒必争的四月，我们的方向在哪里？我们的动力在哪里？接下来，掌声有请我们的领航人×××进行政令宣达！

伙伴们，箭在弦上不得不发！让我们共同努力、共同奋斗，最后共同见证胜利时刻的到来！

第六阶段：结束

今天的一次晨会到此结束，请各组召开二次晨会！

阅读材料 16

房地产公司活动主持词

（开场前通告）

各位尊贵的来宾，欢迎莅临××首届业主联谊会活动现场，活动将于5分钟后盛大开幕。

请各位来宾进场就座，活动中请关闭您的手机，我们禁止一切非专业媒体的拍摄活动，我们代表活动主办方欢迎您的到来！

（主持人开场白）

合：各位领导、各位来宾，大家晚上好！

欢迎大家来到××首届业主联谊会活动现场，我是主持人××，在这里我们再次代表活动主办方××代理策划公司及承办机构××欢迎各位领导、各位来宾的光临。

男：说到今天这个晚会现场，给人带来的是一种特别亲切的感觉！

女：为什么呢？

男：你看啊，今天我们这个主题是"××首届业主联谊会"，这就像××这个大家庭举办的一个家庭聚会，现场充满着一种"家"的气息！

女：说得没错，2008年确实是不平凡的一年，我们经历了凝冻灾害、汶川地震带来的悲伤，也经历了神舟七号载人航天飞船顺利发射、北京奥运会盛大举行的喜悦，这一年，我们对于家的概念又有了一个新的感悟。

男：说得没错，××在2008年的发展历程中同样经历了一些困难，但是更多的是取得了骄人的成就。

女：怎么说？

男：××"第一盘"绝非浪得虚名，俗话说：火车跑得快，全靠车头带。××能取得如此成就，很大一部分功劳要归功于在幕后默默奉献的领导，下面就让我们以最热烈的掌声欢迎×××上台讲话。

（领导讲话）

男：感谢×××的精彩致辞，听到领导热情洋溢的讲话，我们有理由相信，××的明天将会更加美好！

女：今天晚上的节目一定很精彩，真的很期待！

男：那当然，不光有精彩的节目，还有穿插在节目中的抽奖活动，奖品非常丰厚。今天晚上是真正意义上的一场××大家庭的狂欢之夜！话不多说了，下面就请欣赏精彩的节目。

（节目略）

（结束语）

男：美好的时光总是那么短暂，难忘的旋律却将伴我们走向新的征程。

女：××首届业主联谊会到这里就要结束了，再次感谢各位领导、各位来宾的光临，希望大家以后的生活更加美好！

合：在这里我们祝大家新年快乐、身体健康！再会！

阅读材料 17

汽车 4S 店爱车讲堂活动主持词

尊敬的各位嘉宾、到场的新老客户朋友们：

大家下午好！

感谢各位在百忙之中抽出宝贵的时间来到我们爱车讲堂，参加我们的"严谨关爱 365 活动"，对于大家的到来，请允许我在此表达我们最真诚的谢意和最诚挚的祝福。

今天我们邀约的不但有我们的老客户，还有即将成为一汽－大众家庭一员的潜在客户。为了表达长期以来大家对我们公司的支持和关注，下面有请我们的技术经理××对迈腾车操作方面的一些注意事项进行讲解。

…………

非常感谢××经理的讲解，我相信我们所有服务顾问在××经理的技术指导下，会为客户朋友们提供更好的服务，也希望我们提供的这节爱车讲堂可以为您的爱车带去帮助。

公司的发展少不了老客户的转介绍，那么针对此事我公司特别制定了老客户转介绍等优惠政策，下面我们有请公司销售总监介绍活动的优惠政策。

…………

伴随着激烈的讨论，我们今天的爱车讲堂活动也要跟大家说再见了。再次感谢大家的光临，最后祝愿所有新老客户朋友行车平安、家庭幸福！朋友们，下次再见！

专题 9 领导口才

知识要点

❖ 领导口才的基本训练原则

❖ 领导演讲的提示

能力要点

❖ 领导口才提升技巧

导入案例

> 在澳门特别行政区首任行政长官何厚铧参选前的一次记者招待会上,记者让他谈谈对澳门的认识及对自己参选的认识,他说:澳门是我生活、家庭和事业的根基,澳门的一切伴随着我长大。澳门人的思想,熏陶我的性格;澳门人的忧乐,与我息息相关。我对澳门发自内心的热爱和归属感,鞭策我要贡献所长。在澳门重投祖国怀抱之际,我身为一个中国人,理应当仁不让,竭尽所能,以自己的一份热忱,来承担这一历史使命。我的参选,是澳门人给我的一个机会,容许我把自己对澳门的深厚感情进一步升华,变成无私的奉献。

短短的几句话里,既没有华丽的辞藻,也没有对选民的曲意逢迎,有的是自己对澳门发自内心的热爱,合情合理,令听众为之动心、为之折服,这就是领导的语言魅力。

领导的工作过程中,大部分是以语言为媒介的,讲话水平体现在领导者行使权力的全过程中。分配任务、阐述方案、激励员工、评估方案、公关协调、商务谈判等都离不开口才。有人说:会管理的企业家,员工敬畏;会演讲的企业家,员工追随。所以,我们有必要认真研究领导口才艺术。

9.1 领导口才的基本训练原则

领导可以不会演讲，但不能没有口才，没有口才就没有领导力。在一个现代化的企业之中，领导核心是现代企业管理体系的指挥者，相关的重大决策和发展方向将由其决定。领导核心的效能如何，将直接关系到现代企业管理体系的发展与完善。从某种程度上说，优秀的领导是具有良好口才的管理者，应懂得春风化雨，润物细无声，用温暖得体的语言去感召被管理者。其实，口才并不仅仅是口上之才，更是心灵之才、智慧之才，是一个人智慧与才能的综合表现。进行领导口才训练时要遵循以下六个基本原则。

> 1. 言之有则：讲原则，使人尊重。
> 2. 言之有据：讲事实，使人信服。
> 3. 言之有信：讲信用，使人亲近。
> 4. 言之有序：有逻辑，使人明白。
> 5. 言之有情：有情感，使人感动。
> 6. 言之有趣：有趣味，使人快乐。

9.1.1 言之有则：讲原则，使人尊重

言之有则是指说话要具有原则性。说话的原则性是指领导在任何环境中讲话时都要把握一定的尺度，并且不能脱离这个尺度随心所欲地阐述、表达个人的思想观点，不能无原则地评价某些事或人，不能无原则地按照自己的意愿一味地表现自己。语言是思想的体现，是行动的先导，通常说某领导随便表态，经常发表一些与单位意见不一致的观点等，其实都是不讲原则的表现。讲话不讲原则，会降低领导的威信，也会削弱集体的战斗力，阻碍正常工作的开展。

9.1.2 言之有据：讲事实，使人信服

无论干什么，都要讲究实事求是，言之有据。讲话也是一样，要讲真话、讲实话。这就要求领导在讲话之前做好充分的准备和深入细致的调查研究，把讲话的主题和内容各方面的情况、产生问题的主客观原因及讲话对象的思想状况等了解清楚。只有把握准确，才能做到心中有数，言出有据，切中要害，使自己的讲话始终处于主导地位。讲话时要尽量少用"大约""左右""很久以前""可能是"等模糊词语，多用内涵比较确定的词语。

9.1.3 言之有信：讲信用，使人亲近

领导要说到做到、言行一致，要讲信用，要以自己的一言一行、一举一动来树立自己的威信，来塑造自己的人格形象。因为讲话的效果往往取决于讲话双方的守信用程度，并首先取决于领导能否说到做到、是否言行一致。所以，领导在与下属谈话时，要做到承诺的一定要兑现，答应的一定要去办，同意的一定要实行，做不到的不说，办不成的不讲，这样讲话的内容才能深入，讲话的效果才会更佳。

9.1.4 言之有序：有逻辑，使人明白

领导讲话的逻辑一定要严密、有条理，不能自相矛盾、模棱两可。应通过逻辑分析的方式，将自己讲话的目的明明白白地表露出来，具体表现在以下方面。

（1）按照一定的顺序来讲，如按时间顺序，以方便听众为准。

（2）说话要有头有尾，内容完整。

（3）说话要有层次，可按空间位置、事情发展等层次进行讲解。

（4）说话主旨分明、内容相关，不可杂乱无章、前后不一。

一位领导在里约奥运村看望中国体育代表团时，讲话非常有条理，她对运动员提出三点希望：一是赛出成绩、赛出水平、赛出风格，大力弘扬顽强拼搏、为国争光的中华体育精神，超越自我，超越极限，胜不骄、败不馁，创造竞技体育新辉煌，让祖国和人民为你们骄傲。二是做传播中外友谊的使者，发扬奥林匹克精神，与各国各地区运动员加强交流，讲好中国故事，传播中国形象，展示中国运动员和中国人民特别是当代中国青年的良好精神风貌。三是平安参赛、干净参赛，各参赛队伍要强化管理，确保参赛工作高效、安全、顺畅运行，做到顺利参赛，平安归来。

9.1.5 言之有情：有情感，使人感动

白居易说："感人心者，莫先乎情。"领导如果感情不真切，是不能打动听众的心的。1858年，林肯在一次竞选辩论中说："你能在所有时候欺瞒某些人，也能在某些时候欺瞒所有人，但不能在所有时候欺瞒所有人。"因为人是有感情的，讲话本身就是一种心灵的碰撞，是一种感情的交融。只有充满真情实感、坦率真诚、发自内心的讲话，才能感动对方，拉近彼此之间的感情距离。无论是哪一种形式的讲话，不管是讲什么内容，领导都要带着感情去讲。在讲话过程中，领导首先要与下属进行感情上的交流和沟通，从关心、爱护、帮助下属的角度去讲，用温和、谦逊、坦诚的话语去交流。

9.1.6 言之有趣：有趣味，使人快乐

许多事实证明，枯燥无味的说教式的讲话是达不到好效果的。谁都喜欢听幽默风趣的语

言，不愿意接受严肃的语言。幽默传递的信息不仅有诙谐，还有和善、真诚、友好、亲近、信任、赞美和鼓励等。领导与下属之间本来就应该有一种比较和谐的人际关系，而讲话作为一种交流方式，也要体现出十分融洽的合作关系。只有用幽默风趣的语言去影响下属，下属才能从内心接受领导，进而积极配合。这就要求领导在讲话时言语随和，努力做到妙趣横生，用活泼、风趣、幽默的讲话去解决复杂的思想认知问题。

案例启发

在近些年的开学典礼或毕业典礼上，有一些校长以幽默风趣的方式发表了演讲。除了谈人生理想、抱负，也像个一家之长似的，说说过去琐碎的校园生活，帮学生们吐吐槽，说说心声，谈谈将来要留意的生活细节。这样的致辞，有血有肉、有笑有泪。用慷慨激昂扫清懒散怠惰，用呢喃细语嘱咐前路生活，这才是教育的完整样子吧！以下是几个具体的例子。

> 从智慧的土壤中生出三片绿叶：好的思想，好的语言，好的行动。
> ——希腊谚语

中央民族大学校长：同学们，几年来你们作为民大人，以"战狼"般的精神，以难得的"速度与激情"，实施一次次的"红海行动"，取得了一个个"王者荣耀"，既无愧于自己的"芳华"，更"厉害了我的民大"。我为你们"打Call"，要有自信。新时代要跨越新关口，啃"硬骨头"，只有刻在骨子里的自信，才能挑战自我、超越自我、战胜自我，成为这个时代的"头号玩家"。

青岛农业大学校长：道路千万条，奋斗第一条。奋斗的路上不会一路繁花相送，既有大吉大利的喜悦，也有落地成盒的过程。我在青农爱你们三千遍。

苏州大学校长：你们是历届毕业生中最有分量的一届。辛苦的你们惊奇地发现，头发在键盘上，在书本上，在衣服上，就是不在自己的头上。既然头发早晚要掉，不如就为了学习，为了未来而掉吧。奋斗的学子们是最棒的！

9.2 领导口才提升技巧

9.2.1 勤于积累素材

领导想让自己的话说得漂亮，一个重要前提就是要在脑子里建立一个内容丰富多彩的语言仓库。茅盾先生讲过一个精彩的比喻，他说："采集之时，贪多务得，要跟奸商一般，只消风闻得何处有门路、有货，便千方百计钻挖，弄到手方肯死心，不管是什么东西，只要是可称为'货'的，便囤积，不厌其多。"这个比喻说明采集素材要在"多"字上狠下功夫，要像奸商囤积货物一样贪得无厌；要有海量，有用或没用先拿来再说，材料越多越好。如果你能掌握各种形象生动的词汇、新颖的句式等语言要素并加以灵活运用，那么你说的话肯定会变得妙趣横生、引人入胜。

> **小提示**
>
> 想将领导口才练好，必须做好以下积累工作：
> - 做好对同义词和语法的积累。
> - 做好对成语、典故、名人名言、诗词等的积累。
> - 做好对专业知识的积累。
> - 做好对人生阅历的积累及提炼。
> - 做好对新生事物和新生词汇的积累。

9.2.2 善于总结提炼

任何事物都是有一定的内在规律和联系的，即使大相径庭的事物也可能存在着共同之处，注意对这些事物的共同点进行比较和总结，就会有新的发现。领导在讲话时运用总结提炼后的语句，会使语言一针见血，揭示事物的本质及规律，下属也会对所传递的内容记忆深刻。

例如，可利用"加减乘除表达模式"完成许多现象的总结和提炼。

- 企业领导对下属说："能力要加，懒惰要减，人脉要乘，恶习要除！"
- 一位教师分享如何写好作文的体会时说："加强积累，体验生活；减少束缚，驰骋想象；乘机引导，放飞心灵；除掉定式，真情表达！"
- 一位销售主管在培训课上说："沟通要加，冷漠要减，激情要乘，障碍要除！"

9.2.3 巧于批评赞美

批评是一种艺术。即使你信奉"忠言逆耳利于行，良药苦口利于病"，但也别忘了，批评是一把双刃剑，领导用得不好，可能会伤害下属的心灵，起到反作用。人都是有自尊心的，真正的好领导，应该善表扬，会批评。

1. 要坚持以表扬为主、以批评为辅

如果把"表扬"运用到企业管理中，就是人们常说的"零成本激励"。心理学上有一个特点：如果表扬某个人，很多人都会对号入座，认为自己就是那个人，其实表扬的是自己；如果批评某个人，绝大部分人会认为自己没有这种现象，批评的肯定不是自己。因此，领导在表扬的时候，可以采用不提名的表扬方式，这样可以起到表扬很多人的作用，同时鼓舞很多人。

2. 要把握时机

保持适度。有些时候，表扬其实是一种假象，实质可能是某个员工工作没有做到位，但

是又不能以批评的形式打击他的积极性，而面对面地跟他沟通：他的某种行为非常棒，如果能改掉之前的一些小毛病，就能表现得更加出色。

3. 要坚持实事求是，一视同仁

领导对每个下属应公正无私，不管是先进还是后进，在进行表扬和批评之前，都要多了解一些事实和真相，切忌轻信某个人的言行。只有实事求是、合情合理的表扬与批评，才能令人信服，起到鼓舞和感化作用。

案例启发

曾经有这么一个小孩，他脾气很坏，喜欢用恶语伤害人。他的父亲为了规劝他，便给了他一袋钉子，让他每骂一次人，便将一枚钉子钉在墙上。小孩不明所以，但还是照做了。第一天，他在墙上钉了20个钉子，看着这么多钉子让墙壁显得异常刺眼，小孩渐渐地减少了骂人次数，这样新增加的钉子越来越少。

直到有一天，小孩不再乱发脾气骂人了。父亲告诉他，以后你每成功控制自己的脾气一次，就拔掉一颗钉子，小孩仍然照做了。时间一天天过去，墙上的钉子终于被拔光了，小孩松了一口气，高兴地去告诉父亲，父亲对他说："孩子，你做得很好，但你看看墙壁上那些洞，这就像你的恶语对人造成的伤害，不论说多少声对不起，那个伤口仍然存在。"

9.2.4 精于讲述故事

成功的领导大多是讲故事的大师。讲故事是一项关键的领导技能，因为它快速、有力、自然，让人耳目一新、心情振奋；它具有说服力和感染力，给人愉悦、感动、难忘的感觉。领导应该主要讲什么样的故事呢？

世界知名的领导力变革专家诺尔·迪奇归纳出职业经理人常讲的三类故事。

第一类是"我是谁"，也就是讲述自己的经历和阅历，用自己的人生故事来打动员工。

第二类是"我们是谁"，也就是引导员工建立共同的价值观和企业理念，培养团队的协作精神。

第三类是"我们要往哪里去"，也就是描述企业未来的目标及实现这一目标的主要途径。

案例启发

华为总裁任正非经常会通过一些小故事，向员工传递他的"任氏管理学"。华为能够迅速发展壮大，与他的这种"心灵鸡汤"式的引导法密不可分。

华为在先后收购或并购了许多国外企业后，有一段时间，公司管理层沉浸在成功的喜悦中。任正非发现大家的思想、情绪的变化后，立即决定召开一次高层会议。在会上，他没有讲什么大话和空话，而是讲述了一则寓言故事。

在一条河边，一只青蛙极力地向老鼠介绍着下水游泳的乐趣，而老鼠也努力向青蛙描述河岸上的风景之美和物产之丰，它们都被对方的言辞深深吸引，于是决定来一次深度合作。首先，老鼠带着青蛙到河岸上开启了一段快乐的旅行，接着，青蛙让老鼠将爪子搭在自己的后脚上，然后用芦草紧紧绑在一起，高兴地开始了水上观光。这时，一只凶猛的老鹰从天而降，青蛙想钻进水里躲避，老鼠也想钻进岸边的洞里避难，可是，由于芦草将它们紧紧地捆在一起，各自逃跑的本领根本发挥不出来，最终，它们都成了老鹰的猎物。

讲到这里，任正非说：本来，陆地上的老鼠和池塘里的青蛙都有足够的能力从老鹰的攻击下逃生，但是它们结合之后困在水上，恰恰限制了生存优势。我今天讲这个故事，就是想告诉大家，当前，我们务必保持头脑清醒，千万要警惕并购合作是否会使双方在特定时刻丧失各自的优势。"

通过这一次高层会议，任正非成功为公司高层管理者上了一堂"思想课"，使华为公司在其后的发展中有效规避了很多竞争风险。

> **小提示**
>
> 讲故事应注意以下原则。
> （1）故事要短而有力，目标要明确。
> （2）对故事进行适当加工，去掉与主题关系不大的琐碎细节，使主题更突出。
> （3）讲故事要融入自己的感情，用感情吸引听众。
> （4）要用鲜活、形象的语言和丰富的表情，吸引听众的注意力。
> （5）结尾时，要把故事的中心思想揭示出来，使听众有所领悟。

9.2.5 敏于即兴发言

即兴发言，也称即席说话。即兴发言者事先未做准备，是临场因时而发、因事而发、因景而发、因情而发的一种语言表达方式，具有临时性、突然性及时间紧迫性等特点。领导都免不了即兴发言，如座谈会、汇报会、酒会、联谊会、记者招待会等。讲好了，听众动容，领导树威，下属钦佩；讲砸了，将有失面子。所以，即兴发言是领导必须修炼的一项基本功，能直接反映领导的管理水平、思维能力、组织能力及语言表达能力等综合素质。即兴发言时要注意：话题集中，针对性强，不宜过长，切忌繁杂，防止啰唆。

案例启发

即兴发言可以参考以下模式。

● 开门见山式——首先亮出主题，然后对主题做较详细的分析说明，最后总结。例如，以下为某营销经理在新员工培训班上的发言。

亮出主题：今天我要讲的内容是"如何建立良好的客户关系管理体系"。

分析说明：建立良好的客户关系管理体系的重要性表现在几个方面。第一……第二……

总结：所以，每位刚入职的新员工，要首先树立客户至上的观念，然后严格按照公司的规章制度为客户提供更好的服务……

● 曲径通幽式——首先举例，然后叙述主旨，说出理由进行分析说明，最后总结。例如，以下为某营销经理在新员工培训班上的发言。

举例：上个星期，公司发生了一件客户投诉的案件……

叙述主旨：我举这个案例的主要目的是……

分析说明：之所以出现这种现象，主要原因在于……

总结：希望每位新员工都引以为戒，杜绝这样的事件再次发生……

9.2.6 果于长话短说

长话短说，即以简驭繁。老舍说："简练就是话说得少，而意思包含得多。"在现实生活中，长篇大论、重复啰唆的讲话，使听众要么昏昏欲睡，要么窃窃私语、交头接耳，这些场面屡见不鲜。应大力提倡讲真话、实话、新话、短话的"话风"，这也是听众所期望的。如果你作为领导，不想在讲话时出现这些现象，那么请注意讲话时间的把控，学会长话短说。

案例启发

在某次提案现场办理会上，一位副市长在听取汇报的过程中，突然打断了一位官员的发言："这种场合就不要说这些官话了！没有必要！"在这位副市长一声"断喝"之后，有的官员发言时从所准备材料的第5页开始读起，直接入题；有的部门"临场换将"，5分钟内发言完毕。所有官员均长话短说，使会议简洁而高效。

9.2.7 诚于目光交流

眼睛是传递非言语信息的有效渠道。研究发现，目光交流意味着诚实、守信、真诚和有信心。避免目光的接触则意味着缺乏信心和领导能力。缺乏和听众的目光交流很可能导致失去听众。成功的领导者在发言时更要注重保持目光的接触。

案例启发

苹果公司创办人乔布斯比一般的演讲者更注重保持目光的接触，他很少在演讲时读幻灯片或注释。乔布斯之所以能一直和听众进行良好的目光交流，第一个原因是他总会提前几个星期就开始排练，因此对每张幻灯片上的内容了如指掌。他排练得越多，对演讲的内容就越了然于胸，和听众之间的交流也就更加易如反掌。乔布斯和听众保持良好的目光交流的第二个原因是，他的幻灯片令人赏心悦目。大多数时候，他的幻灯片上只有寥寥数语和照片，有时只有一个词。图像风格的幻灯片使得演讲者必须向听众解释图片的内容，从而和听众保持了很好的目光交流。

9.2.8 长于运用手势

【演讲手势视频】

芝加哥大学的戴维·麦克尼尔教授的研究显示：姿态和语言是密切相关的，事实上，手势的运用可以帮助发言者更好地理顺自己的思路。他认为，其实不运用手势难度更大，需要发言者加倍集中精力。他发现，受过训练、作风严谨、满怀信心的思想家大多善于运用手势来清晰地表达思想。

9.2.9 明于洞察场合

领导讲话的场合千差万别，如报告、请示、汇报、演说、谈心、讨论、谈判、表态、贺喜、治丧等。所以在语言表达的手段、技巧、用词、语气、表情、风度等方面，要与特定的场合协调得体，根据听众的文化层次、知识水准、年龄、性别、人数多少等因素，来考虑自己的讲话角度，把握讲话的理论深度和听众的接受程度，以抓住多数人的视听心理来组织安排，提高讲话的针对性。

案例启发

山西某县修渠引水，在大渠竣工典礼上，一位省级领导应邀讲话。

他登上临时搭起的露天主席台，环顾了一下会场，然后以缓慢的语调说：人们常常讲山水并举，山清水秀，水连山，山水难分。

说到这里，他用手指了一下台下的人群，接着说：就如同我们人类，必须有男有女才能构成一个完美的社会，有夫有妻才能组成一个圆满的家庭，不是吗？男耕女织，儿女情长，夫唱妇随……而过去，这里有山无水，残缺的"自然"让我们的日子过得很不自然……现在"渠成水到"，水绕山行，水欢山笑，山山水水为我们开辟幸福大道。

这位领导以男女喻山水，紧扣四字，真可谓妙语连珠。

小提示

假设你被聘为市场营销协会会长，请发表 3～5 分钟的就职演说。

9.3 领导演讲的提示

关于领导演讲，有以下提示。

（1）最好脱稿。不能脱稿时，尽量记住开场白、内容提要和结论。如果念稿，那么会失去展示个人口才和魅力的机会，也会让听众对你的能力表示怀疑。

（2）走入会场时要气定神闲、自信而有权威感。正式讲话之前，眼光在会场扫视一遍，在听众中选几位友善的面孔交流目光。

（3）必须看讲稿上的重点提示时，先暂停说话，低下头，看好之后抬头，再继续说话。要保持镇定，手势自然，身体不可僵硬。

（4）音调的高低要有变化，抑扬顿挫，以突显重点。重要的部分，语速要适当放慢，声音可稍提高。适当的暂停，可让听众提高注意力。

（5）根据自身特点，选择适合自己的说话方式。应充分发挥自己的个性，呈现出特殊的个人风格。

（6）敏锐觉察听众的情绪，适时调整说话内容和方式。

（7）克服口头禅过多的毛病。如果在讲话中反复不断地使用"那个""我觉得""对不对""嗯""啊""呃"等词语，那么会有损自己的形象。

（8）克服讲粗话的恶习。讲粗话是说话的恶习，一定要想办法去除。

（9）克服说话时动作过于频繁的习惯。讲话时，如果蹙眉、歪嘴、拉耳朵、搔头皮、转笔、摇腿等动作过于频繁，听众就会被这些动作所吸引，根本不可能认真听你讲话。

（10）明确地让听众知道发言结束，然后稳步离去。

专题小结

领导可以不会演讲，但不能没有口才，没有口才就没有领导力。

- 进行领导口才训练时要遵循的六个基本原则：言之有则、言之有据、言之有信、言之有序、言之有情、言之有趣。
- 领导口才提升需要掌握的技巧有：勤于积累素材、善于总结提炼、巧于批评赞美、精于讲述故事、敏于即兴发言、果于长话短说、诚于目光交流、长于运用手势、明于洞察场合。

口才训练营

实训 9

课堂训练：即兴发言

实训目的：训练学生即兴发言的能力，促使学生自觉学习和积累素材。

地　　点：教室。

训练内容：请参与训练的学生抽签决定围绕这些主题进行即兴发言：我的理想、我的家庭、自信与自谦、营销与赢销、有才与有财、得与德。

课堂训练：讲故事

实训目的：训练学生讲故事的能力。

地　　点：教室。

训练内容：让学生讲讲自己的"营销故事"，要求具体而生动。

自由训练：练眼神

实训目的：提高眼神的专注度。

地　　点：宿舍或家。

训练内容：每天对着镜子10分钟，将眼神聚焦在一个点上。

游戏 9

形式：猜人名游戏（五人为一组）。

时间：15～20分钟。

道具：写有训练团队成员名字的高帽（如果是上课班级，就写上本班同学的名字）。

场地：教室。

目的：训练团队成员熟练提出封闭式问题的能力，利用所获取的信息缩小范围，从而达到最终目的。该训练让团队成员在寻求"Yes"答案的过程中，练习如何组织问题及分析所得到的信息。

程序：

（1）每组在教室前面摆1把椅子。

（2）每组选一名代表坐在椅子上并按顺序编为1号、2号等，面对小组的其他队员。

（3）培训师给坐在椅子上的每位代表都戴上写有名字的高帽。

（4）坐在椅子上的人不知道高帽上写着谁的名字，同组其他人都知道，但谁都不能直接说出来。

（5）从1号代表开始，他必须问封闭式的问题，如"是……吗？"。如果小组成员回答"Yes"，那么他还可以问第二个问题。如果小组成员回答"No"，那么他就失去机会，轮到2号代表发问，依此类推。

（6）先猜出自己高帽上写的名字者为胜，培训师为该队发放小礼物。

游戏后思考：你认为哪名代表的提问最有逻辑性？如果是你，你会怎样改进提问的方法？

> 口才加油站

阅读材料 18

企业年会领导讲话稿（节选）

亲爱的员工同志们：

大家下午好！在这辞旧迎新的日子里，我们公司又迎来了新的一年。今天，我怀着无比高兴和感恩的心情，把大家召集在一起，我要向为公司辛勤工作、顽强拼搏的全体员工致以衷心的感谢，大家辛苦了！

虽然经济市场大势不是很乐观，但公司整体运营状况还是呈良好态势的。公司依然获得了健康、稳步、持续的发展，做到了销售业绩的稳健增长，这是公司全体员工共同努力的成果。新的一年里，我们将面对更多的困难与风险，当然，也是更大的挑战与机遇。通过目前的分析来看，20××年市场前景比较乐观，公司的接单形势也将喜人，并且×××××也即将在20××年正式全面投向市场，这将为公司的发展带来更多生机。所以我们要继续尽一切努力，抓住机遇，把握当前市场发展的良好势头，利用公司现有的优势，挖掘资源，整合资源，加大研发力度，提高生产产量，突破销售瓶颈，争取在企业融资上取得更大的突破，从而掌握更多的市场竞争主动权。

……

我相信，脚踏实地山让路，持之以恒海可移。愿我们意气风发、斗志昂扬的××××人以本次年会为契机，以执行力为以后工作的主导思想，以细节管理为工作的基本方法，扬长避短，策马扬鞭，与时俱进，谱写××××崭新的篇章。

最后，再次祝贺大家及你们的家人在新的一年里：工作顺利、身体健康、阖家幸福、新春愉快！谢谢！

阅读材料 19

华为轮值董事长 2024 年新年致辞（节选）

经过数年的艰苦努力，我们经受住了严峻的考验，公司经营基本回归常态。在此，我代表公司，感谢始终信任并支持我们的客户，感谢与我们风雨同舟的产业链伙伴，感谢拼搏不屈的全体员工及默默奉献的家属们。是共同的信念，让我们突破封锁，并肩前行。

艰苦的努力让我们活了下来并获得成长，但挑战依然严峻，地缘政治、经济周期的不确定性，技术制裁、贸易壁垒的持续影响，正深刻重塑着全球产业链结构和商业规则。

无论外部环境怎么变化，我们坚信数字化、智能化、低碳化是最确定的发展趋势。我们要保持战略定力，充分发挥自身在产业组合、技术创新和复杂软硬件平台的综合优势，携手生态伙伴，持续为客户提供高质量的产品和服务。我们要积极拥抱机会窗，把有限的资源投入在最关键的战略方向上。当前，大模型的突破，使人工智能从作坊式开发、场景化定制走向工业化开发、规模化应用，大模型需要大算力，我们要打造世界领先的算力底座，繁荣千行万业。

公司在前进，干部也要与时俱进，不仅要敢战，更要善战。干部要有清晰的战略方向和工作思路，做好作战地图，尽快完成针对新业务、新技术的知识升级和能力转型，要主动担负起更大的责任，在关键战场、关键时期建功立业。公司干部选拔政策也正在优化，强调责任结果贡献，坚持选拔制，落实干部履历表制度。将军是打出来的，我们要从战场中选拔干部，只考核那些做出了贡献的干部，并尽可能让更多做出贡献的英雄浮现和成长起来。我们要整编出一支能够领导现代化作战的干部队伍，带领公司走向新的成功。

人需要沉淀与积累，才能变得更强大。过去我们没有因巨大的压力而放弃，我们也不因外界的赞扬而浮躁。前路依然艰险，历史始终眷顾那些有信念的人。我们要继续努力奋斗，团结一切可以团结的力量，攻坚克难，脚踏实地，行稳致远，以赢得更大的胜利。大时代都是人创造出来的，我们一定会英雄倍出，将星闪耀。

专题 10

口才精英训练营

知识要点

❖ 综合运用口才技巧

能力要点

❖ 社交口才技巧
❖ 商务谈判口才技巧
❖ 演讲口才技巧
❖ 领导口才技巧
❖ 公关口才技巧
❖ 推销口才技巧
❖ 主持口才技巧

10.1 实训 1 举办生日聚会

1. 实训目标

让学生现场演练，学以致用，同时感受和体验社交口才、公关口才、商务谈判口才、推销口才、演讲口才、主持口才、领导口才等技巧。

2. 实训内容

根据学生人数分组开展实训，每组 3～5 人。

培训背景说明：每组以抽签形式决定举办什么主题会议或聚会（如产品推介会、演讲会、诗歌鉴赏会、表彰会、商家联谊会等）。以下以举办一个生日聚会为例开展实训。

3. 实训注意事项

（1）实训的学生按场景要求着装，遵守礼仪规范。

（2）实训小组的成员各司其职，其他学生可作为聚会的其中一员参与活动。

（3）有条件的学校可录制实训过程，实训结束后作为点评的素材。

4. 实训流程

```
┌─────────────────────┐         ┌─────────────────────┐
│ 确定举办××同学（或朋 │────────▶│ 小组讨论，约10分钟   │
│ 友、老师等）的生日聚会│         │                     │
└──────────┬──────────┘         └─────────────────────┘
           ▼
┌─────────────────────┐         ┌─────────────────────┐
│ 小组成员分工：包括生日│────────▶│ 小组成员以抽签或协商方│
│ 聚会的寿星、主持人、 │         │ 式决定扮演的角色，要求│
│ 闺蜜等              │         │ 所有成员都有角色，约10│
│                     │         │ 分钟                │
└──────────┬──────────┘         └─────────────────────┘
           ▼
┌─────────────────────┐         ┌─────────────────────┐
│ 小组成员策划生日聚会 │────────▶│ 小组策划活动方案陈述，│
│ 方案                │         │ 约15分钟            │
└──────────┬──────────┘         └─────────────────────┘
           ▼
┌─────────────────────┐         ┌─────────────────────┐
│ 小组成员模拟完成生日 │────────▶│ 按角色完成扮演任务，要│
│ 聚会                │         │ 求脱稿，约20分钟    │
└──────────┬──────────┘         └─────────────────────┘
           ▼
┌─────────────────────┐         ┌─────────────────────┐
│ 其他小组分别点评活动 │────────▶│ 每小组各派一名代表从优│
│ 过程中各个角色的口才 │         │ 点和不足两方面进行点评│
│ 表现情况            │         │ ，约15分钟          │
└──────────┬──────────┘         └─────────────────────┘
           ▼
┌─────────────────────┐         ┌─────────────────────┐
│ 任课教师总评         │────────▶│ 任课教师分别点评主持人│
│                     │         │ 、领导、朋友、同事等│
│                     │         │ 角色并进行现场示范教 │
│                     │         │ 学，约20分钟        │
└─────────────────────┘         └─────────────────────┘
```

10.2 实训2 召开产品推介会

1. 实训目标

让学生走出课堂，更灵活地运用各种口才技巧。

2. 实训内容

以班为单位，与某企业联系，在校园内申请一个实训场地开展产品推介会。

3. 实训注意事项

（1）认真审查合作企业的相关材料，保证企业所提供产品的质量、安全、合法性。

（2）到学校相关部门办理好校内产品推介会的申请手续。

（3）全班学生合理分组并开展工作，让每名学生都参与整个活动过程。

4. 实训流程

```
授课教师布置任务 ──→ 全班学生推荐产生外联组、公关组、会务组、宣传组负责人
      ↓
各组负责人召开会议进行分工 ──→ 外联组：主要负责校外企业的谈判与对接；
                              公关组：主要负责校内场地等事务协调及嘉宾邀请工作；
                              会务组：主要负责现场的布置工作；
                              宣传组：主要负责整个过程的宣传工作
      ↓
挑选队员 ──→ 根据自愿、邀请或负责人进行对决等方式挑选队员
      ↓
各组召开会议 ──→ 各组进行队员分工
      ↓
各组按照分工开展工作 ──→ 授课教师与各组负责人直接联系，各组负责人定期向授课教师汇总工作进程
      ↓
举办产品推介会 ──→ 除了本班学生，还建议邀请其他班级、社团、校领导等嘉宾参加产品推介会
      ↓
活动总结 ──→ 各组负责人先分别总结，授课教师再进行全面总结
```

10.3 实训3 提交演练视频

1. 实训目标

让每名学生都能积极开展口才训练并取得成效。

2. 实训内容

每名学生提交一个以"爱国是一个公民应有的道德"为主题的演讲视频（授课教师也可以根据学生的实际情况选择其他的主题开展练习）。

3. 实训注意事项

（1）每名学生在接到任务后一周内提交一个3～4分钟的演讲视频。

（2）选择合适的环境进行录制，并注意着装得体。

（3）每名学生可以多次录制，提交效果最好的作品。

4. 实训流程

第一阶段：教师布置任务。

第二阶段：学生收集素材，撰写演讲稿。

第三阶段：学生多次练习。

第四阶段：学生正式录制。

第五阶段：教师批阅作品。

第六阶段：教师选择优秀的和效果不好的作品，分别在课堂上进行现场点评。